장기표의

정치
혁명

장기표의 정치혁명

초판 1쇄 발행 2020년 1월 9일

지 은 이	장기표
발 행 인	권선복
편 집	한영미
디 자 인	최새롬
전 자 책	서보미
발 행 처	도서출판 행복에너지
출판등록	제315-2011-000035호
주 소	(157-010) 서울특별시 강서구 화곡로 232
전 화	0505-613-6133
팩 스	0303-0799-1560
홈페이지	www.happybook.or.kr
이 메 일	ksbdata@daum.net

값 20,000원
ISBN 979-11-5602-770-6 93340

Copyright ⓒ 장기표, 2020

도서출판 행복에너지는 독자 여러분의 아이디어와 원고 투고를 기다립니다. 책으로 만들기를 원하는 콘텐츠가 있으신 분은 이메일이나 홈페이지를 통해 간단한 기획서와 기획의도, 연락처 등을 보내주십시오. 행복에너지의 문은 언제나 활짝 열려 있습니다.

장기표의
정치혁명

장기표 지음

도서
출판 행복에너지

『장기표의 정치혁명』을 내면서

　나는 정치의 혁명적 변화를 간절히 바라지만, 그렇다고 해서 책 이름을 『장기표의 정치혁명』으로 할 생각은 전혀 없었다. 그런데도 이번에 행복에너지의 권선복 사장의 권유로 그동안 여기저기 써두었던 글들을 모아 책을 내면서 편집을 맡은 한영미 작가의 제안으로 책 이름을 『장기표의 정치혁명』으로 하게 되었다.

　책 이름과 관련하여 이렇게 해명하는 것은 계면쩍은 데가 있어서다. 내가 과연 정치혁명을 할 능력이 있는가 하는 점도 있지만, 정치혁명을 하더라도 어차피 혼자 하는 것이 아니고 여러 사람이 모여 하는 터에 굳이 『장기표의 정치혁명』이라고 말해도 되느냐 하는 점도 있기 때문이다.

　아무튼 책 이름을 무엇으로 하느냐와 상관없이 한국정치는 혁명해야 하며, 나 또한 한국정치의 혁명을 위해 혼신의 힘을 다하려 하는 것은 분명하다.

그렇다! 한국정치는 혁명해야 한다. 제도 몇 개 고치고 사람 몇 사람 바꾼다고 한국정치가 제 기능을 다할 가능성은 없기 때문이다. 정치물갈이가 아니라 정치판갈이를 해야 하며, 부분적 변화가 아니라 근본적 변화가 일어나야 한다. 그야말로 정치혁명을 해야 한다.

이것은 현재의 정당이나 정치인들이 국민으로부터 불신받기 때문만은 아니다. 오늘날 세계적으로 일어날 문명사적 대전환 곧 새로운 문명시대의 도래에 앞서 이에 부응할 새로운 이념과 정책을 강구해야 하기 때문이다.

산업의 정보화로 지난날 100명이 일해서 생산하던 것을 지금은 10명 또는 1명이 일해도 그것보다 더 많은 것을 생산하게 되었다. 게다가 정보통신 수단의 획기적 발달로 '유비쿼터스', 즉 언제 어디서 누구와도 통화하거나 정보를 얻을 수 있게 됨으로써, 모든 사람의 자유, 평화, 복지가 보장된 가운데 자아실현의 보람과 기쁨을 누릴 수 있는 세상이 된 만큼, 이에 부응할 새로운 이념과 정책을 강구하기 위해서도 정치가 혁명적으로 바뀌어야 한다.

이 책은 이러한 내용을 담고자 기획되었고 또 그런 내용을 담아 『불안 없는 나라 살맛나는 국민』의 개정판으로 나올 예정이었는데, 이 부분은 핵심적 내용만 들어가고 사적인 글이 대부분을 차지해 부끄러운 책이 되고 말았다.

나는 처음에 사적인 글을 이 책에 담을 생각이 전혀 없었다. 후

일 참고하기 위해 써두었던 글도 있었기 때문이다. 그런데 한영미 작가가 정책적인 내용만 담으면 재미가 없으니 그동안 써두었던 글들을 정리해서 넣자면서 인터넷을 뒤져 나와 관련된 글들을 찾아내 편집해서 나에게 보내주었다.

삼사일 만에 그렇게나 많은 글을 찾아내 체계적으로 정리해둔 데 감탄한 나머지 한 작가의 제안대로 책을 내기로 했다. 부끄러운 글의 상당 부분을 빼서 그나마 다행이었다.

하기야 모든 글은 글쓴이의 사람 됨됨이를 나타낸다는 점에서 사적인 글이든 정책적인 글이든 모두 나의 사람됨을 드러내겠기에 나를 진솔하게 드러낸 것으로 볼 수 있는 사적인 글을 내놓는 것도 무의미한 일은 아닐 것 같다. 정치의 근본적 변화를 위해서는 제도나 정책도 중요하지만, 결국은 이도 사람의 문제이겠기에 사람 됨됨이를 드러내는 글이 정책적인 글보다 더 중요할 수도 있겠다 싶어 독자들의 양해를 구할 뿐이다.

나는 '신문명정치'를 주장하는 바, 오늘의 세계적 대변화를 신문명시대의 도래로 보고 이에 맞는 이념과 정책으로 모든 국민이 자유, 평화, 복지가 보장된 가운데 자아실현의 보람과 기쁨을 누리며 행복하게 살 수 있게 하기 위해 정치를 해왔다.

그런데 이렇게 하는 것은 이것이 좋기 때문만이 아니라 이렇게 하지 않으면 대량실업과 소득양극화, 청년실업, 비정규직, 교육붕괴, 환경파괴, 인간성 상실 등의 문제를 해결하지 못함으로써 사회는 붕괴하고 인생은 파탄하는 대재앙을 맞게 되어있기 때문이다.

나는 이런 내용을 『신문명 국가비전』, 『한국경제 이래야 산다』, 『불안 없는 나라 살맛나는 국민』 등의 책을 통해 내놓은 바 있는데, 이번에 내는 『장기표의 정치혁명』에는 그 핵심적 내용만 담고 있다.

아무쪼록 다른 사람이 어떻게 보든 나 스스로는 반세기 넘게 나라와 국민을 위해 온몸으로 살아온 '정치문화재'로 자부하는 만큼, 앞으로도 이에서 벗어나지 않는 정치인생을 살 것을 다짐하면서, 보잘것없는 책이지만 한국정치를 혁명적으로 개혁해서 모든 국민이 자아실현의 보람과 기쁨을 누리며 행복하게 사는 '자아실현의 나라'가 되는 데, 작은 역할이라도 하기를 간절히 소망한다.

끝으로 이 책은 행복전도사 권선복 사장의 열정과 한영미 작가의 정성, 그리고 김종남 회장의 성원에 힘입어 나오게 되었기에 깊이 감사드립니다.

2019년 12월 초

장 기 표

목차

Chapter 1

위기의 대한민국을 구할 혁명적 대안

Chapter 2

정론탁설(正論卓說)의 시대진단

Chapter 3

철학이 있는 정치 철학이 있는 삶

장기표의 정치혁명

부록

장기표를 말한다

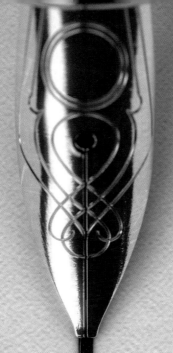

Chapter 1

위기의
대한민국을
구할
혁명적
대안

나는 이런 나라를 만들기 위해
정치를 한다

　나는 우리나라가 '걱정 없는 나라, 살맛 나는 국민'이 되게 해서, 세계적인 모범국가가 되어 인류의 복지와 세계의 평화에 크게 기여하기 위해 정치를 해왔다.

　오늘 전 세계가 맞고 있는 정보화와 세계화는 문명의 전환 곧 산업문명시대로부터 정보문명시대로의 전환인 바, 정보문명시대는 생산력의 비약적 발전과 대중의식의 획기적 고양으로 참된 의미의 자유와 평화와 복지가 보장된 가운데 자아실현의 보람과 기쁨을 누리며 행복하게 살 수 있는 인간해방의 시대가 될 것이다. 그러나 정보문명시대에 제대로 대처하지 못하면 대량실업과 소득양극화, 환경파괴, 인간성상실로 사회는 붕괴하고 인생은 파탄하는 대재앙을 맞게 되어있다. 자아실현의 민주복지국가로 나아가느냐 사회붕괴와 인생파탄의 대재앙에 직면하느냐의 갈림길에 서있다.

정보문명시대에 잘 대처해서 자아실현의 민주복지국가를 건설하기 위해서는 정보문명시대에 맞는 새로운 이념과 정책을 강구해야 하는데, 나는 이러한 이념과 정책을 준비해 두고 있기에 정치를 해왔고 지금도 정치를 하고 있다.

그야말로 빈곤과 질병, 대립과 투쟁으로 점철된 선천시대를 마감하고 자유와 평화와 복지와 자아실현이 구현되는 후천시대를 여는 후천개벽의 역사적 대전환기를 맞고 있는 지금, 자아실현의 새 세상을 여는 데 한 역할을 해야 한다는 역사적 소명감에 따라 정치를 해온 바, 내가 건설코자 하는 '걱정 없는 나라 살맛 나는 국민'의 내용과 이를 이룰 이념과 정책의 중요내용을 밝힌다.

'걱정 없는 나라 살맛 나는 국민'

1) '걱정 없는 나라'

— 국민의 기본생활을 국가가 보장하는 사회보장제도의 확립으로
  의식주와 의료, 교육이 걱정 없는 나라

— 사업에서 실패하거나 경쟁에서 패배하더라도
  인간으로서의 기본생활은 걱정 없는 나라

— 국민의 기본생활을 보장한 가운데 법치주의를 확립함으로써
  절도나 강도 또는 강력범죄나 유해식품 등에 대한 걱정이
  없는 나라

— 자연의 순환질서에 따른 삶을 체화함으로써
  질병이나 죽음에 대한 걱정이 없는 나라

2) '살맛 나는 국민'

- 자기가 하고 싶은 일을 함으로써
  자아실현의 보람과 기쁨을 누리는 나라
- 사회보장제도에 의한 공공근로의 무제한 공급으로
  누구나 자기가 하고 싶은 일을 할 수 있는 나라
- 능력이 부족하거나 일을 잘하지 못해도 자기 일을 하면서
  자아실현의 보람과 기쁨을 누리는 나라
- 돈이 많건 적건 직급이 높건 낮건
  자기 나름의 삶을 살면서 보람과 기쁨을 누리는 나라
- 능력이 탁월하거나 열심히 노력해서 돈을 많이 벌수록
  그것이 사회발전과 국민복지에 기여해서 존경받는 나라
- 더 많은 소유와 소비, 지배와 착취에서 기쁨을 얻기보다
  더 많은 창조와 생산, 봉사와 절제에서 기쁨을 얻는 나라
- 열심히 노력하면 잘살 수 있는 나라
- 양심대로 살아서 손해 보는 일이 없는 나라
- 불의가 정의를 이기는 일이 없는 나라

'걱정 없는 나라 살맛 나는 국민'을
이룰 이념 - 민주시장주의

1) 민주시장주의를 채택해야 하는 이유

정보문명시대는 자아실현이 민주복지국가를 건설할 수 있는 시대이기 때문에 자아실현의 이념을 강구해야 한다. 정보문명시대에 제대로 대처하지 못해서 맞게 되는 대량실업, 소득양극화, 환경파괴, 인간성상실 등의 문제를 해결하기 위해서도 자아실현의 이념은 매우 중요하다.

그런데 지금까지 통용되어 온 자본주의나 사회주의, 신자유주의, 사회민주주의 등은 자아실현을 이룰 수 있는 이념이 될 수 없다. 때문에 자아실현을 이룰 새로운 이념을 정립해야 하는 바, 필자가 정립한 민주시장주의가 자아실현의 이념이 될 수 있으리라고 본다.

민주시장주의는 자아실현의 구현에 가장 중요한 의미를 지니는 경제체제에서 시장경제를 채택하되, 시장을 교란하거나 시장의 한계를 드러내는 독점, 사기, 환경, 보건, 안전, 분배 등과 관련한 문제에는 국민의 합의에 기초해 민주적 통제를 가하는 이념을 말한다.

민주시장주의는 창의성과 근면성의 발휘를 촉진하고 자원의 적정한 배분이 이루어지게 하여 경제적 효율성을 높이기도 하지만, 자아실현에 가장 중요한 자유(선택의 자유)를 보장할 뿐만 아니라 노동의 자아실현 곧 보람노동을 보장하기 때문에 자아실현의 시대에 가장 적합한 이념이 될 수 있다고 본다.

2) 민주시장주의의 기본원리

▷ 자율 – 모든 주체는 자율적으로 활동하게 함.

▷ 상생 – 타자와는 상생하는 관계여야 함.

▷ 순환 – 모든 주체는 우주의 순환질서에 순응하도록 함.

▷ 조정 – 자율, 상생, 순환에 이상이 생기면 이를 조정함.

3) 민주시장주의의 기본원칙

▷ 공동체민주주의 – 모든 공동체의 운영을 공동체 구성원의 민주적 결정에 따라 이루어지게 하는 것.

▷ 민주적 시장경제 – 시장경제에 따라 경제활동을 하되 독점, 사기, 환경, 보건, 안전, 분배 등과 관련해서는 민주적으로 통제하는 것.

▷ 노동보람주의 – 자아실현의 노동 속에서 진정한 행복을 누

릴 수 있게 하는 것.

▷ 국가복지주의 - 국민의 기본생활을 국가가 책임지고 보장
하는 것.

▷ 비폭력조정주의 - 자신의 요구를 관철하거나 분쟁을 해결
함에 있어 폭력을 배제하고 토론과 협의에 의존하는 것.

3

'걱정 없는 나라 살맛 나는 국민'을
이룰 국가발전목표

1) 자립국가 – 세계화를 추진하되 민족의 정체성을 유지해야
   하며, 경제적 효율성보다 국민경제의 자립적 구조를 중시해
   야 함.

2) 복지국가 – 사회보장제도의 완벽한 확립으로 국민 모두가
   안심하고 살 수 있도록 해서 사회가 정상적으로 발전할 수
   있게 함.

3) 환경국가 – 자연과 인간의 상생원리에 따라 환경을 보존하
   고, 자연의 이법 내지 우주의 섭리에 따라 살게 함.

4) 문화국가 – 인간의 꿈과 이상을 문화활동을 통해 온전히 실
   현할 수 있게 함.

5) 도덕국가 – 천도와 인륜에 따른 삶을 통해 행복하게 살게
   하고, 한국의 도덕국가모델을 외국에 전파함.

'걱정 없는 나라 살맛 나는 국민'을 만들 중요 정책

■1 모든 국민의 기본생활 국가 보장

1) 현재의 차상위계층까지 기초생활수급자로 지정해서 모든 국민의 기본생활을 보장함.

2) 노인과 장애인 등 생활능력이 없는 사람에게는 매월 50만 원의 기초연금 및 장애연금을 지급하고, 2인 최저생계비 170만 원(2019년) 이상 받는 공공근로를 500만 개 이상 공급하여, 모든 국민이 의식주, 의료, 교육 등 기본생활에 걱정이 없는 가운데, 자기가 하고 싶은 일을 하면서 자아실현의 보람과 기쁨을 누리며 살 수 있게 함.

3) 부모를 모시고 살기 편한 주택을 건설하거나 구입하는 경우 국가가 이를 지원해서 부모와 자녀가 한 가정에서 살 수 있게 함.

4) 국민연금의 평균 지급액이 현재의 54만 원에서 2025년까지 100만 원이 될 수 있게 함.

  - 2021년부터 임용되는 공무원은 국민연금으로 통합하고, 이미 공무원연금을 받고 있거나 공무원연금에 가입해 있는 공무원의 연금은 50% 삭감화함. (2019년 현재 국민연금 평균 54만 원, 공무원연금 평균 240만 원인데 이를 개선해야 함)

5) 모든 질병을 국민건강보험에 포함시키며 의료비의 15%는 개인이 부담하게 하되 1년에 200만 원 이하로 하고, 실손보험이 필요 없게 함.

  - 의료비와 교육비를 국가가 부담함으로써 임금과 물가가 20% 이상 인하되게 해서 국가경쟁력을 강화하여 자본의 국외유출과 노동력의 국내유입, 전통적 수출상품의 격감과 외국상품의 수입 폭증을 억제하여 산업을 활성화함.

  - 임금과 물가의 동시 인하를 통해 국가경쟁력을 강화함으로써 중소기업을 활성화하고 일자리를 창출하여 대량실업, 소득양극화, 비정규직, 청년실업 문제 등을 해결함.

6) 공공할부주택의 대량공급으로 모든 국민이 '내 집'을 가질 수 있게 함.

  - 개발제한구역과 국공유지에 공공할부주택을 최대한 건설하여 모든 국민이 최소주거면적 이상의 '내 집'을 가질 수 있게 함. (82.6평방미터(25평)아파트의 경우, 아파트가격 1억5천만 원, 입주금 5천만 원, 매월 60만 원씩 20년간 납부. 시세에 따라 매매 가능)

7) 교육의 자율성을 보장하고 누리과정부터 대학까지의 공교
육은 무상으로 하며, 학부모나 학교가 학비를 부담하는 자
립형 사립학교의 설립을 보장함.

- 고교평준화를 폐지해서 지식과 기술의 경쟁력을 강화함.
- 지방 국공립학교에 대한 지원을 획기적으로 강화하여 지
방의 발전을 도모하고 자녀교육 때문에 수도권으로 이사
할 필요가 없게 해서 수도권 과밀을 해소함.
- 수월성 교육을 보장하여 능력이 뛰어난 학생은 능력을
최고도로 발휘케 하고, 능력이 뒤지거나 경쟁에서 패배
하더라도 인간답게 살아갈 수 있는 사회보장제도를 확립
함으로써 공부를 열심히 하는 학생은 있되 입시지옥과
사교육비 부담은 없게 함.
- 유치원과 초중고에서는 상대적 평가와 석차를 없애며,
대학입학은 수학능력시험을 3차례 치러 최고 성적을 기
준으로 입학하게 함.
- 불법노조인 전교조를 해체하고 전교조의 불법 활동을 금
지함.

② 시장경제의 원리에 따른 경제운용

1) 기업경영진에게 인력운용의 자율성을 보장해서 장기근속

의 고임금 직원을 해고하거나 임금을 낮출 수 있게 함으로
써 청년실업과 비정규직 문제를 해결함.

2) 임금은 노사의 자율에 맡기고 법정 최저임금제도를 폐지함.

3) 근로자의 의사를 대변할 근로자 대표를 경영에 참여시켜 파
업과 같은 극한적 대립이 없게 함으로써 기업의 생산성을
향상시킴.

4) 과도기적으로 파업의 권리를 보장하되 대체인력의 고용을
허용하며, 불법적인 파업과 시위는 엄단함.

5) 민주노총의 불법행위와 특권적 횡포를 엄단하며, 불법행위
를 계속할 때는 민주노총을 해산함.

6) 신재생 에너지의 개발에 주력하고 에너지 절약형 생활구조
를 정착시켜 에너지의 과소비를 줄여 에너지의 자급률을 높
이도록 노력하되, 탈원전정책을 폐기하고 원자력산업을 육
성함.

7) 유해식품과 유해공산품의 생산 또는 판매에는 5년 이상의
중형을 선고함.

8) 외국과의 경제교류를 활성화하되 양국의 경제를 통합하는
자유무역협정FTA은 체결하지 않음.

　　― 공산품시장은 적극 개방하되 1차산업과 문화서비스업의
개방은 제한함.

　　― 직접지불제와 농업에 대한 투자를 크게 늘려 농업을 회생
시켜 식량자급률을 현재의 26%에서 60% 이상으로 늘림.

3 조세제도의 혁명적 개혁

1) 조세의 종류를 소득세, 법인세, 소비세, 재산세. 상속세, 증
   여세, 관세로 단순화하고, 공제제도와 기부금, 성금 등의 준
   조세를 폐지함.
2) 연소득 7천만 원 이하의 소득세율은 낮추고 7천만 원 초과
   의 소득세율은 높이되, 연소득 10억 원 초과의 소득세율은
   70%로 함.
3) 법인소득 20억 원 이하의 법인세율을 대폭 낮추고, 법인소
   득 100억 원 초과부터 법인세율을 높여 1조 원 초과에는 법
   인세율을 50%로 함.
4) 상속세와 증여세의 경우, 1천억 원을 초과할 경우 세율을
   80%로 함.
5) 기부금과 문화재단 출연 등에 세금을 부과함.

4 정치개혁과 공직자의 부정부패 척결

1) 국무위원 내지 장관의 반을 야당이 추천케 해서 대통령의
   전횡을 막고 야당과 협치하도록 함.
2) 대통령과 국무총리, 국회의원 등 차관급 이상의 정무직 공
   직자와 공기업 임원의 월급을 근로자 평균임금(2019년 330만

원)으로 함.

3) 국회의원의 정수를 지역구 150명, 정당투표 비례대표 50명
   으로 하고, 보좌관을 2명만 두며, 차량유지비 등 일체의 특
   권을 폐지함.

4) 선거를 공영제로 하며, 당비 이외에 후원금을 받을 수 없게
   하고. 정당국고보조제도를 없앰.

5) 국회 인사청문 대상 고위공직자가 국회의 동의를 얻지 못하
   면 임명할 수 없게 함.

6) 공직자가 부정부패에 연루될 경우 공직을 박탈하고 다시는
   공직을 맡을 수 없게 함.

7) 검사와 판사 출신은 변호사가 될 수 없게 해서 '전관예우'가
   없게 함.

8) 검사와 판사는 검사임용고시, 판사임용고시를 통해 임용하
   고, 변호사는 자격시험을 치름.

9) 변호사 이외에 세무사, 회계사, 변리사 등 해당 분야의 전문
   자격을 갖춘 사람도 변론할 수 있게 함.

5 법치주의의 확립으로 사회적 불안과 경제적 손실 방지

– 법률과 원칙을 일탈한 집단이기주의적 투쟁은 엄격히 통제

함. 특히 '떼법'은 일체 용납하지 않음.

− 집회와 시위의 자유를 보장하되, 불법집회와 불법시위를 하는 사람은 엄벌하며, 1년에 2회 이상 불법집회와 불법시위를 하는 단체는 해산함.

− 법률에 의한 규제만 허용하고 행정규제를 없앰.

6 대통령의 권력독점 방지와 내각 중심의 행정 강화

− 권력분산형 정부통령제와 1구 3~4인의 중선거구제를 채택하여 대통령의 권력독점과 지역주의 정치를 타파함.

− 대통령의 집무실을 광화문으로 옮기고 직원을 현재의 500여 명에서 100명으로 줄여 청와대 중심의 행정이 아니라 내각 중심의 행정이 되게 함.

− 정부조직을 시대적 요청에 맞게 조정 통합하고, 행정부처 소속 각종 위원회를 대폭 축소함.

7 행정구역 개편을 통한 행정의 효율화와 지역 감정 해소

- 행정구역을 2단계로 줄이고, 16개 시도를 50개의 광역자치 시로 나누며, 광역자치시에는 4~5개의 구나 군을 두되, 지 방자치는 광역자치시에서만 실시함.
- 지방에 있는 국공립학교뿐만 아니라 기업에도 공장부지의 무상대여, 기업의 이전비용 국가부담, 법인세 감면 등 특별 한 혜택을 주어서 지방산업을 육성함으로써 국가의 균형발 전을 도모함.

8 국방력 강화

1) 군의 전문화와 과학화를 위해 단기복무자를 현재의 45만 명 에서 20만 명으로 줄이고 장기복무자를 현재의 15만 명에서 30만 명으로 늘림.
2) 단기복무자의 복무기간을 22개월에서 12개월로 단축함.
3) 모든 군인에게 공무원에 준하는 월급을 지급함.
4) 핵무기를 개발함.
5) 9·19남북군사합의를 폐기함.

9 남한 중심의 민족통일 달성

북한의 핵무기 보유를 반대하는 중국과 미국의 지지를 얻어
남한 중심의 한반도 통일을 이루기 위해 다음과 같은 정책을 강
구함.

1) 민족통일을 국정운영의 최우선과제로 선포하고 범민족적
   으로 민족통일 적극 추진

2) 북한 김정은 위원장에게 민족통일을 위한 남북정상회담을
   제안해서 민족통일에 동조할 것을 촉구함.

3) 북한 동포에게 민족통일 메시지를 전달함.

4) 남한과 북한, 미국, 중국이 참여하는 '한반도의 비핵화와 통
   일을 위한 4자회의'를 개최해서 한반도의 비핵화와 통일을
   추진함.

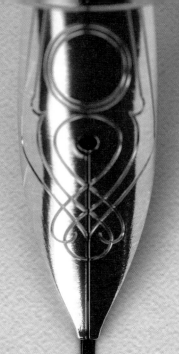

Chapter 2

정론탁설
(正論卓說)의
시대진단

문재인 정부의 소득주도성장은
왜 실패했는가?

— 소득주도성장의 대안은 무엇인가? —

문재인 정부의 소득주도성장이 엄청난 비판에 직면해 왔다. 문재인 정부가 말하는 소득주도성장이란 임금과 소득이 늘어나게 해서 소비가 촉진됨으로써 경제가 성장토록 하겠다는 것인데, 소득주도성장의 중요 내용은 최저임금인상이다. 그래서 현실적으로 최저임금인상이 옳으냐 틀리느냐가 논쟁이 되어왔다.

아직도 최저임금인상 내지 소득주도성장의 잘잘못에 대한 논쟁이 끊이지 않아 다시 한번 소득주도성장의 부당성을 지적코자 한다.

문재인 정부는 소득주도성장 정책을 통해 임금과 소득이 늘어나게 하겠다고 하지만, 현실적으로는 임금을 인상하는 데 그칠 뿐 저소득층의 가계소득은 오히려 줄어들었다. 그래서 문재인 정부의 소득주도성장은 바로 임금주도성장이라고 말해도 틀리지 않게 되었다. 이론적 배경으로도 문재인 정부의 소득주도성장론은 임금주도성장론에 기초하고 있어 더욱더 그렇다.

그러면 임금주도성장론이란 무엇인가? 임금이 오르게 해서 국민의 복지도 증대시키고 경제도 성장시키겠다는 것이다. 경제학에서는 wage-led growth라고 한다.

이 이론은 타당한가? 타당한 때가 있었다. 모든 이론과 가치는 시대상황의 변화에 따라 그 타당성 여부가 달라진다. 임금주도성장론도 당연히 마찬가지다. 지난날, 곧 산업의 정보화 및 사무자동화와 공장자동화가 이루어지지 않아 생산가능인구(국민)의 절대다수가 취업(노동)을 하고 있었을 때는 임금주도성장론이 타당했다. 왜냐하면 자본과 노동이 결합해서 창출한 총부가가치를 자본소득과 노동소득(임금)으로 나눌 경우, 노동소득 곧 임금이 늘어나면 생산가능인구(국민)의 절대다수에게 분배되어 소득이 늘어나게 됨으로써 소비가 진작되어 경제가 성장하도록 했기 때문이었다. 즉 임금이 상승하면 국민대중의 소득이 증대하여 소비가 증대되고, 그것이 생산을 촉진하는 효과를 가져왔다.

그런데 산업의 정보화 곧 자동화로 인해 대량실업이 구조화함으로써 취업노동자의 수가 대단히 적고(그래서 취업노동자는 실업상태에 있는 사람들에 비해 기득권층이라고 할 수 있다) 실업상태에 있어 소득이 없는 사람들이 압도적으로 많은 오늘날에는 노동소득 곧 임금이 증대되어도 그것은 일부 취업노동자의 소득만 늘어날 뿐 국민의 대다수인 실업자 내지 자영업자의 소득은 늘어나지 않게 되어 소비를 진작시켜 경제를 성장케 한다는 것은 불가능하게 된다. 즉 임금을 올려보았자 생산가능인구(국민) 가운데 소수에 불과한 취업노동자만의 소득을 증대시킴으로써 국가 전체적으로 소비를 진작시켜 경제가 성장케 한다는 것은 불가능하다는 것이다. 그래서 문재인 정부의 소득주도성장정책은 실패한 정책이 되고 말았다.

문재인 정부의 소득주도성장정책이 잘못되었음은 지난 11월 22일 통계청이 발표한 3분기(7~9월) 가계동향조사에 의해서도 확인되었다. 통계청이 발표한 자료에 의하면 3분기(7~9월) 가계동향조사에서 상위 20%(5분위)의 가구소득은 8.8% 늘어난 반면 하위 20%(1분위)의 가구소득은 7%나 줄었다. 1분기(1~3월)에 8%가 감소하고, 2분기(4~6월)에도 7.6% 감소한 데 이어 3분기(7~9월)에 또 7%나 감소했으니, 이것은 소득주도성장정책이 저소득층의 가구소득을 더 감소시켜 왔음을 확인해 주는 것이 아닐 수 없다. 더욱이 고소득층 곧 소득 5분위의 소득은 더 늘어나게 하면서 말이다. 그래서 소득주도성장정책이 소득양극화를 더 심화시켜 왔는데, 이것은 당연한 결과이다.

문재인 정부의 소득주도성장 정책은 우리 사회에서 기득권층에 속한다고 할 수 있는 (취업)노동자의 소득을 증대시킬 뿐 국민의 대다수인 실업자(실망실업자 포함)와 자영업자의 소득을 증대시키지는 못한다. 소득주도성장 정책이란 말을 붙이기조차 민망할 정도로 국민대중의 소득증대에는 역행하는 잘못된 정책일 뿐이다.

저임금노동자의 처지보다 별로 나을 것이 없는 자영업자들이 엄청나게 많은 터에 최저임금을 1년에 10% 이상 인상해서 (2017년 16.4% 2018년 10.9%) 2년 사이에 30% 가까이 인상하니 많은 자영업자들이 폐업하거나 직원을 줄이게 되어, 그나마 최저임금이라도 받고 일하던 저임금노동자들도 다수가 해고되어 소득을 한 푼도 올릴 수 없게 되었다.

결국 최저임금 인상으로 기득권층에 속하는 취업노동자의 임금소득은 증대하나 최저임금 전후의 저임금노동자들은 그나마 다니던 직장에서 해고되니 더 어렵게 된다. 이러니 빈곤계층의 소득을 올려 경제가 성장토록 하겠다는 취지의 소득주도성장정책은 저임금노동자와 자영업자 등 빈곤계층의 소득을 더 감소시킴으로써 소득주도성장이 불가능하게 된다.

이런 현상을 부정할 수 없으며, 소득주도성장 정책이 결국 빈곤계층의 소득증대에 전혀 기여하지 못함으로써 정책이 실패한 것이 분명한데도 소득주도성장 정책은 옳으며, 그 효과가 나타나려면 시간이 걸릴 뿐이라고 주장하는 문재인 정부는 도대체 무엇을 근거로 그런 주장을 하는지 알 수 없다.

〈왜 이런 엉터리 정책이 나올까?〉

이처럼 소득주도성장 정책 곧 임금주도성장 정책은 잘못인데도 왜 문재인 정부는 이런 정책을 내놓았을까? 민주노총을 비롯한 노동자를 위하는 것이 진보인 양 간주하는 운동권의 상투적인 관행에 기초한 점이 크지만, 근본적으로는 역사의식의 빈곤 때문이다. 세상이 어떻게 변하고 있는지를 모르기 때문이다. 생산가능인구의 절대다수가 일을 하던 지난 시대(산업문명시대)에나 통용될 수 있었던 이론 곧 노동소득을 늘리면 가처분소득이 늘어나 소비가 진작되어 경제도 성장한다는 임금주도성장론에서 벗어나지 못하고 있기 때문이다. 그러나 대량실업이 구조화하기 쉬운 정보문명시대에는 임금주도성장 정책은 그 사회의 기득권층에 속한다고 볼 수 있는 취업노동자의 소득만을 증대시켜 경제성장에 역행할 뿐이다. 필자가 역사의식을 강조하고 '신문명'을 강조하는 이유가 여기에 있다.

그러면 소득주도성장 정책을 반대하는 사람들의 주장은 옳은가? 문재인 정부의 소득주도성장 정책이 잘못되었기에 이것을 철회하라고 주장하는 사람들이 대단히 많다. 그러면서 이들은 대체로 경제성장을 위해서는 투자를 촉진하고 규제를 완화해야 한다고 주장한다.

이런 주장 또한 전혀 옳지 않다. 투자촉진과 규제완화 주장은 소득주도성장 정책보다 더 시대착오적이고 잘못된 것이다. 소득주도성장 정책은 그것을 제대로 운용하지 못해서 잘못된 것이지 소득주도성장 자체는 잘못된 것이 별로 없다. 저소득층의 소득을 증대시켜야 성장도 이루어질 수 있는 정보문명시대가 되었기 때문이다.

그러니까 소득주도성장 정책을 비판하거나 반대하는 사람들이 그 부당성을 제대로 지적하지 못하면서 오히려 기업경영인을 위한 투자촉진과 규제완화를 주장하니 문재인 정부의 정책담당자나 노동계가 수긍하지 않게 된다.

이처럼 소득주도성장 정책도 옳지 않지만, 이를 둘러싼 공방 모두가 잘못되어 있으니 소모적인 논쟁만 벌어지게 된다.

〈소득주도성장 정책의 대안은 무엇인가?〉

임금인상으로 나타나는 소득주도성장 정책이 잘못이라면, 그 대안은 무엇일까? 그것은 무소득자의 소득을 보장하는 것이다. 이미 기득권층에 속한다고 볼 수 있는 취업노동자의 임금을 올려주는 정책이 아니라 무소득자의 소득을 올려주는 것인데, 이를 위해서는 사회보장제도를 확립해야 한다. 즉 사회보장제도를 확립함으로써 저소득층의 소득을 보장하여 저소득층의 소득이 늘어나게 해서 소비가 진작되어 경제성장도 이루어지게 해야 한다.

저소득층의 소득을 보장한다 해서 저소득층 곧 무소득자에게 직접 돈을 나누어주어 소득을 보장해 주는 방식만 있는 것은 아니다. 공공근로 곧 사회적 일자리를 많이 공급해서 노인과 실업자 등이 일할 수 있게 하는 사회보장제도를 통해 소득이 보장되게 해야 한다.

사회보장제도를 확립하려면 당연히 예산이 뒷받침되어야 하는데, 이 예산은 국민이 낸 세금으로 충당되기에 지금보다 더 많은 세금을 거두어야 한다. 더 많은 세금을 거두려면 고액연봉의 노동자들로부터 걷어야만 한다. 산업의 정보화가 이루어진 오늘날 저소득층의 소득을 보장함으로써 경제도 발전하고 국민복지도 향상시키려면 고액 연봉 노동자들로부터 더 많은 세금을 거두어들여야 하는 것이다. 그런데도 소득주도성장이란 이름으로 오히려 고액연봉의 노동자들에게 더 많은 소득을 보장해 주고 있으니, 문재인 정부의 소득주도성장 정책 곧 임금주도성장 정책이 얼마나 시대의 흐름을 역행하는 것인지를 알 수 있다.

그런데 사회보장제도를 제대로 확립하려면, 사회보장정책을 전면적으로 재정비해야 하는데, 이렇게 하지 못한 상태에서는 어떻게 해야 할 것인가? 저소득층의 소득을 증대시키는 정책을 강구해야 하는 바, 이를 위해서는 국민기초생활보장법 상의 수급자의 요건을 완화해서 차상위계층도 수급자가 되게 해야 한다. 그리고 실업수당의 지급기간을 늘리거나 국민연금의 지급시기를 앞당기는 등의 방안이 강구될 수 있다.

〈궁극적인 해법은 자아실현의 세상 건설이다〉

오늘날 산업의 정보화로 말미암아 기본적으로 생산력이 비약적으로 발달하여 모든 사람이 자기가 하고 싶은 일을 하면서 자아실현의 보람과 기쁨을 누리면서 살 수 있는 사회경제적인 조건이 충족되었는데도, 이에 제대로 대처하지 못함으로써 대량실업과 소득양극화가 구조화한 가운데 온갖 어려움을 겪고 있다. 이것이 소득주도성장 정책이 나온 배경이기도 한데, 이 문제를 해결하려면 모든 사람이 자아실현을 통해 보람과 기쁨을 누리며 행복하게 살 수 있게 하는 이념과 정책 및 세계관과 가치관을 강구해야 한다.

요컨대 모든 사람이 자아실현의 보람과 기쁨을 누리며 행복하게 살 수 있게 하는 정책이 아니고는 오늘날 우리사회(사실은 전 세계)가 직면하고 있는 대량실업과 소득양극화, 환경파괴 등의 문제를 해결할 수가 없다. 자아실현의 삶 곧 인간해방의 삶은 인류의 최고 이상이기도 하지만, 지금은 이러한 이상을 실현될 수 있게 할 이념과 정책만이 대량실업과 소득양극화 등을 해결할 수 있다는 점에서 인간해방의 새 세상 건설은 필연적인 것이 되고 있다.

우리가 이런 새 세상 곧 인간 해방의 세상을 건설하지 못하면 현상도 유지하지 못한 채 사회는 붕괴하고 인생은 파탄하게 되어 있다. 이것을 볼 수 있는 혜안이 있어야 하겠다.

우리는 왜 민주노총을
망국10적 제1호로 규탄하는가?

민주노총이 우리 사회 최대의 이기적 기득권집단이요 무소불위의 권력기관이 되어있다는 것은 이미 공지의 사실이다. 그런데 문제는 민주노총의 이러한 행태를 비판적으로 지적하는 사람이 별로 없는 가운데 오히려 민주노총을 옹호하는 사람이 너무 많다는 데 있다. 특히 자칭 진보세력은 민주노총을 감싸기 바쁘니 말이다.

〈평균 연봉 7천만 원 이상의 기득권 귀족노조〉

민주노총 조합원의 평균 연봉은 7천4백만 원(월급 620만 원)이고, 자동차·금융·전자·정유·언론(방송) 등의 평균 연봉은 1억 원 가량이나 된다. 이러니 민주노총은 우리 사회 최대의 기득권집단인데도, 이들은 걸핏하면 임금인상을 요구하며 서울 도심을 점령해서 온갖 행패를 부리고 있다. 우리나라 노동자 전체의 평균

임금은 연봉 3,990만 원(월급 330만 원)에 불과하고, 2018년에는 최저임금 153만 원조차 받지 못한 노동자가 311만 명이나 되는데도 말이다.

이뿐이 아니다. 아예 임금을 받지 못하는 실업자가 공식적으로 103만 명이고, 구직단념자 51만 명을 포함한 실망실업자가 250만 명이나 되며, 청년실업률이 9.5%나 되는데도 민주노총 조합원은 철밥통을 꿰차고 해고를 모른다.

광주형 일자리의 경우도 그 타당성 여부를 떠나 울산에 있는 현대자동차 노동조합이 그것을 반대하는 것은 이기적 주장일 뿐이다.

이러니 어찌 민주노총을 최대의 이기적 기득권집단이라고 말하지 않을 수 있겠는가?

〈비정규직과 청년실업, 소득양극화의 주범이 된 민주노총의 고임금〉

지금 우리 사회에서 가장 큰 사회문제가 되고 있는 소득양극화 내지 임금격차는 민주노총에 중대한 책임이 있다. 대기업 정규직 노동자의 과도한 임금인상이 중소기업과 비정규직의 임금을 낮을 수밖에 없게 하기 때문이다. 비정규직과 청년실업이 없어지지 않고 늘어나는 것도 민주노총 소속 대기업 노동조합들이 노동의 유연성을 거부하는 것은 물론 일자리를 세습하는 일까지 있기 때문이다.

심지어 자동차를 포함하여 독과점 공산품 가격이 높은 것도 민주노총에 중요한 책임이 있다. 민주노총 조합원들의 고임금이 제품가격에 반영되어 공산품가격을 올려왔기 때문이다. 현대자동차 노동자의 평균임금이 9,600만 원을 넘는데, 이것이 자동차 값을 올리는 것은 물론이고, 협력업체 노동자들의 임금이 내려가게 하는 요인이 되어왔음은 공지의 사실이다.

이처럼 민주노총 조합원들은 우리 사회에서 최대의 기득권을 누리면서도 기업 경영자나 정부에 양보를 요구할 뿐 자기들이 양보할 생각은 추호도 없다. 한마디로 집단이기주의의 극치다.

그러면서도 이들은 온갖 선심을 다 쓴다. '최저임금을 1만 원으로 올려라', '비정규직 차별을 철폐하라', '청년실업을 없애라', '탄력근로제를 없애라'라고 외치는데, 바로 민주노총 때문에 저임금이 상존하고, 비정규직이 없어지지 않으며, 청년실업이 늘어나는데도 말이다.

〈국제경쟁력 약화시키는 민주노총의 고임금과 강경투쟁〉

노동자 500인 이상 대기업 정규직 노동자 월 평균 임금의 경우, 구매력 평가기준으로 미국이 4,736달러, 일본이 4,079달러, 프랑스가 5,238달러인데도 한국은 6,097달러나 된다. 국민소득이 한국보다 1.5배 이상 되는 나라의 임금보다 한국 대기업의 임금이 더 높으니 한국 제품의 국제경쟁력이 약할 수밖에 없다.

500인 이상 대기업 노동자 1인당 임금을 100으로 놓았을 때

5~9인 기업의 임금은 미국이 64.8, 일본이 72.6, 프랑스가 63.4인데도 한국은 48.3에 불과하다. 이처럼 한국에서 대기업과 영세기업의 임금차이가 유독 큰데, 이것 또한 민주노총 때문임은 물론이다.

이러니 어찌 민주노총을 대한민국 망국10적 제1호라고 말하지 않을 수 있겠는가?

〈자기희생 없는 개혁 주장은 위선의 극치일 뿐이다〉

사회개혁을 주장하려면 자기 것을 내놓는 자기희생이 선행되어야 한다. 그렇게 해야 사회개혁의 진정성이 담보되기 때문이다. 자기가 조금도 손해 보는 것이 없다면 누군들 사회개혁을 주장하지 못하겠는가? 그런데도 민주노총은 자기 것을 내놓을 생각은 추호도 없이 온갖 사회개혁을 주장하고 있다. 위선의 극치로 비난받아 마땅하다.

노동자의 인간다운 삶을 위해 자신의 생명까지 바친 '전태일'은 굶고 있는 노동자들에게 풀빵 하나라도 사 먹이기 위해 차비 30원으로 풀빵을 사주고는 20리 길을 걸어가다 파출소에서 잠을 잔 일이 한두 번이 아니었다. 그런 '전태일'을 자기 것은 손톱만큼도 내놓지 않으려 하는 민주노총이 '전태일 정신 계승' 운운하며 '전태일'을 독점하다시피 하고 있는데, 이것은 '전태일'에 대한 모독일 뿐이다. 민주노총은 매년 11월 '전태일정신 계승 전국노동자대회'를 열고 있는데, 민주노총의 개과천선이 없는 한 이를 중단하는 것이 옳다.

〈민주노총에 제동 걸린 문재인 정부의 경제정책〉

문재인 정부는 과도한 최저임금 인상(2018년 16.4%, 2019년 10.9%)을 축소하는 방향으로 조정할 뜻을 밝힌 일이 여러 차례 있었다. 대통령도 그랬고, 기획재정부 장관도 그랬다. 그럼에도 불구하고 문재인 정부는 민주노총의 대정부 투쟁이 두려워 '속도조절'을 포기하는 사태가 벌어지기도 했다. 이 때문에 문재인 대통령에 대한 지지율이 40%대로 내려앉고 있는데도 말이다.

또한 여야 정치권이 주 52시간 노동의 실시에 따른 기업의 어려움을 덜어주기 위해 탄력근로제의 기간을 확대하기로 방침을 정하고서도 민주노총이 경사노위에 참여할 때를 기다려 연기되고 있는 실정이다.

〈문재인 정권을 망하게 할 최고의 권력기관 민주노총〉

지금 민주노총은 이익집단을 넘어 최고의 권력기관이 되어있다. 고용노동부 장관이 절절매는 것은 물론이고 대통령까지 눈치를 살피는 상황이니 말이다. 대통령이 참석한 경제사회노동위원회 창립회의에서 민주노총의 참여를 '권유'하는 결의안을 채택하는가 하면, 경사노위 위원장은 민주노총이 참여할 수 있도록 하기 위해 경사노위의 출범을 6개월이나 미루었다고 말하면서 눈물을 흘리기도 했다. 민주노총 때문에 대한민국의 국정운영이 차

질을 빚고 있음을 말해준다.

더욱더 가증스러운 것은 민주노총의 태도다. 민주노총은 경사노위에 참여하지 않으려고 회의 정족수가 미달되게 해서 결정을 회피하고 있으니 말이다. 비겁하기 짝이 없는데, 이것이 민주노총의 실상이다.

문재인정권도 민주노총의 횡포를 제압하지 못하면 경제도 망치고 문재인정권도 망치게 될 것이다.

〈노동운동의 대의를 상실한 민주노총〉

내가 민주노총을 망국 10적 1호로 규정하면서 규탄하는 것은 그들이 기득권층이거나 비정규직과 청년실업의 원인제공자여서만이 아니다. 근본적으로 노동운동의 대의를 상실하고 있기 때문이다. 노동운동의 대의인 노동해방이나 노동자계급의 권익보장은 외면한 채 자기들 노동기득권층의 자본주의적 이기심을 충족시키는 데 매몰되어 있으니 말이다.

노동운동은 기본적으로 노동 속에서 자아실현의 보람과 기쁨을 누리는 경제체제를 만드는 것을 목표로 해야 한다. 노동자에서 벗어나 노동을 하지 않으면서 행복하게 사는 것이 아니라 노동자로 일하면서 행복하게 살 수 있기 위해서 노동운동을 해야 하고, 이렇게 하기 위해서는 노동 자체에서 보람과 기쁨을 누릴 수 있어야 하겠기 때문이다. 즉 자아실현의 노동, 해방된 노동을 이루어내는 것을 노동운동의 목표로 삼아야 하는데도 한국의 노동운동은 자본주의적 이기심을 충족시키는 활동에만 매몰되어 있다.

그런 데다 대기업 정규직 노동자 중심의 노동운동을 한 나머지 중소기업이나 영세사업장의 노동자들을 오히려 더 어렵게 하고 있다.

그리고 노동운동의 대의는 노동계급의 권익을 공동으로 도모하는 데 있거늘 민주노총은 노동계급 전체의 권익은 완전히 외면하고 있다. 말로는 비정규직 차별철폐, 최저임금 인상, 청년실업 해소 등을 외치지만 구두선일 뿐이다.

그래서 우리는 다음과 같이 요구한다.

첫째, 민주노총을 노동자 대표로 인정해서는 안 된다.

민주노총 조합원은 101만 명인데, 이것은 전체 임금노동자 1,956만 명의 5%에 불과하다. 다른 노동자와는 비교조차하기 어려운 기득권 노동자 5%가 노동자를 대표한다는 것은 말이 안 된다.

따라서 경제사회노동위원회와 중앙노동위원회, 최저임금위원회에 민주노총을 노동자 대표로 참여시키는 일은 없어야 한다.

둘째, 문재인 정부는 민주노총의 위협에서 벗어나야 한다.

셋째, 대기업 경영자들은 민주노총의 과도한 임금인상 요구에 굴복하지 않아야 한다.

대기업 경영자들이 민주노총의 압박에 못 이겨 임금을 과도하게 인상함으로써 독과점 공산품 가격을 올려 국민에게 피해를 전

가함은 물론 국제경쟁력을 약화시키고 대기업과 중소기업과의 임금격차와 소득양극화를 확대하고 있는데, 이래서는 안 된다.

넷째, 민주노총의 잘못된 행태에 대해 비판은커녕 오히려 두둔하기에 급급한 소위 진보지식인들과 진보언론의 대오각성을 촉구한다.

민주노총에는 전태일이 없다

우리 사회에 전태일을 잘못 이해하고 있는 사람들이 대단히 많다. 아니 거의 대부분의 사람들이 전태일을 잘못 이해하고 있다. 심지어 전태일이란 말만 나와도 치를 떠는 사람들조차 대단히 많아졌다. 전태일이야말로 온갖 고난과 시련에도 불구하고 꿈과 희망을 잃지 않고 어려운 사람을 위해 헌신하다 자신의 생명까지 바친 사람인데도 말이다.

왜 이렇게 되었는가? 그간의 시대상황도 전태일을 오해하게 만든 한 원인이 되기도 했지만, 최근 들어서는 민주노총이 전태일을 독점하다시피 함으로써 전태일과 민주노총을 동일시하게 된 데도 중요한 원인이 있다. 민주노총이 싫어진 만큼 전태일도 싫어진 것이다. 물론 지금 전태일을 지독하게 싫어하는 사람 가운데는 처음부터 전태일을 별로 좋아하지 않았던 사람들도 있겠으나 민주노총 때문에 더욱더 싫어하게 된 것은 부인할 수 없는 사실이다.

그러면 전태일은 민주노총과 동일시되어도 될까? 그래서는 안 된다. "민주노총에는 전태일이 없다"고 말하는 것이 조금도 틀리지 않을 정도로 민주노총은 전태일 정신이나 전태일 사상을 계승하거나 구현하려고 노력하고 있지 않기 때문이다.

전태일 정신이 무엇인가? 전태일 정신은 사랑과 희생이다. 전태일은 시다와 미싱사 등 참혹한 작업장에서 일하는 노동자들을 자기 몸 이상으로 사랑했거니와, 그들을 위해 온갖 고난을 감수했음은 물론 마침내 그들의 인간다운 삶을 구현하기 위해 자신의 생명까지 바쳤다.
그리고 전태일은 이 세상 모든 사람을 동일체로 보면서 자신을 '전체의 일부'로 간주하였고, 그래서 이 세상 모든 사람들을 향해 "나를 아는 모든 나여! 나를 모르는 모든 나여!"라고 말했다. 이것을 말로써만이 아니라 행동으로 심지어 죽음까지 불사하며 실천해보였다. 이런 사람이 어디에 또 있을 수 있겠는가?

그런데 민주노총은 어떤가? 자기 것을 손톱만큼도 손해 보려 하지 않는다. 자기들의 고임금 때문에 협력업체나 중소기업 노동자의 임금이 낮은데도 이를 모른 척하거나 너희들도 투쟁해서 고

임금을 쟁취하라고 말할 뿐이다. 한마디로 민주노총에는 사랑과 희생이 전혀 없다. 오직 이기심과 우월감만 있을 뿐이다. 전태일과는 정반대의 사람들일 뿐이다.

다음으로 전태일 사상을 보자. 전태일 사상은 한마디로 혁명과 해방이다. 즉 사람답게 사는 세상으로 세상을 바꾸자는 것이다. 전태일은 인간을 물질화하는 세상을 혁파해서 모든 사람이 서로 간의 정을 나누면서 사는 인간해방의 세상을 이루려고 했다. 그리고 전태일은 한 인간이 인간으로서의 모든 것을 박탈하고 박탈당하고 있는 이 무시무시한 세상을 혁파해서 모든 인간이 가치적으로 동등한 인간해방의 세상을 구현하기 위해 자신의 생명까지 바쳤다.

그런데 민주노총은 어떤가? 혁명도 없고 해방도 없는 것은 물론이고, 각박한 이 비인간적인 세상에서 오직 자신의 경제적 권익이 증대되기만을 바랄 뿐이다. 한마디로 자본주의적 이기심에 충만해서 현존하는 비인간적 사회에서 특권을 누리고자 할 뿐이다. 즉 세상을 바꾸려는 생각이 전혀 없다.

내가 민주노총에 대해 특별히 불만스러운 것도 바로 이 때문이다. 말로는 온갖 사회개혁을 주장하지만 실제는 사회변혁의 의지가 전혀 없다. 얼핏 보면 노동자계급주의를 내세움으로써 사회주의를 지향하는 것처럼 비치기도 하나 사실은 이기적 자본주의

를 지향할 뿐이다. 심지어 지난날 "천만 노동자 단결하여 노동해
방 쟁취하자"고 외친 때가 있었으나, 그래서 마치 노동해방, 인간
해방을 지향하는 사회주의 혁명을 주장하는 듯이 보이기도 했으
나, 실제로는 노동자계급주의를 내세워 노동자의 단결된 투쟁으
로 자본주의적 이기심을 충족시켜 왔을 뿐이다.

　이러고서도 '전태일 정신 계승'을 독점하다시피 하고 있으니,
이것은 희대의 사기극일 뿐이다.

　나는 오래전부터 민주노총 소속의 대기업 노동조합들이 이기
적 자본주의 체제를 지속시키는 대중적 기반이 되리라는 점을 지
적해 왔다. 그 이유는 민주노총 등 한국의 노동운동에는 노동해
방, 인간해방의 이념이 없는 것은 물론 그 말의 뜻도 잘 모르고
있었기 때문이다. 노동해방을 노동자의 이기적 욕망을 최대한 관
철하는 것쯤으로 생각하고 있으니, 더 말해서 무엇 하겠는가?

　그래서 지금이야말로 전태일 사상을 구현하는 일이 필요하다.
전태일 사상에 입각해 노동해방, 인간해방을 목표로 하는 정치와
운동을 전개해야 한다. 임금인상이나 노동시간 단축을 요구하고
있을 때가 아니다. 임금인상이나 노동시간 단축을 요구하는 운동
으로는 임금문제도 노동시간 문제도 해결할 수 없기 때문이다.
노동해방, 인간해방 곧 자아실현의 세상을 건설하려고 해야 오늘
우리 사회가 직면하고 있는 대량실업과 소득양극화 등을 극복할

수 있다.

　그런데 민주노총은 어떤가? 노동해방 인간해방은커녕 임금 좀 나누어 갖자는 것에도 동의하지 않는다. 자기 것이 조금이라도 손해가 된다 싶으면 사생결단하고 반대한다. 자기 것을 조금이라도 더 챙길 수 있다면 사생결단하고 투쟁한다. 본래 노동운동은 평등을 지향하는 운동이건만 민주노총은 평등에는 관심조차 없다.

　그래서 민주노총은 더 이상 전태일을 입에 올리지 말아야 한다.

　끝으로 사족을 한 가지 덧붙여 둔다.

　민주노총은 자신들의 이기심을 충족시키는 데 전태일을 이용만 할 뿐 전태일을 위해서 하는 일은 거의 없다. 심지어 전태일재단 행사 때 민주노총 이름으로 5만 원을 냈을 때도 있으니 말이다. 그리고 내가 알기로는 민주노총 사람들은 전태일재단 회의 때 제대로 나오지도 않는다. 자신들은 전태일을 위해 아무것도 하지 않아도 전태일을 독점할 수 있으리라고 보기 때문일 것이다. 무례하기 그지없고 오만하기 짝이 없다.

　내가 민주노총 규탄대회를 여는 가장 중요한 이유도 민주노총의 오만에 있다. 부끄러워해야 할 자들이 오만방자하니, 이것을 어떻게 그냥 보아 넘길 수 있겠는가?

4

교육붕괴의 주범
전교조는 해산되어야 한다

　우리나라 학교교육이 붕괴된 지는 이미 오래다. 무엇보다 교실이 붕괴되었다. 평준화 교육이란 미명 아래 성적 차가 큰 학생들을 한 반에서 가르치는 데다 교권의 유린으로 선생님들의 사기가 꺾여있으니 수업시간은 낮잠 자는 시간이 되고, 공부는 밤 10시 넘어 학원에서 하는 경우가 일반적이다. '학교폭력'이 일상적으로 일어나는데도 선생님들은 속수무책이다.

　폭력 학생을 훈계하려 들었다가는 학생인권유린으로 고발당하기 십상이니 오히려 학생의 눈치를 보아야 할 형편이다. 수업시간에 학생이 교실에서 슬며시 빠져나가도 훈계하기가 어렵다. 학생인권유린으로 고발당할 수 있기 때문이다. 심지어 학생들로부터 온갖 모욕적인 말과 폭행을 당하고도 학생을 훈계하기가 어려운 상황이니, 이런 분위기에서 선생님들이 학생들을 지도할 의욕이 생길 턱이 없다.

이러다 보니 학교교육만 붕괴된 것이 아니라 청소년들의 탈선이 심각하다. 선생님들의 지도에서 '해방된' 비행학생들의 횡포로 끔직한 사건이 일어난 경우가 한두 번이 아니다.

이처럼 학교교육이 붕괴되고 이로 말미암아 청소년들의 탈선이 사회문제가 된 데는 교육당국의 무능과 역대 정부의 실책에 그 근본적 원인과 책임이 있지만, 우리나라 학교교육을 사실상 주도하고 있는 전교조에도 중대한 책임이 있지 않을 수 없다.

'촌지 안 받기'와 '참교육'의 기치를 내걸고 출범한 전교조는 한때 많은 국민들의 지지를 받았으나, 지금은 온갖 반교육적 횡포와 시대착오적 좌편향이념교육으로 '교육붕괴'의 주범이 되어 국민적 지탄을 받고 있다. 전교조가 출범한 지 불과 5년 후인 2004년 '학교를 사랑하는 학부모모임'이 결근, 수업거부, 학생선동, 폭행 등으로 '부적격교사' 62명을 발표했는데, 이 가운데 58명이 전교조 교사였다니, 전교조는 이미 오래전부터 교육붕괴의 중요 당사자로 확인된 바 있다. 무엇보다 전교조 교사들의 안하무인적인 횡포로 일반 교사와 전교조 교사들의 갈등이 너무 심해 교직원회의가 열리기 어려울 정도가 되어 교사공동체가 파괴되었으니, 이러고서야 어떻게 학생들을 제대로 지도할 수 있겠는가?

전교조의 망국적 행태는 특히 어린 학생들에게 잘못된 이념교육을 하는 데 있다. 늦게 배운 도둑이 날 새는 줄 모른다고 뒤늦게 운동권에 편입된 전교조 교사들이 북한 주체사상에 경도되어 학생들에게 대한민국의 정통성을 부정하고 북한을 추종하는 반국가적인 교육을 하고 있으니, 이것은 '교육붕괴'를 넘어 '국가붕괴'마저 우려케 한다. 수업시간에 과목과 상관없이 미국과 이승만, 박정희에 대해서는 욕하기가 바쁘며 북한과 관련된 일에 대해서는 칭송하기가 바쁘다. 인민이 굶어죽게 생겨 나라 밖으로 탈출하는 사람이 수십만 명에 달한 나라의 사상과 정권을 칭송하고 있으니, 시대착오적 진보이념의 망령이 나라의 장래까지 암담하게 하고 있음을 통탄하지 않을 수 없다.

6·25전쟁은 '통일전쟁'이기 때문에 남침이냐 북침이냐를 따질 일이 아니라든가, 북한의 핵무기는 남한을 공격하기 위한 것이 아니며 통일되면 우리 것이 된다고 가르치고 있으니, 학생들이 어떻게 올바른 국가관을 정립할 수 있겠는가?

평등이념에 매몰된 전교조 교사들이 주도하는 평준화교육은 교육의 하향평준화를 초래해서 국가경쟁력 약화의 주된 원인이 되고 있다. 전 지구적 경쟁이 일상화되어 있는 세계화시대에 교육의 하향평준화를 초래하는 평준화교육은 망국의 길이 아닐 수 없다. 입시지옥과 사교육비 부담을 없애보려 시작된 평준화정책은 입시지옥과 사교육비 부담을 오히려 가중시키면서 인재와 국부의 해외유출까지 초래해 왔다.

그래서 그 극복방안으로 도입된 특목고와 자립형사립고마저 평준화교육을 고집하는 전교조 성향 인사들이 교육행정을 장악하게 되면서 폐지될 운명에 처했다. 자립형 사립고의 경우 교육예산의 절감으로 공교육을 내실화할 수 있는 상당한 재정을 확보할 수 있게 하는데도 말이다.

전교조 교사들에 의해 추진되어 온 학생인권조례는 교사를 학생인권유린의 잠재적 범죄자로 보고 두발, 복장, 소지품 등에 대한 규제와 학생의 임신과 출산에 대한 교사의 지도를 학생인권유린으로 규정하고 있으니, 이러고서야 어떻게 교사가 학생들을 지도할 수 있겠는가?

교육의 자율성 보장이란 미명하에 전교조 성향 교육감들이 혁신학교를 대폭 늘리는데, 이것은 전교조 교사 출신들이 교장을 맡도록 해서 전교조가 지향하는 좌편향 이념교육을 시키기 위한 수단이 되고 있을 뿐이다.

교육현장을 장악하게 된 전교조 교사들이 교과서와 참고서의 집필을 독점하다시피 해서 수천억 원의 이권을 챙기고 있으니, 전교조는 이미 교육집단이라기보다 이익집단을 넘어 교육모리배가 되어 있을 뿐이다. 이런 사람들이 어떻게 참교육을 구현할 수 있겠는가?

교육붕괴의 책임이 전교조에만 있는 것은 아니지만 전교조에 중대한 책임이 있는 것은 분명하다. 백 보를 양보해서 교육붕괴의 원인과 책임이 어디에 있든 교육이 붕괴되어 있음을 부인할 수 없는 상황일진대 전교조는 오늘의 이 교육붕괴에 대해 문제를 제기하고 이를 극복하기 위한 방안이라도 제시해야 할 텐데 그렇게 한 일이 있는가? 오히려 오늘의 이 붕괴된 교육을 오히려 정상적인 교육으로 가는 길이라고 보고 이를 더 강화해야 한다고 보는 것은 아닌지 묻고 싶다. 사실은 이렇게 볼 가능성이 대단히 큰데, 왜냐하면 오늘의 이 교육붕괴 현상에 대해 문제제기를 한 일이 없어 보이니 말이다.

이처럼 교육붕괴의 중요한 책임이 전교조에 있는데도 문재인 정부는 전교조를 비호하면서 오히려 우대하고 있다. 전교조는 노동조합으로서의 법적 지위를 상실함으로써 사실상 불법조직인데도 말이다. 노동조합법에 의한 노동조합이 아니면 노동조합이란 명칭을 사용할 수 없다는 점에서 정부는 '전국교직원 노동조합'이란 이름의 전교조 활동은 금지해야 한다. 그런데도 전교조는 전국에 지부를 두고 활동하고 있는데 이는 노동조합법에 위반된다.

전교조야말로 문재인 정부의 국정철학에 부합하는 데다 전교조의 합법화를 요구하면서 청와대 앞에서 1인 시위까지 벌이고 있는데도 문재인 정부가 전교조를 합법화하지 않는 것은 가상한 일이긴 하나, 전교조가 국민으로부터 얼마나 배격받으면 문재인 정부조차 전교조를 합법화하지 못하고 있는지를 전교조는 깨달아야 할 것이다.

그런데 문재인 정부의 교육부 교과서정책과장과 교육연구사가 초등학교 사회교과서의 내용을 자기들 입맛에 맞도록 수정하기 위해 집필자의 도장을 몰래 찍은 일이 있었다. 집필자가 수정을 반대하는데도 말이다.

도대체 이런 일이 어떻게 있을 수 있나? 더욱이 학생교육을 책임진 교육부에서 말이다. 이전 정부에서 이런 일이 일어났다면 담당공무원의 파면과 구속은 물론 교육부장관의 책임을 넘어 청와대의 책임이 엄중히 물어졌을 것이다.

그런데도 문재인 정부는 해당공무원을 해외로 빼돌리면서 불구속기소하는 선에서 이 사건을 종결지으려 했다. 해당공무원의 윗선에 대해서는 아무런 조사도 하지 않은 채 말이다.

이것도 정부인가 싶지만 이것이 문재인 정부다. 이런 정부에서 어떻게 교육다운 교육이 이루어질 수 있겠는가?

정통성 없는 정권은 오래가기 어렵다

　이른바 '드루킹 사건'이라고도 하는 '댓글 추천수 조작사건'으로 문재인 정권의 정통성이 흔들리게 생겼다. 민주주의 국가에서 정권의 정통성은 선거의 공정성에 있는 터에 지금 문제가 되고 있는 '댓글 추천수 조작사건'은 지난 대통령선거가 부정선거였음을 드러내는 중대한 증거가 아닐 수 없기 때문이다.

　문제의 '댓글 추천수 조작사건'이 선거부정 사건일 수밖에 없는 이유는 너무도 많지만, 무엇보다 경찰과 검찰이 이 사건이 드러난 지 한 달이 넘도록 이 사건을 제대로 조사하지 않고 있는 것만 보더라도 그러하다. 이 사건이 문재인 정권의 존립을 위협할 중대 사건이 아니었던들 경찰과 검찰이 이렇게나 수사를 기피할 이유가 없을 것 같아서 말이다.

　그래서 이제 와서 수사 인력을 늘리는 등 본격적인 수사를 한다고 하나, 지금까지 이 사건에서 보여준 경찰과 검찰의 행태로 보아 이것은 진상규명을 위한 것이 아니라 진상을 은폐하기 위한 것으로 보지 않을 수 없다. 이 사건을 은폐하기 위해 온갖 꼼수를 부리면 부릴수록 문재인 정권은 더 큰 타격을 받을 텐데도 말이다.

이 사건이 지난 대선에서 문재인 후보를 돕기 위해 부정한 방법으로 댓글과 추천수를 조작한 선거부정 사건임은 이미 드러난 사실만으로도 분명한데도 문재인 정권이 이를 부인하면서 오히려 이를 은폐하기 위해 온갖 꼼수를 부리고 있다.

그래서 이 사건이 왜 지난 대선에서 이루어진 선거부정 사건이라고 보지 않을 수 없는지 그 이유를 간략히 밝혀두고자 한다.

우선 김경수 의원이 문제의 드루킹 김 모 씨를 지난 2016년부터 여러 차례 만난 것은 물론 수백 통의 텔레그램 메시지를 주고받으면서 '고맙다'는 인사까지 했는가 하면, 금년 들어서는 청와대에 인사청탁을 하기도 했으니, 이 정도면 김 의원이 김 모 씨로부터 엄청난 도움을 받았기 때문일 것이고, 이 도움은 지난 대선에서 댓글과 추천수 조작으로 문재인 후보를 크게 도운 것이 아닐 수 없다. 더 이상 무슨 설명이 필요한가?

유령 출판사를 차려놓고서 임대료가 500만 원이나 되는 사무실에서 수백 명이 드나들며 휴대전화기 170여 대, 아이디 600여

개, 그리고 대량으로 추천수를 조작할 수 있는 매크로 프로그램까지 설치해서 댓글을 달고 추천수를 조작했으면, 이것은 선거에 엄청난 영향을 미친 것이 아닐 수 없다. 이들의 위력은 이미 지난 동계올림픽 때 이들이 문재인 정부를 공격하는 댓글과 추천수 조작으로 문재인 정부의 인기를 크게 떨어지도록 만든 데서 확인되기도 했다.

그래서 이 '댓글 추천수 조작사건'은 지난 대선이 부정선거였음을 말해주는 것이고, 그래서 문재인 정권을 정통성 없는 정권으로 만들고 말았다.

그렇지만 선거는 이미 끝났고 이 선거부정사건에 대한 공소시효마저 끝나서 선거를 다시 할 수는 없다. 그런 만큼 문재인 대통령은 이 선거부정 사건에 대해 사과하고 공정한 수사가 이루어지게 해서 이들의 범죄행위가 의법 조치되게 해야 한다. 이렇게 하는 것이 그나마 이 사건을 원만히 수습하는 길이 될 것이기에 말이다.

이렇게 하지 않고 이를 은폐하려고 온갖 꼼수를 부려서는 안 된다. 이미 다 드러났는데 무슨 수로 이를 은폐할 것인가? 은폐하려고 꼼수를 부리면 부릴수록 더 큰 화를 불러들여 정권의 존립마저 위태롭게 될 것이다. 정통성 없는 정권은 오래가기가 어렵다고 보는 이유가 여기에 있다.

그래서 문재인 정권이 사태를 직시하기를 간절히 바란다. 민족사적으로 너무나 엄중한 시기에 정권의 정통성 문제로 정권의 존립이 흔들려서야 되겠는가? 이미 사건의 진상이 드러날 만큼 드러난 만큼 사건의 진상을 있는 그대로 밝히고 책임져야 할 사람에게는 책임을 물어야 한다. 이렇게 하는 것이 이 정권은 물론이고 국민에게 가장 이로울 것이기에 더욱더 그렇다.

6

'보수세력'의 종미도
'진보세력'의 종북만큼 나쁘다

흔히 나라를 지키는 세력은 보수세력이라고 말한다. 진보는 변화를 통해 발전을 도모하고, 보수는 지금까지 이룬 것을 지키는 범위 안에서 개선을 도모한다는 점에서 일리가 있다.

그런데 보수도 진보도 시대상황의 변화에 따라 그 의미와 역할이 다른 만큼 보수세력, 진보세력을 한마디로 평가할 일은 아니다. 어제 보수가 잘했더라도 오늘 잘못할 수 있고, 어제 보수가 잘못했더라도 오늘 잘할 수 있기 때문이다. 진보도 마찬가지다.

위와 같은 점을 감안을 하고서, 오늘의 한국 보수(과거의 보수도 약간은 해당함)를 보건대, 오늘의 한국 보수는 대한민국보다 미국을 더 위하는 것이 아닌가 하는 의문이 생긴다. 대한민국을 위하는 마음도 별로 없고, 백 보를 양보하여 대한민국을 위하는 마음이 있더라도 그들의 행동은 결과적으로 대한민국을 해롭게 할 뿐이기 때문이다.

그러면 한국의 보수는 누구를 위한 세력인가? 미국을 위한 세력이라고 볼 만한 일을 너무 많이 한다. 한국보다 미국이 훨씬 더 중요하고, 한국이 망하는 것은 두고 볼 수 있어도 미국이 비난받는 것은 두고 볼 수 없어 하는 것 같으니 말이다. 결과적으로 그것이 미국을 위한 것이 되는지도 의문이지만 말이다.

한국의 보수세력은 한국의 '진보세력'의 종북을 비난한다.(여기서 말하는 보수 진보는 모두 사이비 보수 사이비 진보이자 자칭 보수 자칭 진보일 뿐임) 그 비난은 옳다. 특히 북한을 종주국으로 생각하면서 심지어 남한을 북한에 갖다 바치려 하는 것이라고 비난하는데, 그렇게 말할 만한 요인이 대단히 많다.

그러나 진보세력이 종북하도록 만든 데는 보수세력의 역할이 대단히 컸음을 인식해야 한다. 물론 보수세력이 그렇게 하도록 만들더라도 그렇게 하지 않았어야 하지만 말이다. 아무튼 오늘의 한국 진보세력이 종북이 된 근본 원인은 한국의 보수세력, 아니 한국의 군사독재세력 내지 수구냉전세력에 있음을 직시해야 한다. 반독재 민주화운동을 북한을 이롭게 하기 위한 운동으로 탄압했으니 말이다. 소위 좌경용공을 조작한 일이 너무나 많으니 말이다.

한 예로 한국의 진보세력은 자유민주주의를 신봉하지 않는 경향이 있는데, 그렇게 만든 것은 군사독재세력이다. 군사독재세력이 반독재 민주화운동을 자유민주주의를 파괴한다고 처벌해 왔는데, 이것은 군사독재가 곧 자유민주주의인 것처럼 인식되게 했으니 말이다. 이러니 어떻게 자유민주주의를 신봉할 마음이 생기겠는가?

보수세력은 진보세력이 북한 정권의 독재, 인권유린 등을 비판하지 않는다고 비난한다. 타당한 지적이다. 그러나 남한 안의 독재와 인권유린을 옹호한 사람들이 북한의 독재와 인권유린을 비판하지 않는다고 비난하니, 어떻게 설득력이 있겠나?

내가 한국의 보수세력에 대해 이런 비판을 하는 것은, 지난 일 때문이 아니라 북한 핵문제를 둘러싼 트럼프 미국 대통령의 '북한의 핵무기 보유 인정'에 대해 한국의 보수세력이 이를 맹목적으로 옹호하고 있기 때문이다.

지금 진보는 물론 보수도 트럼프 대통령과 김정은 위원장이 6월 12일 싱가포르에서 북한의 비핵화를 합의한 것처럼 인식하고서 이런저런 주장들을 하는데, 사실에 부합하는 주장들이 되지 못한다. 트럼프 대통령과 김정은 위원장이 6월 12일 싱가포르에서 북한의 비핵화를 합의한 일이 없기 때문이다.

문재인 정권을 포함한 진보세력이야 저들의 바람대로 미국이 북한의 핵무기 보유를 용인하는 방향으로 나가고 있으니 당연히 지지하고 옹호하겠지만, 북한의 비핵화를 바라고 그리고 그 비핵화를 미국의 트럼프 대통령이 관철해줄 것을 바랐던 보수세력이 트럼프 대통령의 이 '북한의 핵무기 보유 용인' 합의를 지지하고 옹호하고 있으니, 기가 찰 일이다.

트럼프 대통령은 북한의 비핵화를 요구조차 별로 하지 않았다. 지금 폼 페이오나 볼턴 그리고 트럼프가 북한 비핵화와 관련하여 이런저런 말들을 하는 것은 6·12 북미정상회담에서 트럼프 대통령이 북한의 비핵화를 요구하지 않은 데 대한 비난을 모면해보려는 꼼수일 뿐이다.

왜 이렇게 보는가?

트럼프와 김정은이 6월 12일 싱가포르에서 합의한 내용은 다음 4개 항인데, 여기에 북한의 비핵화 합의가 없기 때문이다.

1) 미국과 조선민주주의인민공화국은 평화와 번영을 위한 양국 국민의 바람에 맞춰 미국과 조선민주주의인민공화국의 새로운 관계를 수립하기로 약속한다.
2) 양국은 한반도의 지속적이고 안정적인 평화체제를 구축하기 위해 함께 노력한다.

3) 조선민주주의인민공화국은 2018년 4월 27일의 판문점 선언을 재확인하며, 한반도의 완전한 비핵화를 향해 노력할 것을 다짐한다.

4) 미국과 조선민주주의인민공화국은 신원이 이미 확인된 전쟁포로, 전쟁 실종자들의 유해를 즉각 송환하는 것을 포함해 전쟁포로, 전쟁실종자들의 유해 수습을 약속한다.

이 합의사항에 북한의 비핵화는 없다. 이런 합의는 하나 마나한 합의다.

이 합의는 미국과 북한의 관계를 정상화하며, 한반도의 평화체제 구축을 위해 서로 협력한다는 합의일 뿐이다. 북한 비핵화 문제는 남북정상회담에서의 비핵화 합의를 추인하는 정도에 그치고 있을 뿐이다.

그런데 남북정상회담에서의 '한반도의 완전한 비핵화'가 북한의 비핵화가 아님은 이미 남북정상회담 직후 여러 차례 확인된 바 있다. 따라서 북한의 실질적인 비핵화는 북미정상회담에서 나올 것이라고 기대했는데, 북미정상회담에서 북한의 실질적인 비핵화가 합의됨이 없이 남북정상회담에서의 '한반도의 완전한 비핵화'를 추인하는 정도에 그쳤으니 북한의 실질적 비핵화가 합의되지 않은 것이 아닌가? 기껏해야 북한이 완전한 비핵화를 위해 '노력'할 것을 다짐했을 뿐이다.

그래서 이 '합의'는 오히려 세계 최강대국인 미국이 북한의 핵무기 보유를 용인한endorse 것을 의미할 뿐이다. 북한의 핵무기 보유를 트럼프가 용인했다면 우리는 트럼프를 규탄해야 되는 것 아닌가? 그것도 엄청나게 말이다.

그런데도 이 나라 보수세력은 트럼프의 이 합의를 지지·옹호하기가 바쁘다. 대한민국이 북한의 핵무기로 망하더라도 말이다. 가짜 뉴스까지 만들어가면서 옹호하고 있으니, 더 할 말이 없다.

결국 미국의 트럼프 대통령 때문에, 그리고 미국 트럼프 대통령의 북핵 용인을 오히려 감싸는 한국의 보수세력 때문에 우리 대한민국은 북한 핵무기를 머리에 이고 살게 생겼으니, 어찌 보수세력을 비난하지 않을 수 있겠는가?

그러면 왜 이런 현상이 생길까? 한국보다 미국이 더 좋고, 미국이 없으면 자기들은 살 수 없으리라고 보기 때문일 것이다. 그래서 미국 내지 미국의 대통령을 비난하는 일은 있을 수 없기 때문이다. 이런 자들이 보수를 자처하며 대한민국의 중심세력에 자리 잡고 있으니, 대한민국이 어떻게 나라다운 나라가 될 수 있겠는가?

보수는 문재인 정권을 엄청 미워하고 그래서 비난하는데, 문재인 정권을 탄생시킨 것도 보수세력이고 지금 유지시켜 주는 것도 보수세력이며, 앞으로도 상당기간 유지시켜 줄 것도 보수세력이다. 이 땅의 사이비 보수세력, 과도한 친미보수세력이 없어지지 않는 한 문재인 정권도 오래갈 것이고, 대한민국도 엄청난 어려움에 처할 것이다. 이런 보수가 '애국'은 자기들만 하는 줄 알고 '애국'을 입에 달고 살면서 자기들의 뜻에 맞지 않는 사람은 반대한민국세력이라고 비난하고 있으니, 더 할 말이 없다.

'태극기부대'로 폄하되는 사람들의 대부분이 성조기 곧 미국 국기를 들고 다니는데, 보수세력의 이미지를 실추시키고 있음은 물론 문재인 정권의 퇴진에 굉장히 부정적인 역할을 하고 있다.

물론 친미 보수세력이 성조기를 들고 다니는 것을 전혀 이해 못할 바는 아니다. 우선 한미동맹이 대단히 중요한데도 문재인 정권이 한미동맹을 해치는 일을 너무 많이 하기 때문이다. 그래서 이에 대한 비난의 뜻을 표시하기 위해서 성조기를 들고 나닐 것이다.

그런 이유가 있다고 해서 일상적으로 성조기를 들고 다니는 것은 국가적 수치가 아닐 수 없다. 외국인들이 이를 보면 한국인들을 어떻게 생각하겠는가?

성조기를 들고 나올 만한 때가 있다. 한미동맹을 강조하기 위한 집회라든가 문재인 정권이 한미동맹을 약화시키는 정책을 펼 때는 성조기를 들고 나와도 무방할 것이다. 그런 집회가 아닌 때에 성조기를 들고 나오는 일은 없어야 할 것이다.

무엇보다 성조기를 들고 다니는 사람들은 문재인 정권을 끝장내는 데 굉장히 큰 방해가 되고 있음을 알아야 할 것이다. 문재인 정권을 끝장내려면 소위 '넥타이 부대'라고도 불리는 직장인들과 학생들이 반문재인 투쟁에 동참해야 하는데 성조기를 들고 다니는 사람들은 이들의 동참을 어렵게 하고 있으니 말이다.

태극기와 성조기를 들고서 극우라는 말을 정도의 말들을 하고 있으니 수구를 넘어 꼰대라는 말까지 듣고 있으니, 어떻게 건전한 상식을 가지고 있다고 자부하는 사람들이 동참할 수 있겠는가? 또 젊은 학생들이 동참할 수 있겠는가?

'태극기 부대'만이 아니다. 카톡이나 유튜브에서 온갖 험악한 말을 쏟아내는 사람들도 문재인 정권의 유지를 도우는 사람들이 아닐 수 없다. 문재인 정권이 아무리 잘못을 범할지라도 입에 담기가 거북한 쌍욕이나 과격한 말로 비난하는 것은 옳지 않다. 옳고 그르고를 떠나 그런 쌍욕이나 과격한 용어를 쓰면 직장인이나 학생들의 동조를 이끌어낼 수가 없다.

또 가짜 뉴스도 문제다. 문재인 정권의 실정을 규탄할 소재가 얼마든지 널려있는데, 굳이 확실하지 않은 일을 꺼낼 필요가 왜 있는가? 확실한 일만 가지고도 시간이 부족해서 다 비난하기가 어려운데 말이다.

유시민, 공지영 등의 황당한 주장들이 문재인 정권에 대한 국민의 지지를 떨어뜨리듯이 태극기 부대 내지 '수구 꼰대'들의 황당한 주장 역시 보수세력에 대한 국민의 지지를 떨어뜨리면서 문재인 정권의 유지를 도와주는 것임을 깨달아야 할 것이다.

'적대적 공생'이란 말이 있다. 이 땅의 수구보수와 사이비좌파는 적대적 공생관계에 있다고 할 수 있다. 적대적 공생관계를 이루고 있을 때는 집권세력에 유리하다는 점에서 보수는 좌파와 공생관계에 있어서는 안 된다.

끝으로 미국의 트럼프 대통령은 북한의 핵무기 보유를 용인하면서 북미관계를 돈독히 하기 위해 노력하고 있음을 보수세력은 알아야 한다. 북한의 핵무기 보유를 용인하는 대신에 북한을 중국 편에서 떼어내 미국 편에 서게 하려는 것이다. 그러나 이것은 미국의 국가이익에는 부합할지 모르지만, 한국에는 치명적이다. 이렇게 되면 북한 핵무기를 머리에 이고 살면서 북한에 종속될 것이기 때문이다.

그래서 트럼프가 그렇게 해도 좋은가를 판단해서 그렇게 할 수 없도록 트럼프 대통령을 비판해야 한다.

다만 앞으로 미국의 태도가 바뀔 수는 있다. 트럼프 대통령은 자신의 이런 북한 핵 용인을 숨기고 있는데, 이것이 오래 지속되기가 어렵다. 미국 국민들이 이를 알면 트럼프 대통령을 강하게 비난할 것이고, 이렇게 되면 트럼프 대통령은 180도 선회할 수 있다. 또다시 북한 핵시설 폭격 카드까지 꺼낼 수 있을 것이다.

우리 한국 사람들은 트럼프 대통령의 이런 음모를 폭로 규탄해서 미국 국민들이 이를 바로잡도록 해야 한다. 이것이 한국 보수세력이 해야 할 일이다. 미국이 하는 일이면 무엇이든지 좋게 보는 한국 보수세력은 이를 간파하기조차 어렵다. 필자가 한국 보수세력의 친미를 비난하는 이유가 여기에 있다.

　그러나 오해가 없기를 바란다. 나는 한미동맹이 대단히 중요하다고 생각한다. 한미동맹이 튼튼하지 못하면 중국으로부터, 일본으로부터, 그리고 북한으로부터 무시당하거나 침략당하게 되어있다고 보기 때문이다.

7

트럼프가 돌았다는 사람들이 돌았다

(2016년 5월 25일 미국 대통령 선거가 한창 진행 중일 때 미국과 우리나라는 물론 전 세계의 지식인들이 트럼프 후보의 '아메리카 퍼스트' 등 공약들이 대단히 잘못되었다고 비판하면서 심지어 트럼프가 돌았다고 비난한 일이 있다. 그러나 필자는 트럼프의 중요 공약이야말로 미국을 위해서는 물론 다른 나라들을 위해서도 필요한 공약들이라고 보아, 이 글은 트럼프가 주장하는 정책들이 옳다는 것을 밝히기 위해서 쓴 글이다. 글의 제목이 선정적인 데다 트럼프 후보가 힐러리 후보를 이길 것이라는 글들을 몇 편 써서 트럼프가 당선된 날 KBS에 불려나가 인터뷰를 한 일이 있다.)

미국 공화당의 대통령후보 경선에서 압도적인 지지를 받아 공화당의 대통령후보로 확정되어 가고 있는 도널드 트럼프 후보에 대해 미국 안에서는 물론 미국 밖에서조차 그를 정신병자 곧 돈 사람으로 취급하는 사람들이 대단히 많다.

그를 돌았다고 주장하는 주된 근거가 그의 거친 말투뿐만 아니라 그가 내세우는 중요정책, 예컨대 아메리카 퍼스트, 이민반대, 자유무역반대, 사회안전망의 확충과 의료보험 확대, 낙태반대, 그리고 '세계경찰' 국가에서 탈피한 고립주의 등 때문인데, 이런 이유 때문에 그를 정신병자로 모는 것이 과연 타당할까? 결론을 먼저 말하면 이런 이유로 그가 돌았다고 말한다면, 그가 돈 것이 아니라 그가 돌았다고 말하는 사람들이 돌았다.

물론 그의 말투가 옳다고 보기는 어렵다. 더욱이 국민을 대표하는 대통령이 되고자 하는 사람이 그렇게나 거친 말을 하는 것은 옳지 않다. 그러나 그의 주장이 대중적 호소력을 갖게 하기 위해서는 불가피할지 모른다. 그의 말투가 점잖았다면 언론이 그의 주장을 보도하지 않았을 가능성이 대단히 크기 때문이다. 그런 점에서 그의 말투가 거친 책임의 상당 부분은 언론에 있다고 볼 수 있다.

중요한 것은 트럼프가 주장하는 정책인데, 그의 정책은 '1 대 99의 사회'가 되어있는 미국의 현실을 극복하기 위한 정책으로 미국 국민이 공감하지 않을 수 없는 정책이란 점에서 타당하다. 그의 이런 정책을 두고 그를 돌았다고 주장한다면 그렇게 주장하는 사람들이야말로 미국의 현실을 외면한 돈 사람이 아닐 수 없다. 설사 그의 주장에 공감할 수 없는 부분이 많이 있더라도 그의 주장이 미국 국민 다수의 지지를 받고 있다는 점에서 주목할 필요는 있다.

그가 내세우는 아메리카 퍼스트, 이민반대, (불공정한)자유무역 반대, 사회안전망 확충과 의료보험 확대 등의 정책은 '1 대 99의 사회'로 치닫고 있는 미국사회에서 너무나 타당한 정책이다. 특히 아메리카 퍼스트라는 말로 나타나는 미국의 고립주의 또한 그동안 미국이 '세계경찰' 국가로서의 역할을 해온 것이 옳지 않은 면도 있다는 점에서 바른 방향일 수 있다. 다만 우리나라처럼 자주국방의 의지가 박약한 나라들이나 미국의 이런 고립주의를 싫어할 뿐이다.

특히 자유무역의 경우, 이에 대한 트럼프의 반대는 타당한 것으로 보아야 한다. 자유무역협정FTA에 의한 자유무역은 일부 대기업만 득을 볼 뿐 협정 당사국 모두에게 엄청난 피해가 되기 때문이다. 미국의 경우, 자유무역에 따른 과도한 상품수입으로 미국의 산업이 공동화하여 대량실업사태가 초래되고 있으니 말이다. 거기다 자유무역체제에서는 자본은 임금이 낮은 개발도상국으로 나가고 노동력은 개발도상국에서 임금이 높은 미국으로 들어와 미국 경제가 파산하게 되었다. 어찌 자유무역을 반대하지 않을 수 있겠는가?

요컨대 트럼프가 주장하는 정책은 산업의 정보화와 시장의 세계화에 따른 '1 대 99의 사회'에 대처하기 위한 불가피한 정책인 바, 다른 나라들도 교훈을 얻어야 할 것이다. 다만 그의 정책에 부족한 점이 많은 것이 문제일 뿐이다.

이처럼 트럼프의 정책이 미국의 현실을 극복하기 위한 정책으로 미국 공화당 당원들과 미국 국민들의 광범한 지지를 받고 있는 터에 트럼프의 이런 정책 때문에 그를 공화당의 대통령후보로 인정하지 않으려 하는 공화당 지도부야말로 미국이 어떤 상황에 놓여있는지를 모르는 사람들이니, 그들은 지도부 자리를 내놓아야 하는 것은 물론 정치에서 떠나는 것이 옳다. 더욱이 그의 잦은 당적 변경으로 공화당원으로 보기가 어려운 트럼프에 의해 공화당이 점령당했다면 공화당은 해체된 것이나 마찬가지다. 무엇보다 공화당 지도부가 결사적으로 반대해 온 트럼프가 공화당의 대통령후보로 뽑혔다는 것은 공화당 지도부가 공화당 당원들과 미국 국민들로부터 버림받았다는 것을 의미한다. 무슨 염치로 트럼프를 대통령후보로 인정하느니 마느니 하는가? 공화당 지도부는 공화당 당원들과 미국 국민들의 의사를 거부해도 된다는 말인가? 어처구니없는 짓일 뿐이다.

그래서 이번에 미국의 공화당 당원과 국민의 지지를 받아 미국 공화당 대통령후보로 확정되다시피 한 트럼프를 공화당 지도

부뿐만 아니라 미국의 언론과 지식인들이 대통령후보로 인정하지 않으려 하는 모습을 보노라면 미국이라는 나라가 민주주의 국가가 맞는지 의심스럽다.

그런데 '트럼프현상'의 본질은 트럼프가 돈 사람이냐 아니냐라든가 트럼프를 공화당 대통령후보로 인정하느냐 마느냐 하는 데 있는 것이 아니라, 미국이 지금 '혁명'적 사태에 직면해 있다는 사실에 있다. 2011년 '월 스트리트를 점령하라Occupy Wall Street' 시위가 미국의 혁명을 예고한 후 5년이 지난 지금 마침내 미국 대통령 선거에서 이 혁명적 시위를 대변하는 사람이 미국의 유력한 대통령후보가 되고 있으니 말이다.

사실 트럼프보다는 민주당의 샌더스 후보가 더 정확하게 '월 스트리트를 점령하라' 시위를 대변하는데도, 안타깝게도 그는 혁명의 주역은 되고 있지만 민주당의 대통령후보가 되기는 어려운 상황에 있을 뿐이다.

아무튼 트럼프도 샌더스도 그들의 이력으로 보아 공화당원이나 민주당원으로 보기 어려운 가성정치권 밖의 '아웃사이더'들인데도 미국의 대통령선거판을 뒤흔들고 있는 것이 미국 사회에 미국 독립 이후 최대의 정치혁명이 진행되고 있음을 의미하는 바, 이것은 너무나 당연한 수순이다.

지금 전 세계는 문명사적 대전환기에 맞는 후천개벽의 혁명을 해야 마땅한 상황에 처해있기 때문이다. 그래서 이 혁명은 미국 사회만을 혁명하는 것이 아니라 전 세계를 혁명하는 방향으로 나아가리라는 점에서 우리는 미국의 이 혁명을 주목하는 정도를 넘어 한국에서도 이러한 혁명이 일어나도록 해야 할 것이다.

이런 점에서 우리나라의 주류 언론들이 트럼프 관련기사를 보도함에 있어 그가 내세운 정책은 거의 보도하지 않고 그의 말투를 꼬투리 삼아 정신병자 취급을 하고 있는 것은 국가안보에 대한 걱정 때문인 점도 있겠으나 그것보다는 미국에서 진행 중인 이 혁명이 한국에서도 나타날까 두렵기 때문일 것이다. 그런다고 피해질 혁명이 아닐 텐데도 말이다.

탈북주민을 강제북송한
통일부 장관의 사퇴를 촉구한다

지난 11월 2일 동해에서 남한으로 넘어온 북한 주민 2명을 강제 북송한 사건은 문재인 정권이 대한민국이 주권국가임을 포기한 처사이자 북한에 예속되어 있는 정권임을 드러낸 반국가적 행위가 아닐 수 없다.

이에 대한 책임은 문재인 대통령과 이 정권에 있지만, 우선 이 사건과 관련 국민에게 거짓말을 한 김연철 통일부 장관은 사퇴할 것을 촉구하면서 그 이유를 밝혀둔다.

그리고 문재인 정권의 후안무치한 태도에 비추어 쉽게 사퇴할 것 같지 않아 김연철 통일부장관이 사퇴를 촉구하는 1인 시위를 통일부 청사 앞에서 할 것을 밝혀둔다.

이 강제북송사건과 관련한 내용은 이미 많이 알려져 있어 그 내용을 소상히 밝힐 필요는 없겠기에 중요 내용 몇 가지를 지적해 두고자 한다.

무엇보다 북한 주민이 남한으로 넘어왔으면 그 순간부터 그는 대한민국 국민이기에 대한민국 국민으로 처우해야 한다. 이것이 대한민국 헌법이 규정한 내용이다. 그래서 그가 정부 발표대로 살인을 했다 하더라도 대한민국 정부가 그 책임을 물어야 할 뿐 북한에 넘길 일이 전혀 아니다.

그런데도 문재인 정권이 그를 북한으로 돌려보낸 것은 대한민국의 주권을 포기한 행위로서 문재인 정권이 북한에 예속되어 있음을 드러낸 일이 아닐 수 없다. 그래서 문재인 정권은 즉각 물러나야 마땅하다.

더욱이 문재인 정권이 그를 돌려보낸 이유로 제시한 것이 완전히 거짓말인 데다 심각한 인권유린이라는 점에서 이런 거짓말과 인권유린에 직접적인 책임이 있는 김연철 통일부 장관은 사퇴할 것을 강력히 촉구한다.

이 강제북송사건과 관련 기가 막힌 일은 국민이 모르게 이 탈북주민들을 북한으로 돌려보내려 했다는 점이다. 더욱이 그들을 사지로 몰아넣으면서 말이다. 청와대 안보실 김유근 제1차장의 문자메시지가 기자에게 포착되어 국민에게 우연히 알려지지 않았다면 국민이 모를 수도 있었으니 말이다. 천인공노할 살인행위로서, 국민이 더욱더 분노하는 이유가 여기에 있다.

김연철 통일부장관은 국회에서 "그가 귀순 의사를 밝힌 일이 있으나 진정성이 없고, 죽더라도 북한으로 돌아가고 싶다고 해서 북한으로 돌려보냈다"고 말했는데, 이게 도대체 말이 되는가?

이 정부 말대로 북한에서 사람을 16명이나 살해했다면 북한으로 돌아가 보아야 죽을 것이 뻔한데, 왜 죽을 곳으로 가겠다고 했겠으며, 진정성이 없이 왜 귀순의사를 밝혔겠는가? 또 귀순 의사가 없었다면 왜 남한으로 내려왔겠는가? 순전히 거짓말이고, 북한으로 돌려보내기 위한 핑계일 뿐이다.

그리고 김연철 통일부 장관은 "살인자를 남한에 있게 할 경우 남한 사회가 위험에 처할 수 있어 그를 북한으로 돌려보냈다"고 말했는데, 소가 웃을 일이다. 그들이 살인을 했다면 그들을 사법 처리해서 교도소에 수감해서 사회와 격리시키면 된다. 남한에도 살인자가 있고, 그렇게 처리하고 있기 때문에 더욱더 그렇다.

그러면 문재인 정권은 왜 이런 불법무도한 짓을 했을까? 북한 김정은 정권의 비위를 맞추기 위한 것이기도 하지만 근본적으로 문재인 정권이 '주사파' 정권이기 때문이다. 북한을 종주국으로 생각하면서 남한을 미국의 식민지쯤으로 간주하는 정권이란 말이다. 끊임없이 북한을 짝사랑하면서 북한에 굴종적인 자세를 취해온 것은 바로 이 때문이다. 물론 나름대로의 명분은 남북관계를 좋게 하기 위한 것이라고 하겠으나 이런다고 남북관계가 좋아지는 것도 아니거니와 근본적으로 주사파 정권이 아니면 이런 짓을 할 수가 없다.

북한의 잇따른 미사일 도발에도 불구하고 문재인 대통령은 유엔 총회 연설에서 "북한은 지금까지 9·19 남북군사합의를 위반한 일이 단 한 건도 없다"고 말했고, 정경두 국방부장관 또한 국회 대정부 질문에서 북한의 미사일 발사에 대해 "남북군사합의 위반은 아니다"라고 말했다. 이처럼 남한 사람인지 북한 사람인지 모를 사람들이 대통령을 하고 국방부 장관을 하니 어떻게 국가안보가 실종되지 않을 수 있겠는가?

정말 '이게 정권인가' 싶고, 이런 자들이 국정을 책임지고 있으니 어떻게 나라가 거덜 나지 않을 수 있겠는가!

그런데 이런 북한 짝사랑과 대북굴종으로 남북관계가 좋아지고 있는가? 전혀 그렇지 않다. 남북관계는 지금 완전히 파탄상태에 있다. 대화와 교류는 전면적으로 중단되고 북한으로부터의 위협만 가중되고 있다. 짝사랑이 지나쳐 스토커 수준이 되니, 북한으로부터 더 심하게 배격당하면서 모욕당하고 있다. 문재인 대통령에 대해 "오지랖 넓게 중재자니 촉진자니 하면서 돌아다니지 말라"고 말하면서, "겁먹은 개가 더 요란하게 짖는다"느니, "맞을 짓 하지 말라"느니, "삶은 소대가리가 앙천대소할 일"이라는 등의 말로 문재인 대통령과 남한을 모독하고 있으니 말이다.

자기를 모독해도 그것에 화도 한 번 내지 못하고 오히려 비굴하게 "남한 정부와 북한 정부가 쓰는 용어가 다르다"고 변명해 주니, 어떻게 "삶은 소대가리가 앙천대소할 일"이라는 비아냥댐을 듣지 않을 수 있겠는가? 이런 식으로 계속해서 비굴하게 나가면 연말쯤 북한이 남한을 크게 한 방 때릴 가능성이 대단히 크다. 북한의 위력을 내외에 과시하기 위한 뜻도 있지만 남한을 완전히 제압했음을 보여주기 위해서 말이다.

결국 주사파 정권인 문재인 정권을 끝장내야 하는데, 일단 이번 북한 주민 강제북송과 관련해 국민에게 후안무치한 거짓말을 한 김연철 통일부장관을 사퇴시켜야 한다. 이를 위해 끝까지 투쟁할 것을 밝히면서, 많은 국민의 뜨거운 성원을 기대한다.

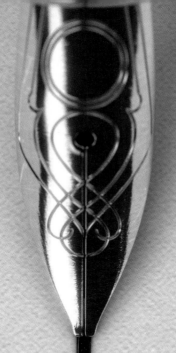

Chapter 3

철학이
있는 정치
철학이
있는 삶

나는 왜 정치문화재라고 자부하는가!

나는 스스로 '정치문화재'라고 자부하는데, 스스로 '정치문화재'라고 자부하는 것은 결코 쉬운 일도 아니지만 꼭 해야 하는 일도 아니다. 그렇게 자부할 만한 정치인생을 살아왔다고 보기도 어렵거니와, 설사 그렇게 자부할 만한 정치인생을 살아왔다고 하더라도 스스로 정치문화재라고 자부하는 것은 건방진 일이기도 하기 때문이다. 하기야 조금은 덜 건방져 보이게 '정치골동품'이라고 해도 좋을 것 같다.

아무튼 정치문화재로 자부하는 것은 다음과 같은 이유 때문이다.

나는 평생 민주화운동 내지 진보정치활동을 해왔는데, 여기서 벗어난 행동은 한순간도 하지 않으려 했다. 다소 과장된 표현 같지만 이것은 사실이다. 이런 활동을 통해 한국의 민주화에 기여한 측면도 상당히 있지만, 특히 인간해방의 세상을 건설하는 데 필요한 새로운 이념과 전략을 내놓았다는 점에서 어느 누구도 하지 못한 일을 했다고 자부할 만한 점이 있다.

무엇보다 나는 오랜 기간 정치활동을 해왔고, 그리고 이 과정에서 엄청난 어려움을 겪었음에도 불구하고 특별한 이유로 잠시 민주당에 참여한 일이 있을 뿐 기존 정당에 참여함이 없이 독자적으로 내가 정립한 진보이념의 구현을 위해 노력해 왔다. 한국 정치인으로서는 보기 드문 일이다.

그래서 이 정도면 정치문화재라고 자부할 만하다는 생각이 들기는 하지만, 그렇다고 해서 정치문화재라고 자부한다는 것을 공개적으로 표방할 일은 아니다.

내가 정치문화재라고 자부한다는 것을 공개적으로 표방하는 것은, 이를 공개적으로 표방함으로써 지금까지 정치문화재답게 살아온 삶을 훼손하는 행동을 하지 않기 위한 것이다. 이를 공개적으로 표방해 두면 정치문화재에서 벗어난 행동을 하기가 어려울 것이기 때문이다.

국가에서 인정한 특수한 무형문화재 기능을 체화한 사람을 인간문화재라고 하는데, 인간문화재로 지정받으면 평생 그 무형문화재를 보존 계승하는 일을 해야 한다. 마찬가지로 정치문화재로 자부하는 사람도 정치문화재로 자부할 만한 내용을 보존 계승하는 일에 최선을 다해야 할 뿐 정치문화재로서의 삶을 훼손하는 일은 절대로 해서는 안 될 것이다. 그래서 정치문화재로서의 삶을 훼손하지 않기 위해 정치문화재로 자부한다는 것을 공개적으로 표방한다는 점을 이해해 주시기 바란다.

나는 1986년 5·3인천대회 등으로 구속된 일이 있다. 이때 자술서, 항소이유서, 상고이유서 등의 형식을 빌려 한국사회에 대한 나의 판단을 대단히 솔직하게 밝힌 일이 있는데, 그 이유는 민주화운동을 '신앙'처럼 생각해서 민주화운동을 해온 사람은 한국사회를 어떻게 보고 있는가를 밝히기 위한 것이었다.

지금 내가 정치문화재로 자부하는 것도 그때의 심정 그대로다. 정치문화재라고 자부하면서 한평생 정치에만 몰두해서 살아온 사람은 어떤 생각을 가지고 세상을 살아왔는지, 그리고 세상을 어떻게 보고 있는지를 밝혀두고 싶었기 때문이다. 후세의 사람들이 한 인간을 판단하거나 오늘의 시대상황을 판단하는 데 참고가 되지 않을까 하는 것이다.

그런데 정치문화재로 자부하려면 살아온 정치인생이 정치문화재로 자부할 만한 내용을 갖추고 있어야 한다. 비록 부족한 점이 많더라도 말이다.

그래서 내가 살아온 정치인생의 특징적 요소를 밝혀두고자 한다.

첫째, 나는 그 어떤 사람보다 오랜 기간 정치에 매진해 온 사람이라고 할 수 있다.

20대 이전인 고등학교 때부터 집회와 시위에 참여한 이후 나이 70이 넘은 지금까지 50여 년 동안 나의 정치적 꿈을 이루기 위해 정치활동을 해왔으니, 이 정도면 정치문화재라고 자부할 만하지 않을까 싶다.

사실 나는 초등학교에 들어가기 전부터 세상을 바꾸어야 한다는 생각으로 살아왔고, 이것이 내가 민주화운동과 진보정치활동을 중단 없이 해온 가장 중요한 동기였다.

내가 어렸을 때는 다들 가난했지만 가난에 대한 나의 분노와 결의는 대단히 강렬했다. 밥풀때기라고는 찾아보기 힘든 나물밥, 산에 나무하러 다니다 발바닥이 갈라져 촛불로 발바닥을 태우던 형님들, 우비가 없어 비를 맞고 학교에 다니면서 겪은 서러움 등도 가슴을 미어지게 했지만, 특별히 분노한 것은 장리쌀이었다. 춘궁기에 빌려서 추수기에 1.5배를 갚는 것인데, 이것을 매년 반복하는 것을 보고서 어린 가슴에도 이래서는 안 되는 것이란 생각을 많이도 했다.

초등학교 6학년 때는 작은 방앗간에서 방아 일을 도왔는데, 흙먼지가 너무 많아 저녁때쯤에는 얼굴 전체가 먼지투성이인 가운데 콧구멍 밑만 불그스름한 살이 드러나 반질반질하게 빛났다. 그때 나도 모르는 사이에 폐결핵을 앓았다가 나은 일도 있었으니, 먼지를 얼마나 많이 들이마셨는지를 알 수 있다. 세상을 바꾸어야 한다는 생각이 들지 않을 수 없는 삶이었다.

이 밖에도 나로 하여금 세상을 바꾸어야 한다는 생각을 하게 한 일들은 대단히 많으나, 여기서 일일이 나열할 수가 없어 생략한다.

그래서 나는 어릴 때부터 세상을 바꾸어야 하겠다는 마음을 갖게 되었는데, 지금도 그런 생각에서 한 치도 벗어남이 없고, 그리고 이런 생각이 내 정치활동의 기본 동기가 되어왔다. 그래서 나는 한국일보에 기고한 〈나의 꿈 나의 도전〉이란 글의 앞부분에서 '나의 민주화운동은 나로부터 비롯되었다'라는 제목의 글을 쓴 일이 있다.

나의 민주화운동은 군사독재나 재벌의 부정을 보고서 그것에 분노해서 행한 것이 아니다. 어릴 때 내 주변에서 일어나는 일들을 보면서 '이것은 인간의 삶이 아니다', '이런 세상은 바꾸어야 한다'는 생각을 하게 되었기 때문에 해온 것이다. 어릴 때 '이런 세상은 바꾸어야 한다'는 생각을 가지고 민주화운동을 해온 것을 지금까지 변하지 않고 계속하고 있으니 이만하면 정치문화재라고 자부할 만하지 않을까 싶다.

둘째, 나에게 있어 민주화운동과 진보정치활동 곧 인간해방운동은 하나의 신앙이었다.

나는 몸과 마음을 다해 인간해방운동을 해왔다는 점에서도 신앙이었지만, 이 인간해방운동에서 해방의 기쁨을 누려왔다는 점에서도 신앙이었다. 정치활동을 하나의 신앙 차원에서 한다면 그것은 정치문화재라고 할 만할 것이다.

나는 민주화운동을 시작할 때부터 인간해방을 이루기 위해서 민주화운동을 해왔고, 그래서 인간해방을 이룰 수 있는 이념과 정책을 추구해 왔으며, 마침내 인간해방을 이룰 수 있는 내 나름의 이념과 정책을 정립해서 제시하게 되었다. 내가 정립한 민주시장주의 곧 녹색사회민주주의가 그것이다. 전 세계적으로 인간해방을 이룰 이념을 제시한 사람이 없다시피 한데도 말이다.

나는 우리 사회는 물론 전 세계가 대량실업과 소득양극화, 환경파괴, 인간성 상실 등으로 고통을 겪고 있는 것은 인간해방을 구현할 이념과 정책을 강구하지 못하는 때문으로 본다. 그래서 우리 사회가 직면하고 있는 대량실업과 소득양극화 등을 극복하기 위해서는 인간해방을 구현할 수 있는 이념과 정책을 강구해야 한다는 것이 나의 판단이다.

인간해방의 시대가 도래했는데도 인간해방을 구현하지 못하면 더 큰 어려움에 직면하게 되어있는 것이 세상의 이치다. 지금 그런 상황에 처해있다.

요컨대 나는 오늘의 세계적 대변화를 문명의 전환 곧 신문명시대의 도래로 보고, 이 신문명시대는 인간해방의 시대 곧 모든 사람이 자아실현의 보람과 기쁨을 누리며 행복하게 살 수 있는 시대가 되리라고 보아서 인간해방을 이룰 이념과 정책을 제시했으니, 이것은 정치문화재로 자부할 만한 일이 되기에 충분할 것이다.

셋째, 나는 오랜 기간 민주화운동 등 인간해방운동을 해오는 동안 엄청난 수난을 겪었는데, 그럼에도 불구하고 한 번도 민주화운동 내지 정치활동을 포기한 일이 없다.

9년여의 구속, 12년이 넘는 수배생활로 70년대와 80년대, 그리고 90년대 초반까지 정상적인 생활을 하지 못했다. 내가 구속될 당시에는 고문은 통과의례였다. 체포되고서 대략 이틀 동안은 고문으로 지새웠다. 그때는 그것이 상식이어어서 사회문제조차 되지 않았다.

그리고 수배생활은 구속보다 더 힘들었다. 밤에 서울 시내를 내려다보면서 그 많은 불빛 아래 내 한 몸 의탁할 곳이 없구나 싶어 외로움과 서러움에 사로잡혔던 때가 한두 번이 아니었다.

무엇보다 50여 년 동안 돈을 번 일이 없이 오직 정치활동만 해왔으니 경제적 어려움이 말로 표현하기 어려울 정도로 컸다. 그럼에도 불구하고 정치활동을 포기하기는커녕 포기할 생각조차 하지 않고 계속해 왔으니 정치문화재라고 자부해도 되지 않을까 싶다.

넷째, 정치문화재라고 자부하려면 내가 정치활동을 해오는 동안 독특하고도 의미 있는 내용을 정립해서 제시해 온 것이 있어야 하겠는데, 나는 그렇게 볼 만한 내용을 정립해서 제시해 온 것이 있다고 생각한다. 정치문화재라고 자부하는 데 가장 중요한 요소가 될 것이다.

우선 나는 학생운동, 노동운동, 재야민주화운동, 진보정치활동 등을 해오면서 끊임없이 운동의 새로운 방향과 전략을 제시함으로써 한국 민주화운동을 새로운 차원으로 끌어올리는 데 중요한 역할을 했다고 볼 수 있다.

1970년 학생운동신문의 효시인 〈자유의 종〉을 창간해서 학생운동의 방향과 과제를 제시해 학생운동을 전국적으로 조직하고 확산하는 일을 했었다. 1971년 교련반대운동이 반독재투쟁의 매개 고리가 되게 하는 데 〈자유의 종〉에 실은 나의 교련반대 글이 큰 역할을 하기도 했다. 박정희 정권을 궁지로 몰아넣은 1971년의 반독재민주화투쟁이 전개되게 하는 데도 중요한 역할을 했었다.

그리고 전태일 분신사건이 생겼을 때, 이 사건이 학생운동과 노동운동의 새로운 지평을 여는 중대한 계기가 되게 하는 데 중요한 역할을 한 것 또한 널리 알려진 일이다. 그리고 나는 청계노조를 하나의 전략단위로 상정하여 중요한 계기마다 청계노조의 노학연대투쟁을 통해 재야민주화운동이 활성화되게 하는 데도 비중있는 역할을 했었다.

그리고 1980년 중반에 접어들어 재야가 설익은 민중주의로 재야명망가들의 역할을 폄하하고 있을 때 재야원로들을 중심으로 민통련을 결성하는 데 핵심적인 역할을 했거니와, 신민당 개헌현판식을 활용한 민주헌법쟁취운동을 제창해서 마침내 민주헌법쟁취국민운동본부로 발전하여 전두환 정권을 끝장내게 하는 데도 필수적인 역할을 했었다.

그리고 특히 우리나라 운동권의 대부분이 마르크스 레닌주의나 주체사상에 의존하고 있었는데도, 이러한 시대착오적 진보이념으로부터 벗어나야 함을 주장하면서 '민주통일민중운동론'을 통해 민중(주체)민주주의를 주창했고, 여기서 발전하여 새로운 진보이념으로서 모든 사람이 자아실현의 보람과 기쁨을 누리며 살 수 있게 할 민주시장주의, 곧 녹색사회민주주의를 제시하기에 이르렀다.

지금까지 시대착오적 사이비 진보이념인 마르크스 레닌주의나 주체사상이 한국 진보정치의 진정한 발전을 가로막아 온 점을 고려할 때 내가 주창한 민주시장주의는 참된 진보정치의 발전을 위해서 꼭 필요한 이념이라고 본다. 또한 생산수단의 소유 유무에 따라 계급을 나누고, '인간의 의식이 사회적 존재를 결정하는 것이 아니라 사회적 존재가 인간의 의식을 결정한다'는 당파성 이론 등 마르크스 레닌주의가 운동권을 지배하고 있을 때, 나는 민주통일민중운동론을 정립해서 '생활이 의식을 결정하고, 상황이 행동을 결정한다', '현실에서 이념이 나오고, 투쟁에서 전략이 나온다'고 주장하면서 이념과 전략의 자주성을 설파했다. 교조주의에서 벗어날 이론적 토대를 제시했던 것이다.

더욱이 마르크스 레닌주의와 주체사상이 판치는 우리나라 운동권에서 개량주의로 매도되어 온 사회민주주의와 동일시될 수도 있는 민주시장주의 이념을 주창하는 것은 보통 어려운 일이 아니었다. 개량화나 우경화라는 비난은 물론 변절자라는 비난까지 듣는 경우도 대단히 많았다. 그러나 이런 비난에도 불구하고 나의 주장을 견지한 것은 내 나름의 확신과 자부심은 물론 사명감이 있었기 때문이다. 말하자면 정치문화재로서의 자부심이 있었던 것이다.

그리고 재야운동권의 정치세력화 곧 합법정당으로의 진출이 요구됨을 밝히면서 민중당을 창당하기도 했는데, 이것은 재야운동권의 새로운 발전방향을 제시한 중요한 예가 될 것이다. 비합법전위정당론과 시기상조론이 판치고 있는 재야운동권에서 대중정당으로서의 합법정당을 주장한 것은 당시의 관행에서 벗어난 특이한 주장이라 할 수 있었다. 이것이 시대적 요청임에도 불구하고, 이 때문에 많은 비난을 듣기도 했었다. 이때 노동시인 박노해가 노동해방문학이란 잡지에 '장기표 씨의 전략수정에 대한 노동자계급의 분노'라는 글을 썼었는데, 이 시대착오적인 글이 민중당의 성공적 건설에 큰 방해가 될 정도였으니 말이다.

그리고 북한이 핵무기를 개발한 후 이른바 보수는 통일비용과 통일 후의 혼란을 걱정하여 민족통일을 반대하고, 이른바 진보는 현 시점에서의 민족통일은 북한을 흡수하는 흡수통일이 될 수밖에 없다는 이유로 민족통일을 반대하는 상황에서, 지금이야말로 민족통일을 이룰 절호의 기회임을 강조하면서 민족통일을 주장해 온 것도 운동의 새로운 방향을 제시한 한 예가 될 것이다.

지식정보사회의 도래에 의한 세계적 대변화를 신문명시대의 도래로 보고, 이 신문명시대는 모든 사람이 자아실현의 보람과 기쁨을 누리면서 행복하게 사는 인간해방의 시대가 되리라고 내다보고, 이를 이루기 위한 신문명정치를 해온 것 또한 운동의 새로운 방향을 제시한 것이라 할 수 있다.

다섯째, 나는 정치활동을 하면서 인간해방의 삶 곧 자아실현의 보람과 기쁨을 누리는 행복한 삶을 살고 있다고 자부하는데, 이것 또한 정치문화재로서의 자격을 갖춘 것이라고 볼 수 있을 것이다.

인간문화재가 되기 위해서는 자기의 특별한 재능을 발휘하면서 그것으로 행복한 삶을 살 수 있어야 하듯이 말이다.

나는 정당도 많이 만들고 선거에도 여러 번 출마했으나 번번이 실패했다. 보통 사람 같으면 절망에 사로잡혀 정치를 포기하거나 자살이라도 했을 법하나 정치를 포기하거나 자살하기는커녕 내가 하는 정치활동에서 보람과 기쁨을 느끼며 행복하게 살고 있다. 어쩌면 내가 정치를 한 것은 나라와 국민 곧 남을 위해서가 아니라 나 자신의 행복을 위해서라고 말할 수 있을 정도로 나는 내가 하고 싶은 일을 하는 데서 보람과 기쁨을 누리기 위해 정치를 해왔다고 볼 수 있다. 하기야 나라와 국민을 위한 것이 곧 나를 위한 것이지만 말이다.

이렇게 될 수 있다는 것은 내가 하는 정치는 나의 자아실현이기 때문이다. 정치를 자아실현의 차원에서 함으로써 정치에서 최대의 행복을 누리는 사람이라면, 그런 사람은 정치문화재라고 할 수 있지 않을까 싶다.

여섯째, 나는 『해방의 논리와 자주사상』, 『사랑의 정치를 위한 나의 구상(전8권)』, 『신문명 국가비전』, 『한국경제 이래야 산다』, 『문명의 전환 새로운 비전』, 『청년에게 고함』, 『통일 초코파이』, 『불안 없는 나라 살맛나는 국민』 등 30권 가까운 책과 수많은 글을 썼는데, 그 내용의 좋고 나쁨을 떠나서 정치하는 사람으로서 이렇게나 많은 책을 쓴 사람도 드물겠거니와 정치적 꿈을 이루고자 하는 나의 집념이 얼마나 강렬했는가를 드러내 보여주는 증표가 될 것이다. 글쟁이로서가 아니라 활동가로서의 삶을 살아왔는데도 이렇게나 많은 글을 썼다는 것은 특이한 일이라 할 수 있을 것이다. 즉 정치문화재로서의 삶을 살지 않고는 있기 어려운 일이라 하겠다.

나는 1991년 말 『사랑의 정치를 위한 나의 구상』(전8권 – 한길사 간)』 출판기념회의 저자 인사말에서 '이 책들은 머리와 손으로 쓴 것이 아니라 온몸으로 쓴 투쟁의 산물'이라고 말하고서 눈물을 흘린 일이 있는데, 이 말 그대로였다. 나는 책을 쓰기 위해서 책을 쓴 일은 별로 없고, 매 시기 투쟁의 일환으로 글을 쓰다 보니 책이 되었을 뿐이다. 어찌 정치문화재라고 자부하지 않을 수 있겠는가!

요컨대 나는 정치인생을 잘 살았건 잘 살지 못했건 독특한 정치인생을 살았다고 볼 수 있을 것 같아 정치문화재라고 자부한다는 것을 공개적으로 표명하게 되었는데, 비록 적절치 못한 점이 있더라도 한 인간이 그런 자부심과 사명감으로 살아가는 것은 나름대로 의미가 있다는 것을 밝히기 위해서 부끄럽지만 이런 글을 쓰게 되었음을 이해해 주시기 바란다.

어떻게 살아야 행복할까?

사람은 누구나 행복하기를 바란다. 그러나 행복한 사람은 많지 않다. 돈이 많거나 사회적 지위가 높으면 행복할 것 같지만, 그렇지 않은 경우가 많다. 인기배우나 스포츠 스타가 되면 행복할 것 같지만, 역시 그렇지 않은 경우가 많다. 재벌회사 회장이나 고위공직을 지낸 사람 또는 인기배우나 스포츠 스타 가운데 고통스럽게 살거나 스스로 인생을 마감한 사람도 많으니 말이다. 심지어 사회적 명예를 크게 얻은 사람조차 행복하지 않은 경우도 많다.

그러면 어떻게 해야 행복할 수 있을까? 행복하게 사는 것이 결코 쉬운 것은 아니지만 행복하게 살 수 있는 방법이 없는 것은 아니다. 유명 철학자들이 제시한 행복론 곧 행복하게 사는 방법도 엄청나게 많거니와, 특히 불교, 기독교 등 종교는 대부분 완전하고도 영원한 행복을 누릴 수 있는 방법을 제시하고 있으니 말이다.

그럼에도 불구하고 행복한 사람은 극소수에 불과하고 대부분의 사람은 불행하게 살고 있는데, 왜 그럴까? 더욱이 과학기술의 혁명적 발달로 생산력이 비약적으로 발전하여 경제적 풍요를 누리게 되었고, 또 정보통신수단의 획기적 발달로 대중의 사회정치의식 또한 크게 고양되어 모든 사람이 행복하게 살 수 있는 사회경제적 조건이 갖추어져 있는데도 말이다.

정치가 제 역할을 다하지 못함으로써 대량실업, 소득양극화, 환경파괴, 인간성 상실 등이 구조화하여 국민의 갈등이 심하고 사회가 불안스러운 것도 행복하게 살 수 없는 중요한 원인이지만, 이에 못지않게 우리들 개개인이 행복하게 살 수 있는 마음의 자세를 갖추지 못하는 것도 중요한 원인이다.

우리는 행복하게 살 수 있는 사회환경이나 주변여건을 조성하기 위한 노력도 해야 하지만, 사회환경이나 주변여건과 상관없이 행복하게 살 수 있는 마음의 자세를 갖추도록 노력해야 하겠다. 사회환경이나 주변여건이 아무리 잘 이루어져 있더라도 행복할 수 있는 마음의 자세를 갖추고 있지 못하면 행복할 수가 없기 때문이다. 오히려 사회환경이나 주변여건이 나쁘더라도 행복할 수 있는 마음의 자세를 갖추고 있으면 행복할 수 있다.

더욱이 사회환경 내지 주변여건은 나의 노력만으로 개선하기가 어렵지만, 행복하게 살 수 있는 마음의 자세는 나의 노력만으로 갖출 수 있는 것이 대부분이다.

"행복은 만족에 있다Happiness lies in contentment"는 말이 있다. 행복은 주관적인 것이지 객관적인 것이 아니라는 뜻이다. 이 말이 꼭 맞는 말은 아니지만 상당 부분 맞는 것 또한 사실이다. 남들이 보기에 아무리 행복할 것으로 보여도 주관적으로 행복하지 않으면 행복하지 않고, 객관적으로 아무리 불행할 것으로 보여도 주관적으로 행복하면 행복할 수 있으니 말이다.

더욱이 아무 어려움이 없어야 행복한 것도 아니다. 그래서 이런 말이 있다. "행복은 아무 어려움이 없는 데 있는 것이 아니라, 어려움에 대처하는 능력에 달려 있다Happiness is not in the absence of the problems, but in the ability to deal with it"라고, 딱 맞는 말이다. 사람이 살아가는 데 있어 아무 어려움이 없기를 바란다면 그것은 어리석은 일이다. 누구에게나 어려움은 있게 마련이다. 불만과 갈등, 불안 등이 있게 마련이고, 또 어느 정도까지는 이러한 어려움이 있어야 행복할 수 있다. 이런 어려움을 해결하기 위한 노력 속에서 보람과 기쁨을 누림으로써 행복할 수 있기 때문이다.

그래서 사회상황이나 주변여건과는 상관없이 개인적으로 어떤 마음의 자세를 갖추어야 행복할 수 있겠는지를 밝혀보고자 한다. 어떤 마음의 자세를 갖추고 있어야 행복할 수 있는지를 아는 것이 곧 행복의 지혜이다.

첫째, 자존감을 가져야 한다.

자신을 존엄한 존재로 인식하는 자존감이 없고서는 결코 행복할 수가 없다. 자기가 별 볼 일 없는 사람이라고 생각하고서야 어떻게 행복할 수 있겠는가? 자존감을 가진 사람은 당연히 자기를 사랑하기도 한다.

그런데 자존감을 갖는 데는 조건이 없다. 자기가 착한 사람이어야 하거나 지혜로운 사람이어야 하는 등의 조건은 필요 없다. 자기가 어떤 사람이든, 그리고 남이 자기를 어떤 사람으로 보든 상관없이 자존감을 가져야 한다. 누구나 자존감을 가질 만한 요소를 가지고 있기 때문이다. 그래서 자기가 어떤 사람이건 자기로서는 자기를 존엄한 존재로 인식할 수 있게 되어있다.

자기는 좀 모자라는 사람으로 생각되는데도 자존감을 가질 수 있겠는가라는 반문이 있을 수 있다. 좀 모자라는 사람으로 인식된다고 해서 존엄한 존재로 인식하지 못할 이유는 없다. 돈이 많건 적건, 지식이 있건 없건, 심지어 도덕적이건 부도덕하건 인간은 하나의 존엄한 존재이다. 다만 자기가 존엄한 존재임을 모르거나 느끼지 못할 뿐이다. 그래서 그것을 알고 느낄 수 있게 해야 한다. 인간이라는 이유 하나만으로 존엄한 존재임을 알고서 자존감을 가져야 한다.

모든 사람이 존엄한 존재이고, 그래서 자존감을 가져 마땅하다는 것을 가장 확실하게 밝혀주는 말이 있으니, 부처님의 탄생게이다. '천상천하 유아독존天上天下 唯我獨尊' 곧 천상천하에 있는 모든 존재는 자기 스스로 존엄한 존재라는 것이다. 다른 무엇이 자기를 존엄한 존재로 인정해 주고 말고 할 것 없이 자기 스스로 존엄한 존재라는 것이다. 이런 마음 곧 자기가 이 세상에서 가장 존엄한 존재라고 인식해야 행복하게 된다는 것이다.

그런데 부처님의 이 말씀은 부귀를 누리는 사람만 존엄한 것이 아니라 비천한 사람도 존엄하고, 사람만 존엄한 것이 아니라 동물, 식물도 존엄하며, 낙락장송만 존엄한 것이 아니라 그 아래에 있는 이끼나 벌레도 존엄하다는 것을 말해준다. 심지어 생물만 존엄한 것이 아니라 무생물도 존엄하다는 것이다. 천상천하에 있는 모든 존재는 존엄한 존재라는 것이다. 그래서 자신이 존엄한 존재라는 것을 인식하라는 것이다. 그래야 해탈해서 극락 곧 행복을 누리게 된다는 것이다.

자신이 존엄한 존재임을 깨달아야 하는데, 그것이 쉽지 않다. 그래서 학습과 수행이 필요하다.

그런데 자기가 생각할 때 자기는 나쁜 짓을 많이 해서 존엄한 존재일 수가 없는 것으로 생각하는 사람도 많을 것이다. 실제로 나쁜 짓을 한 사람이 많다. 이런 사람들도 존엄한 존재일까? 그렇다. 이런 사람도 당연히 존엄한 존재이다. 이 세상에 존재하는 모든 존재는 존엄한 존재이기 때문이기도 하지만, 설사 나쁜 짓을 많이 한 사람이라 하더라도 그것이 그 사람을 다 규정하는 것은 아니기 때문이다. 나쁜 짓과는 별개로 존엄한 부분을 간직하고 있기 마련이어서 누구나 존엄한 존재일 수 있는 것이다.

아무리 훌륭한 사람이라 하더라도 결점을 갖고 있다. 결점이 하나도 없어야만 존엄한 존재라면 이 세상에 존엄한 존재가 있기는 어렵다. 그래서 스스로 생각해서 결점, 곧 부족한 점이 많이 있더라도, 그것 때문에 자신의 가치를 깎아내려서는 안 된다. 모든 존재는 존엄한 존재임을 분명히 인식해야 한다.

둘째, 자기의 정체성이 있어야 한다.

자기가 어떤 사람인지를 알고서 자기를 유지해야 행복할 수 있다. 자기가 있어야 행복할 수도 있기 때문이다. 자기가 없는데 어떻게 행복할 수 있겠는가?

그런데 자기의 정체성이 없으면 끊임없이 다른 사람을 닮으려 하게 되는데, 이래서는 자기가 초라해질 수밖에 없어 행복할 수가 없다. 자기를 부정하고서는 행복할 수가 없다.

현대인들에게 있어 가장 큰 문제는 자기의 정체성이 없는 것이다. 자기의 정체성이 없으니, 유행에 민감해서 남 흉내나 내려고 한다. 자기의 정체성이 없이 남 흉내나 내서는 결코 행복할 수가 없다.

정체성에는 고유성이 있을 뿐 우열이 있을 수 없다. 이 사람에게는 이 사람의 정체성이 있고, 저 사람에게는 저 사람의 정체성이 있다. 그래서 다른 사람의 정체성과 비교해서 열등감을 갖거나 우월감을 가질 필요가 없다. 다른 사람의 정체성과 비교해서 열등감이나 우월감을 갖게 되면 다른 사람을 시기하거나 무시하게 되는데, 그래서는 안 된다. 다른 사람이 잘하면 그것을 함께 기뻐할지언정 시기하거나 질투할 일이 아니다.

프랑스의 실존주의 철학자 사르트르는 "타인은 지옥이다"고 말했는데, 다른 사람과 비교하거나 다른 사람을 닮으려 해서는 지옥 곧 불행할 수밖에 없다는 것이다. 어느 누구와도 상관없이 스스로 자신의 실존을 깨달아야 행복할 수 있다는 것이다.

요컨대 자기의 정체성을 확고히 유지해야 한다. 그래야 자존감도 생기고 행복할 수도 있다.

셋째, 자아실현의 일을 해야 한다.

인간은 자기가 하고 싶은 일을 하는 것 곧 자아실현을 해야 그 속에서 보람과 기쁨을 누려 행복할 수 있는 존재다. 그래서 만약 자기가 하고 싶은 일이 아무것도 없어 아무 일도 하지 않게 되면 행복할 수가 없다. 이런 점에서 자아실현을 통해 행복할 수 있는 것은 인간의 특권이기도 하지만 인간의 숙명이기도 하고 인간의 본성이기도 하다.

자기가 하고 싶은 일을 하고자 하는 마음이 인간이 가지고 있는 자유의지이다. 인간은 자기가 하고 싶은 일을 하고자 하는 마음, 곧 자유의지를 갖고 있는데, 이것이 동물과 다른 인간의 특성이요 특권이다. 인간은 인간으로서의 특권인 이 자유의지를 발현하지 않을 수 없다. 이 자유의지의 발현이 일이나 활동이고, 일이나 활동을 통해 자아실현을 함으로써 그 속에서 보람과 기쁨을 누려 행복하게 된다.

이런 점에서 일이야말로 인간이 행복할 수 있는 가장 근본적인 수단이다. 일을 해야 자아를 실현할 수 있고, 자아를 실현하게 되면 보람과 기쁨을 누림으로써 행복할 수 있기 때문이다.

일찍이 아리스토텔레스는 인간의 모든 행위의 목적은 행복이며, 이 행복은 자신의 잠재능력과 가능성을 삶 속에서 실현하는 자기완성적 상태, 곧 '유다이모니아eudaimonia'에서 이루어진다고 밝혔다. 즉 자아를 실현해야 만족을 느껴 행복하다는 것이다.

성경에 의하면 인류의 시조 아담과 이브는 어떤 불만이나 불안도 없는 에덴동산에서 쫓겨나 일을 해야 먹을 것, 입을 것 등을 구할 수 있게 되었다고 하는데, 전지전능하신 하느님이 왜 이렇게 했겠는가? 하느님이 이렇게 한 것은 아담과 이브가 하느님의 명령을 따르지 않아서라기보다 인간은 수고 곧 일을 해야 행복할 수 있기 때문일 것이다. 그러니까 하느님은 인간을 미워하거나 벌주기 위해서 에덴동산에서 쫓아낸 것이 아니라 인간이 행복하게 살 수 있도록 하기 위해서 쫓아냈을 것이다.

그래서 성경의 이 말씀은 인간은 숙명적으로 일을 함으로써 행복할 수 있는 존재임을 말해주고 있다 할 것이다.

일이 이처럼 중요한데도 불구하고 아무 일도 하지 않고 살 수 있으면 가장 행복할 것처럼 생각하는 사람이 대단히 많은데, 이것은 어리석은 생각이다. 일을 하지 않고는 자기의 취향을 실현하거나 능력을 발휘할 수가 없으니, 곧 자아실현을 할 수가 없으니 행복할 수가 없다.

　일을 하지 않고 살 수 있었으면 하고 바라는 사람이 많은 것은 그동안 너무 많은 일을 한 데 따른 반작용일 뿐, 사람은 본질적으로 일을 하고 싶어 하게 되어있다. 인간은 자아실현의 욕망과 이를 구현할 자유의지를 타고났고, 이 자유의지를 발현하는 것이 일이며, 일을 해야 자아를 실현할 수 있다.

　실업자로 있으면 일을 하고 싶어 죽을 지경인데, 이것은 월급을 받고 싶어서라기보다 일 자체를 하고 싶기 때문이다. 그래서 일을 하지 않음으로써 행복하려고 하는 것은 어리석은 일이다.

　'무항산 무항심無恒産 無恒心'이란 말이 있다. 생산적인 활동을 계속하지 않으면 바른 마음을 가질 수 없다는 말이다. 아주 맞는 말이다. 생산적인 활동 곧 일을 해야 바른 마음을 가질 수 있고, 바른 마음을 가져야 행복할 수가 있다.

　그런데 누구나 자아실현이 되는 일을 할 수 있으면 좋겠으나, 그렇지 못한 경우가 많다. 자기가 하고 싶은 일을 찾을 수 없는 경우가 있으니 말이다. 그러나 세상의 모든 일은 나름대로 의미를 지니고 있고, 또 인간은 상황에 대처하는 능력을 갖고 있기 때문에 어딘가에서 자기가 하고 싶은 일을 찾을 수 있게 되어있다. 그리고 어떤 일도 마음먹기에 따라서는 자아실현이 될 수 있다.

　일에 귀천이 있을 수 없다. 어떤 일도 사람에 따라서는 자아실현이 될 수 있기 때문이다. 학문탐구도 학문을 좋아하는 사람에게는 자아실현이 될 수 있지만 학문을 싫어하는 사람에게는 자아실현이 될 수 없다. 농사일도 농사일을 좋아하는 사람에게는 자아실현이 될 수 있지만, 농사일을 싫어하는 사람에게는 고통이 될 수 있다. 자아실현이 될 수 있느냐 없느냐가 중요하지 어떤 일이냐가 중요한 것은 아니다.

또 직위가 높거나 낮은 것도 중요하지 않다. 사장은 사장의 역할을 잘 수행하면 자아실현이 되어 행복할 수 있고, 사장의 역할을 잘 수행하지 못하면 자아실현이 되지 못해 고통스럽게 된다. 사원도 마찬가지다. 사원으로서의 역할을 잘 수행하면 사장 못지않게 자아실현을 해서 행복할 수가 있고, 잘 수행하지 못하면 자아실현이 되지 못해 고통스러울 수 있다.

일을 하더라도 자기의 취향이나 재능을 실현하기 위해 일을 하는 것이 아니라 먹고살기 위해 마지못해 일을 하는 경우가 많으나, 이런 일도 하지 않는 것보다는 낫다. 그리고 혼자 있을 때도 무료하게 보내기보다 무언가 의미 있는 일을 해야 행복할 수 있다. 생각을 하더라도 의미 있게 하면 그것은 일이 되고, 그 속에서 보람과 기쁨을 누리게 된다.

그런데 인간만이 갖고 있는 이 자유의지는 인간이 본능에서 벗어나 자신의 의지대로 할 수 있는 특권이기도 하지만, 이에 따른 책임도 인간이 져야 한다. 이런 점에서 자유의지는 인간에게 부담이 되기도 한다. 그래서 인간은 자유로부터 도피하고 싶은 마음을 가질 때도 있는데, 이것은 어리석은 일이다. 자유로부터 도피해서는 결코 행복할 수가 없는데도 말이다. 즉 자유 곧 자아실현을 통해서만 행복할 수 있기 때문이다.

넷째, 일의 결과보다 일하는 과정에서 행복해야 한다.

사람은 누구나 무언가를 이루기 위해서 일을 한다. 그 일이 이루어질 때도 있고 이루어지지 않을 때도 있다. 그 일을 이루면 행복하고, 이루지 못하면 불행할까? 그렇지 않다. 이루면 당연히 행복하지만 설사 이루지 못하더라도 그 일을 이루기 위해 노력하는 과정에서 보람과 기쁨을 누림으로써 행복할 수 있고, 또 그렇도록 해야 한다.

어떤 일을 이룰 때만 행복하고 그 일을 이루어가는 과정에서는 행복할 수 없다면 인간은 행복하기가 어렵다. 그렇기 때문에 어떤 일을 이루어가는 과정에서 행복할 수 있게 되어야 한다.

다섯째, 남을 사랑해야 한다.

남(상대방)을 사랑하게 되면 마음이 평화로워지기 때문이다. 마음의 평화야말로 행복의 절대적인 조건이다.

남을 사랑한다는 것은 나와 남을 하나로 인식하는 것이다. 나와 남을 하나로 인식하게 되니, 상대방에 대해 적대감을 갖지 않게 되고, 그래서 마음의 평화를 얻게 되니, 행복하게 된다. 여기에다 나와 남을 하나로 만들어주는 것이 사랑이니, 내가 세상을 사랑하게 되면 세상이 내가 되기도 하고 내 것이 되기도 한다.

그런데 사랑은 사랑의 감정만으로는 부족하다. 구체적 행동이 따라야 한다. 상대방을 배려하는 것은 물론 상대방이 어려움에 처했을 때 정신적으로는 물론 물질적으로도 도와야 한다. 상대방을 위해 자기 것을 내놓음이 없이 말로만 사랑하는 것은 사랑이 아니기 쉽다.

사람은 사랑을 받아서 행복하기보다 사랑을 해서 행복한 것임을 명심할 필요가 있다. 물론 남의 사랑을 받을 때도 마음의 평화를 얻어 행복할 수는 있지만, 사랑을 받는 것으로는 자아실현이 될 수는 없어 근본적인 한계를 지니게 된다.

성경의 부자청년 이야기를 보면, 예수께서 부자청년에게 그가 가진 재산을 가난한 사람에게 나누어주라고 한 것은 가난한 사람의 구원을 위한 것이 아니라 부자청년의 구원을 위한 것이었다.

공자도 석가도 예수도 사랑을 강조했는데, 사랑이야말로 행복 곧 해탈과 구원에 이르는 가장 확실한 길이기 때문이다.

그런데 사랑 가운데 가장 중요한 사랑은 자기사랑이다. 남도 사랑해야 하지만 사실은 자기를 사랑하는 것이 더 중요하다. 자기를 사랑하는 사람이라야 남을 사랑할 수 있기 때문이다. 자기를 사랑하는 사람은 자존감도 갖게 되고 자기의 정체성도 확립하게 되니 더욱더 그렇다. 자기를 사랑하는 사람은 나쁜 짓을 하지 않게 된다. 나쁜 짓으로 자기를 더럽히는 것은 자기를 사랑하는 것이 아니기 때문이다. 자존감을 행복의 제일 조건으로 내세운 것도 자존하는 사람이라야 남을 사랑할 수 있기 때문이다. 사랑이야말로 사람이 행복해지는 데 가장 중요하다.

그런데 자기사랑과 이기심은 정반대이다. 이기심은 자기를 위하는 것이 아니라 자기를 망치는 일이기 때문이다.

사람을 진정으로 사랑하는 사람은 정치에 관심을 가지고 정치가 제 역할을 하도록 노력하게 되어있다. 왜냐하면 정치야말로 사람이 행복할 수 있는 사회환경을 만드는 데 결정적인 역할을 하기 때문이다. 그래서 나는 '정치는 사랑이다'거나 '정치는 사랑의 사회적 실천이다'라고 밝힌 바 있다. 자기의 부모형제와 자녀를 진정으로 사랑한다면 정치에 관심을 가지고 정치가 잘 되게 노력하게 된다. 정치가 잘 되어야 자기의 부모형제와 자녀가 좋은 사회환경에서 살 수 있기 때문이다.

여섯째, 고난과 시련을 겪더라도 그것 때문에 고통스러워하기보다 한편으로는 그것을 담담히 받아들임으로써 마음의 안정을 얻고, 다른 한편으로는 그것을 극복하는 데서 자아실현의 보람과 기쁨을 누려야 한다.

인생살이에 고난과 시련은 있게 마련이다. 그 고난과 시련을 받아들이거나 극복하는 노력 속에서 자아실현의 보람과 기쁨을 누릴 수 있어야 행복할 수 있다.

고난과 시련이 없는 사람은 없다. 만약 고난과 시련 때문에 행복할 수 없다면 행복할 수 있는 사람은 없을 것이다. 우리 이웃에 '저 사람 같으면 아무 걱정이 없이 행복하기만 할 것'으로 보이는 사람들이 많다. 돈도 많고 사회적 지위도 높고, 또 가정도 화목한 것 같아서 말이다. 그러나 그런 사람한테도 고난과 시련 내지 고민거리가 있게 마련이다. 객관적으로 고민할 만한 일이 없으면 고민거리를 만들어내어서라도 고민하는 것이 인간이다. 고민이 있어야 발전이 있고, 고민이 있어야 그것을 해결하는 과정에서 자아실현의 보람과 기쁨을 누릴 수 있기 때문이기도 하다.

그래서 고난과 시련이 없기를 바랄 것이 아니라, 그 고난과 시련을 참고 수용하면서 극복하는 것을 통해 보람과 기쁨을 얻도록 해야 한다.

고난이 있기 때문에 기쁨이 있고, 불행이 있기 때문에 행복이 있음을 깊이 인식해야 한다. 일을 하는 데서 보람과 기쁨을 누릴 수 있는 것은 일을 하는 과정에 수고가 있기 때문이듯이 말이다.

고난 곧 고통스러운 일이 있을 때는 한편으로는 그것을 담담히 받아들임으로써 마음의 안정을 얻고, 다른 한편으로는 그것을 오히려 전화위복轉禍爲福의 기회로 삼음으로써 보람과 기쁨을 누릴 수 있어야 한다. 이렇게 하면 고난이 오히려 행복의 원천이 될 수 있다. 그래서 전화위복할 수 있는 마음의 자세와 능력 곧 지혜를 갖추는 것이 중요하다. 그런데 그것이 쉽지 않다. 훈련해야 한다.

끝으로 위와 같은 행복관을 갖기 위해서는 끊임없이 노력해야 함을 강조하고자 한다. 습관은 제2의 천성인지라, 사람의 생각은 바뀌기가 어렵기 때문이다. 단순히 아는 것만으로는 안 되고 천성처럼 되도록 반복해서 훈련해야 한다. 자존감을 갖고, 정체성이 있으며, 일에서 자아실현의 보람과 기쁨을 누리는 것이 천성처럼 되게 노력해야 한다. 그리고 남을 사랑하고, 고난과 시련을 당해도 한편으로는 그것을 담담히 받아들임으로써 마음의 안정을 얻고, 다른 한편으로는 그것을 극복하는 데서 보람과 기쁨을 누리는 지혜를 얻도록 노력해야 한다.

아무쪼록 어떤 사회상황이나 주변여건에서도 올바른 행복관을 정립해서 실천함으로써 행복하기를 바란다.

어느 청년과의 만남

얼마 전 종로에서 어느 편의점 앞을 지나는데, 한 청년이 편의점에서 나와 "장기표 선생님이시죠. 제가 선생님 책을 가장 많이 읽었을 겁니다"라고 약간 다급한 목소리로 말했다. 나를 만나자마자 이 말을 하는 것으로 보아 지금 이 말을 하지 않으면 안 되겠다고 판단했던 것 같았다. 어떤 사람을 만나자마자 이런 말을 하기는 대단히 어려울 텐데도 말이다.

졸지에 새파랗게 젊은 사람이 내 책을 읽었다는 것도 기이할 정도인데, "제가 선생님 책을 가장 많이 읽었을 겁니다"라고 말하니, 오히려 당혹스러웠다.

그렇건 저렇건 우선 서로 처음 보는 사이라 내가 장기표임을 말하지 않을 수 없었다. 그래서 "나는 장기표입니다. 어떻게 해서 내 책을 읽게 되었나요?"라고 인사를 겸해서 물었다. 그러면서 무슨 일을 하느냐고 물었더니, 그 편의점에서 아르바이트를 한다며 나를 그 편의점 안으로 안내했다.

편의점에 들어서자마자 "제가 열일곱 살 때 선생님이 쓰신 『대통령님 나라 팔리는 소리가 들립니다』라는 책부터 읽기 시작해서 선생님이 쓴 책은 다 읽었을 겁니다"라고 말하면서 "오늘도 집에서 십여 페이지를 읽고 일하러 나왔습니다"라고 말했다. 신기하기 그지없었다.

그래서 "내 책을 어떻게 해서 읽게 되었나요?"라고 물었더니, "세상을 보는 통찰력을 기르기 위해 읽습니다"라고 말했다. 그러면서 내가 쓴 책들의 제목을 쫙 나열했다. 놀랄 만한 일이었다.

그래서 "정치에 관심이 있느냐"고 물었더니, "선생님께서는 정치는 사랑의 사회적 실천이라고 말씀하셨고, 그 말씀이 맞다고 보지만 저는 정치를 할 생각이 전혀 없습니다"라고 똑 부러지게 대답했다. 정치에 관심이 있어 내 책을 읽은 것 아닐까 싶어 그렇게 묻긴 했지만 얼핏 보아도 정치를 할 젊은이로는 전혀 보이지 않았다. 나는 "정치는 사랑의 사회적 실천이요 사회적 실현이다"라고 내 책에 쓴 일이 있는데, 이 젊은이가 그것을 정확히 알고 있었다.

그래서 "앞으로 무엇을 하려고 하느냐"고 물었더니, "돈을 벌어 기원을 차릴 생각입니다"라고 대답했다. 바둑을 좋아하느냐고 물었더니 그렇다고 말했는데, 바둑을 상당히 잘 두는 것 같았다.

편의점에 들어오는 손님이 많아 대화가 지속되기가 어려웠다.

그래서 내가 좋아하는 초콜릿을 좀 사서 집으로 돌아왔다. 돈을 받지 않으려 했지만 "돈 안 받으면 가지고 가지 않겠다"고 말해서 기어이 돈을 받게 했다.

그런데 그제 밤에 어쩌다 밤을 새우다시피 해서 집에 오자마자 그 젊은이에게 문자메시지로 "내 책의 내용이 좋아서 세상을 보는 통찰력을 얻은 것이 아니고 자기 마음에 드는 책을 정성껏 여러 번 읽는 그 성실한 마음 덕분에 세상을 보는 통찰력을 얻었을 것"이라고 말하면서, "네 믿음이 너를 구원했느니라"라는 성경 말씀을 상기시켰다. 이것이 내 진심이기도 했다.

새벽에 일어나 문자메시지로 온 답신을 보니 이러했다.

"존경하는 선생님, 오늘 감동적인 만남이었습니다. 제가 선생님의 글을 좋아하는 것은 빛나는 통찰과 혜안도 이유이지만 선생님의 글에서 세상과 사람에 대한 따뜻한 사랑을 느낄 수 있었기 때문입니다. 저는 제 위치에서 세상과 사람을 사랑하며 수고하겠습니다. 사랑과 진리탐구는 같은 것이니 말입니다. 제가 지금은 돈도 모아야 하고 해서 평일 주말 바쁘지만 자리가 잡히면 꼭 선생님께 연락드리겠습니다. 안녕히 계세요"라고.

그래서 이런 답신을 보냈다.

"이런 말을 하기는 부끄럽지만 내 책에서 세상과 사람에 대한 사랑을 읽었다면 글을 쓴 내 마음을 온전히 읽었다고 할 수 있겠군요. 내 나름으로는 세상과 사람을 사랑하는 마음 때문에 글을 쓰니까요. 그러나 정확히 따지자면 내 책을 읽어서가 아니라 세상과 사람에 대한 허 군의 따뜻한 사랑 때문에 내 책을 읽게 되었고, 그 속에서 지혜와 통찰과 해방을 얻게 된 겁니다. 그래서 어제 나는 진정한 자유인을 만나 기뻤답니다."라고.

세상에 이런 사람도 있으니, 한편 상당한 보람을 느끼면서도, 그런데도 세상을 바꾸려 한 그 꿈을 이루지 못하고 있는 데 대한 부끄러움이 물밀듯 밀려왔다. 물론 '잘 살아야지' 하는 다짐도 하게 되었다.

무등산 정기 받아
빛고을 민주화성지가 되었구나!

— 광주에서의 활동을 무등산 등반으로 마무리하면서 —

 나는 어제 새벽 무등산에 올랐다. 광주에서 17일 동안 머무르면서 광주와 광주사람들에 대해 느낀 점이 많아, 이런 품성, 이런 도움이 어디서 비롯되는 것일까 싶어 그것을 확인해보고 싶었기 때문이다.

 사실 하루가 급한 터라, 무등산에 오르기 위해 광주에 하루 더 머무는 것이 쉬운 일은 아니었다. 그러나 무등산에 오르지 않고는 광주가 왜 빛고을과 민주화의 성지가 되었는지, 그리고 광주사람들이 어째서 그토록 정의로우면서도 정감이 넘치는 사람들이 되었는지 그 근본 이유를 알 수 없을 것 같았기 때문이다.

 그래서 나는 지난 2월 9일 광주시청 기자실에서 대통령선거 출마를 선언한 데 이어, 지난 2월 17일 빛고을시민문화관에서 북콘서트를 마치고 서울로 오기 전에 무등산 등반을 하게 되었다.

6시에 호텔을 나서 택시로 6시 반에 무등산장에 도착해서 무등산 등반을 시작했다. 12시에 그동안 도와주신 분들과 '최후의 점심'을 하기로 해두어서 그 시간에 맞추기 위해 일찍 출발했다.

오래전에 무등산에 오른 일이 있으나 그때는 그야말로 관광만 하면 되었다. 하지만 이번에는 광주와 광주사람들이 어째서 그토록 위대하고 선량한지 그 이유를 무등산 등반을 하면서 찾고자 했다.

이러다 보니, 산을 뒤덮은 어둠도, 그것을 내리비추는 달빛도, 달빛에 비추이는 나무들도, 그리고 발에 밟히는 돌도 흙도 가랑잎도, 어느 것 하나 신비롭고 다정스럽지 않은 것이 없었다. 매서운 추위 거센 바람까지도 말이다.

무등산無等山! 불교의 무등등無等等에서 유래된 이름일 것이 틀림없다. 무등無等은 어떤 차별도 없다는 뜻이기도 하지만, 그 어떤 것과도 견줄 수 없을 만큼 높고 위대하다는 뜻이기도 하다. 그래서 이 두 뜻을 합하면 어떤 차별도 없이 모두가 높고 위대하다는 뜻일 것이다. 그러니 무등산의 정기를 받은 광주와 광주사람들이 어찌 빛고을이 아닐 수 있으며, 민주화의 성지가 안 될 수 있으며, 정의로우면서도 정감이 넘치는 선량한 사람들이 되지 않을 수 있겠는가?

복되고도 복되도다! 광주도 광주사람들도! 이런 의미의 무등산의 정기를 타고나서 세상의 빛이 되고, 모든 사람이 평등하게 사는 민주주의 나라가 되게 하는 데 주도적 역할을 하고, 그리고 정의롭고도 정감이 넘치는 선량한 광주사람들이 되었으니 말이다.

그리고 무등의 이러한 의미는 나의 정치적 이상과도 합치되는 점이 있어 더욱더 내게 친근하게 다가왔다.

내가 받은 광주와 광주사람들의 환대는 결코 우연이 아니었다. 더없이 높고 위대하면서도 아무런 차별이 없게 하는 무등산의 정기를 받은 광주와 광주사람들이기 때문이었다. 바로 그 때문에 별로 내놓을 것이 없는 사람인데도 오직 민주화운동을 오래하고 그 과정에서 고생도 좀 했다는 이유로 사랑과 도움은 물론 때로는 존경과 기대도 보내주었으니 말이다.

그래서 나는 이런 오만한 생각을 할 때가 있었다.

'광주가 아니고서 내가 어디서 이런 환대를 받을 수 있으며, 또 내가 아니고서 누가 광주에서 이런 환대를 받을 수 있겠는가!'라고 말이다.

앞부분은 백번 맞는 말이지만, 뒷부분은 나의 오만한 성품 때문임을 난들 어찌 모르겠는가? 그러나 내가 이런 오만한 성품 때문에 자부심을 가지고 기뻐하는 것을 광주사람들이 어찌 싫어하거나 비난하겠는가?

나에 대한 광주사람들의 과분한 환대에 대해서는 여러 곳에서 자세히 밝힌 바 있어 간략히 언급코자 한다. 부족하기 이를 데 없으면서도 대통령선거에 나서겠다고 하는 나에 대해 온갖 격려의 말과 함께 온갖 도움을 주는 사람들, 밥 한 끼라도 얻어먹으려 들기 마련인 선거판에서 오히려 밥값을 내주는 사람들, 보름 넘게 머무는 동안 평소의 업무를 다 제쳐두고 나를 도운 나머지 내가 서울로 돌아오면 허전해하실 것이 틀림없는 사람들! 도대체 나에게 무엇을 기대할 것이 있어 그런 성의를 다했을까?

그러나 이런 말은 해두고 싶다. 사람들에게 비치는 것이 민주화운동일 뿐, 나는 민주화운동 못지않게 가진 것이 많다고 자부한다. 나는 정보사회 곧 정보문명시대를 맞아 모든 국민이 자아실현의 보람과 기쁨을 누리며 행복하게 살 수 있게 할 이념과 정책을 준비해두고 있다고 자부하니 말이다. 말하자면 오늘 우리 사회가 직면하고 있는 청년실업이나 비정규직, 노후불안 등의 문제를 해결할 정책대안을 가지고 있음은 물론 민족의 숙원이자 민족웅비의 토대인 민족통일을 이룰 전략도 충분히 가지고 있다고 말이다.

그래서 나는 나를 가까이서 돕는 사람들에게 이렇게 말한 일이 많다. "장기표를 선전할 때 민주화운동을 내세우기보다 모든 국민이 잘 살 수 있는 정책대안을 가지고 있는 사람이라고 선전하라. 특히 장기표야말로 오늘 우리 사회가 직면하고 있는 취업불안, 해고불안, 노후불안 등 온갖 불안을 극복할 뿐만 아니라 모든 국민이 인생 최고의 행복인 자아실현의 보람과 기쁨을 누리면서 행복하게 살 수 있게 할 방안을 가진 사람이라고 선전하라"고 말이다. "민주화운동은 존경의 대상은 될 수 있을지언정 기대의 대상은 될 수가 없다. 기대의 대상이 될 말을 해야 한다"고 말하면서 말이다.

광주사람들에게 내가 이런 말을 한 일은 없지만 나의 이런 면모를 느끼거나 보았기 때문에 나를 그토록 열심히 도운 것이 아닐까 하는 생각도 없지는 않았다.

아무튼 나는 광주에 머무는 동안 민주화운동을 오래 했다는 점 때문에 광주시민들의 과분한 사랑과 도움을 받았는데, 이것은 나의 민주화운동이 대단해서가 아니라 광주와 광주사람들이 무등산의 정기를 받아, 무등無等 곧 모두가 다 같이 높고도 위대하다는 민주주의의 궁극적 이상을 체화하고 있기 때문이었을 것이다. 광주에는 민주화운동으로 죽은 사람들이 엄청나게 많은 데다 광주사람들 대부분이 죽을 뻔했기에 더 그럴 것이다.

나는 이러한 무등산 정기의 의미를 되새기면서 처음에는 어두운 새벽공기를 헤치고 나중에는 모진 추위와 맞서면서 9시 10분에 서석대에 도달했다. 등산지도에 3시간 반 코스인데도 2시간 40분에 도달했으니, 아직도 기력이 왕성하구나 싶어 뿌듯한 마음이 들기도 했다. 보름 넘게 운동을 하지 못했는데도 말이다.

그런데 추위가 말이 아니었다. 정상에 도달할 무렵 너무나 추워 볼이 얼 것만 같아 목도리를 벗어 덮어썼는데, 거지가 따로 없었다. 기념사진을 찍을 때도 목도리를 벗을 엄두가 나지 않아 그대로 찍었더니 나중에 실무자들이 사진을 보고서는 한 장도 쓸 만한 것이 없다면서 다시 서석대에 가서 사진을 찍어 오라고 해 서 웃었다.

올라갈 때는 풀어야 할 숙제도 많고 얼음 덮인 길도 조심해야 해서 마음의 여유가 없었으나, 내려올 때는 숙제도 거의 끝나고 햇살도 비쳐 마음의 여유를 찾을 수 있었다.

서석대에서 내려다본 광주는 그야말로 빛고을이요 정감 넘치는 마을이었다. 아침 햇살이 광주를 어루만지듯 쏟아져 내려 광주가 빛고을임을 절감할 수 있었고, 황금빛을 발하는 집집마다에서 제 나름의 삶을 살고 있을 광주시민들의 정감이 수십 리 밖의 나에게 그대로 느껴졌으니 말이다. 이러니 나 또한 어찌 몸과 마음을 다해 그들을 포근히 안아주고 싶지 않겠는가!

내려올 때는 중심사 쪽으로 내려왔는데, 쉬엄쉬엄 내려오다 보니 올라갈 때보다 시간이 더 많이 걸렸다. 12시에 보리밥으로 유명한 어느 음식점에서 그동안 나를 도운 분들과 만나 점심을 함께했는데, 새로 오신 분이 없었다면 정상적인 대화가 어려웠을 것 같았다. 몇 시간 후에 맞게 될 이별로 벌써부터 마음이 너무나 허전해져서 말이다. 하기야 나로서는 17일 동안 광주에 머물렀을 뿐인데도 여러 해 동안 광주에서 산 것만 같았고, 나를 도운 광주사람들 또한 보름 정도 나를 도왔는데도 오래 오래 나를 도운 것처럼 여겨졌을 것 같아서 말이다.

나는 언제나 이루고자 하는 목표도 중요하지만 그 목표를 이루어가는 과정에서 만나는 사람들끼리 서로 사랑하고 신뢰하면서 인간적인 정을 나누는 것이 목표 달성 못지않게 중요하다고 생각한다. 이번 광주 방문은 더욱더 그러했다. 혹 이러다 내가 광주사람 되는 것 아닌지 모르겠다는 생각이 들 정도였으니 말이다. "국적은 바꿀 수 있어도 고향은 바꿀 수 없다"는 말이 있다는데, 국적도 바꿀 수 있을진대 고향을 광주로 바꿀 수 없으리라는 법이 어디에 있겠는가?

이쯤에서 글을 끝내야겠다. 광주여, 광주사람들이여, 그리고 무등산이여! 내게 이런 자부심과 행복, 그리고 새로운 용기와 기회를 준 여러분의 존경스러운 도움에 깊이깊이 감사드립니다.

감사합니다!

한라산의 신령한 정기여!

나는 국토사랑과 국민사랑은 일치한다고 생각해왔다. 이런 생각으로 한라산 백록담을 꼭 보려고 했으나 갈 때마다 날씨가 사나워 진달래 밭에서 되돌아왔다.

이번에는 일기예보로 좋은 날을 택해 그제 23일 아침 6시 비행기로 제주도로 가서 성판악 길로 한라산 정상에 올랐다.

때마침 물안개가 휘몰아쳐 백록담은 볼 수가 없었다. 그런 데다 너무 추워서 오래 서 있기도 힘들었다. 대동세상이 열리기를 바라는 간단한 기도를 하고서 사진 몇 장 찍고 내려오게 되었다.

300여 미터를 내려오는데 갑자기 물안개가 말끔히 걷히고 청명한 신천지가 하늘 가득 나타났다.

아! 이것이 한라산의 신령스러운 모습이구나 싶었다. 이 변화, 이 신비, 이 기상을 시로 표현했으면 얼마나 좋을까 싶었다.

시인이 못 된 것을 통탄스러워하며 하산 길을 되돌려 다시 정상에 올라 백록담을 선명히 볼 수 있었다. 글자를 아는 사람으로서 이날의 감동을 묻어둘 수는 없어 몇 자 적어 한라산의 신령함을 오래 가슴에 담아두고 싶다. 다만 시조를 모독했다는 비난이 두려울 뿐이다.

한라산의 신령한 정기여!

한라산 최고봉에 마침내 올랐구나
자욱한 물안개로 백록담 볼수없네
아마도 백록신선이 내려오고 있구나

강풍이 휘몰아쳐 물안개 걷어내니
청명한 신천지가 홀연히 열리도다
자연의 신비로운힘 온몸으로 배우네

하산길 되돌려서 정상에 다시서니
신령한 백록담이 전신을 감싸누나
이정기 온전히받아 대동세상 이루리

41년 만의 신혼여행

나는 평소 '부부가 잘 사는 것이 가장 행복한 것'이라고 말하면서, "부부가 잘 살려면 노력해야 한다. 특히 오래도록 행복했던 시간으로 간직할 수 있을 만한 오붓한 추억거리를 만들어두는 것이 좋다"고 말해왔다.

그런데 정작 나 자신은 이것을 전혀 실천하지 않았음을 발견하고선 당황스럽기 그지없었다. '내가 말만 그럴 듯하게 하는 위선자가 아닐까' 하는 자성과 함께 '이래서야 행복한 삶을 살아왔다고 자부할 수 있을까' 하는 회의감마저 느끼면서 인생의 위기를 느꼈다. 나는 평소 부부가 잘 살지 못하면 실패한 인생이라고 생각할 만큼 부부사랑이 중요하다고 생각해왔으니 말이다. 특히 지난 대선 때 아내의 반대에도 불구하고 출마의 뜻을 굽히지 않아 사이가 크게 벌어진 것 같기도 했다.

그래서 크게 반성하고 '부부사랑이 돈독할 수 있도록 해야지' 하고 있던 차에 딸아이 내외가 자기들이 외국으로 가기 전에 엄마 아버지 모시고 여행이나 한번 하자고 해서 그렇게 하자고 하고 있던 참이었다. 여행경비는 딸아이 내외의 몫이라 몸만 따라가면 되어서 아무 부담이 없었다. 그런데 일정을 맞추려 했으나 서로 맞지 않았다. 그래서 내가 아이디어를 냈다. 마침 7월 10일이 우리 부부 결혼기념일이라 딸아이에게 굳이 일정을 맞추어 함께 가려 하지 말고 따로 2, 3일 정도 강원도 쪽으로 가서 쉬었다 오자고 제안해서 그렇게 하기로 했다.

우리 부부는 2박3일 일정으로 강원도 쪽으로 갔다. 가면서 생각하니, 우리 부부 두 사람만 여행한 일이 거의 없다시피 했다. 이런저런 이유로 여행 자체를 한 일이 많지 않은 터에 혹 여행을 가게 되면 남들 가는 데 끼여 갔을 뿐 우리 두 사람만이 여행한 일은 거의 전무했으니 말이다.

좀 더 곰곰이 생각해보니 이번 여행이 결혼 41년 만에 갖는 두 사람만의 첫 여행이어서 41년간 미루어온 신혼여행이었다. 41년 전 정말 멋진 결혼(식)을 하고도 신혼여행을 가지 못했고, 그 이후에도 신혼여행이라 할 만한 여행을 가지 못했으니 말이다. 그런데 이번에 하늘의 풍성한 축복을 받아 완전히 만족스러운 신혼여행을 할 수 있었으니, 늦어도 너무 늦었지만 그동안의 회한을 말끔히 씻어내고도 남았다.

부끄러운 이야기이지만 우리의 결혼에 대해 잠깐 언급해두고자 한다. 세상에는 다양한 방식의 삶이 있고, 그 모든 방식의 삶이 행복의 원천이 될 수 있음을 말하고 싶어서다.

　우리 부부는 1976년 7월 10일 오후에 서울 왕십리 중앙시장 안에 있는 중앙다방에서 차 두 잔을 놓고 결혼(식)을 했다. 민청학련 사건으로 수배 중에 결혼하게 되어 상식적 의미의 결혼식을 올릴 수 없었기 때문이었다.

　그런데 나는 이 결혼으로 날아갈 듯이 기뻤다. 첫눈에 마음에 딱 드는 사람을 아내로 맞은 데다, 이런저런 이유를 들이대며 결혼을 반대하는데도 불구하고 나의 논리정연한(?) 설득으로 마침내 결혼에 동의하도록 만들었으니 말이다. 거기다 결혼식을 마치고 중앙시장 뒷길로 걸어서 나오는데, 날씨가 너무 좋아서 기쁨은 배가되었다. 7월 10일이면 장맛비가 내리거나 후덥지근하기 마련인데도, 이날은 너무나 상쾌한 날씨였다. 마치 9월 중순의 날씨처럼 청명한 하늘에 뭉게구름이 두둥실 떠도는 가운데, 초가을에나 느낄 수 있는 따스한 햇볕이 물동이로 물을 쏟아 붓듯 우리 두 사람 위를 내리쬐고 있었으니 말이다. 웨딩마치 치고는 최고의 웨딩마치여서 너무나 행복했었기에, 나는 지금도 그때의 감격을 잊을 수가 없다. 그래서 우리가 떨어져 있어 마음이 아플 때면 그날의 환희를 떠올리며 마음을 되잡곤 했었다.

　그런데 수배 중인 때라 신혼여행을 하지 못했는데, 지금 생각하니 그때만 못 한 것이 아니라 지금까지 41년이 지나도록 신혼 여행이라 할 만한 여행을 하지 못했으니, 문제가 많아도 보통 많은 것이 아니었다. 앞에서 잠깐 언급했듯이, 숫제 두 사람만이 여행한 일이 거의 없다시피 했으니 말이다. 하지만 이번에 정말 멋진 신혼여행을 했으니, 그동안 못 한 것을 보상받는 기분이었다. 자칫 신혼여행도 하지 못하고 인생을 마감할 수도 있었을 것 같아 아찔한 생각이 들기도 했다.

우리의 이번 신혼여행이 멋질 수 있었던 데에는 하늘의 축복이 가장 큰 몫을 했다. 비가 온다는 일기예보에도 불구하고 이번 7월 10일은 그냥 넘기지 말자는 마음으로 여행을 강행했었는데, 그야말로 안성맞춤의 날씨였다. 다니는 데는 아무 불편이 없이 오히려 더위를 식혀줄 정도의 비만 내렸으니 말이다. 특히 정동 -심곡 바다 부채길을 걸을 때는 옷도 젖지 않을 만큼의 가랑비가 내리곤 했는데, 마치 우리의 신혼여행을 축복해주기 위한 하늘의 특별한 배려 때문인 것 같기도 했다. 그런데 가장 큰 하늘의 축복은 우리가 너무나 아름다운 하늘의 축복으로 기억하고 있는 41년 전 7월 10일의 날씨가 그대로 재현된 것이었다. 언제 비가 왔더냐 싶게 하늘이 맑아지면서 푸른 하늘을 구름이 아름답게 수놓았으니 말이다. 그 청명한 하늘을 보면서 우리 부부는 몇 번이고 41년 전의 그 7월 10일 날씨를 떠올리며 무한한 행복감에 젖을 수 있었다.

심지어 이번 여행은 나에게 이런 복이 있나 싶을 정도로 모든 일이 100% 만족이었다. 숙소만 하더라도 불과 몇 만 원 짜리 숙소였지만 우리의 신혼여행에는 안성맞춤이었다. 특히 썬크루즈에서의 하루는 우리의 신혼여행이 환상적이 될 수 있게 해주었는데, 주변 풍광이 신비스럽도록 아름다웠기 때문이다. 썬크루즈 바로 옆에 있는 정동—심곡 바다 부채길은 미국의 그랜드캐니언을 연상시킬 정도로 오묘한 절경이었다. 그래서 자연마저 우리 두 사람의 때늦은 신혼여행을 축복해주고 있구나 싶은 마음이 간절하도록 해주었으니 말이다.

그리고 이번 신혼여행이 더욱더 행복했던 것은 우리 부부가 나눈 대화 때문이었다. 2박3일 동안 한순간도 떨어지지 않고 꼭 붙어 다니면서 온갖 이야기들을 나누었는데, 우리는 역시 천생연분임은 말할 것도 없고 환상의 콤비임을 절감했으니 말이다. 나는 평소 그 이유가 어디에 있든 말이 잘 안 통하는 사람이 참으로 많구나 하고 느낄 때가 많은 사람이다. 그런데도 아내와의 대화에는 어떤 막힘도 없었다. 혹 내 말에 동의하지 않는 것 같은 것에서조차 내면적으로는 내 말에 동의하고 있음을 느낄 수 있었으니 말이다.

그러니 이보다 더 큰 행복이 어디에 또 있을까 하는 생각이 간절했던 2박3일의 멋진 신혼여행이었다. 이런 행복을 누리게 하는 데 가장 크게 기여한 하늘에 감사하는 마음 간절하다.

이 지극히 사적이고 부끄럽기 짝이 없는 글을 공개적으로 쓰는 것은 대단히 건방지고 무례한 일이 아닐 수 없다. 그럼에도 불구하고 이 글을 쓰는 것은 혹 나처럼 결혼 후 신혼여행 한번 하지 못하거나 어려울 때 떠올릴 수 있는 추억거리 하나 만들어두지 못한 분이 있다면 반면교사로 삼았으면 하는 마음 때문이다. 그런 분이 있다면 더 늦기 전에 꼭 신혼여행이든 추억 만들기 여행이든 가시기 바란다.

인간해방은 나의 민주화운동 목표이기도 했지만 일상적으로 실현돼야 할 과제였다. 나는 온갖 고난과 시련을 겪었지만 고통과 좌절을 느끼기보다 보람과 기쁨을 더 많이 맛보았다. 그 이유는 사회운동의 목표인 '인간해방'이 정치이념으로만 존재한 것이 아니라 생활철학으로 실천되었기 때문이다.

필자의 어릴 적 사진은 남아 있는 게 거의 없다. 민주화 운동에 투신하자 정보 당국이 필자와 조금이라도 관련된 문건은 모두 압수해갔기 때문이다. 그 와중에 고교시절 필자(앞줄 가운데)의 모습을 담고 있는 유일한 사진 한 장이 용케 발견됐다. 1963년 2월 23일 마산공고 동기생들과 함께했다.

1970년 서울법대에 입학한 필자는 판·검사가 되어 사회 각 부문에서 30여 명의 유력인사를 규합해 세상을 바꾸는 일을 하고자 했다. 사진은 그해 5월 법대 1학년 동기생들과 함께 간 야유회에서 필자가(오른쪽) 흥에 겨워 춤을 추고 있는 장면이다.

필자는 서울법대 재학 중이던 1967년 2월 군에 입대했다. '말짱 헛일이다'는 군생활을 의미 있게 하기 위해 '나는 나다(I am I)'와 '하라, 그러면 된다(Do, and be done)'라는 생활신조를 정했다. 사진은 월남전에 파병됐을 때 전우들과 함께 찍은 장면. 앞줄 왼쪽에서 세 번째가 필자다.

전태일 열사의 어머니 이소선 여사와 필자
(이소선 여사 오른쪽 두 번째)가 2005년 9월
서울 청계천 평화시장 앞 버들다리에서 열
린 전태일 열사 동상 제막식에 참석했다.

1972년 9월 서울대생 내란음모사건 판결
공판에서 심재권, 필자, 이신범, 조영래(왼
쪽부터)가 수의 차림으로 자리에서 일어
나 선고를 듣고 있다. 앞서 우리는 중앙정
보부에서 혹독한 고문을 받았다. 한국일보
자료사진

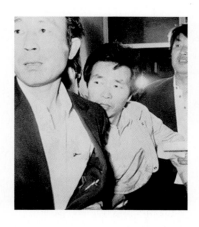

1986년 5월 25일 새벽 필자(가운데)가
5·3인천대회 주도혐의로 경찰에 체포돼 용
산경찰서로 구인되고 있다. 한국일보 자료
사진

1988년 12월 21일 공주교도소에서 출소
한 필자

필자가 홍성교도소에서 수감생활 중이던 1988년 3월 서울 종로 기독교회관에서 필자의 아내 조무하(60)가 '민주 인사 가둬놓고, 올림픽이 웬말이냐'라는 구호를 내걸고 남편을 비롯한 양심수 석방을 요구하고 있다.

공주교도소로 이감된 필자는 새로운 생활 환경에 적응하느라 교정당국과 힘겨루기가 불가피했다. 사진은 1988년 12월 21일 공주교도소를 출감할 때 모습(가운데 고개 숙인 이). 한국일보 자료사진

1988년의 6월항쟁과 '6·29항복선언' 이후에도 정치범석방은 이뤄지지 않았다. 그 기간 동안 필자는 일반 재소자들을 동참시켜 재소자 권익운동을 본격화했다. 사진은 1993년 2월 공판 당시의 필자. 한국일보 자료사진

1988년 9월 복역 중이던 공주교도소에서 김대중 평민당 총재 등과 접견, 재소자 권익을 강조했던 필자는 마침내 1988년 12월 21일 출감했다. 함께 복역하다 먼저 출소한 김근태 씨의 환영을 받으니 감회가 새로웠다. 한국일보 자료사진

1988년 12월 21일 석방자들은 장기수 석방을 위해 각 교도소를 방문, 수감자를 면회하고 당국자를 만나 전면 석방을 촉구키로 했다. 사진은 23일 가장 먼저 방문한 서울 구치소에서 필자(맨 왼쪽)를 포함한 참석자들이 연좌시위를 벌이는 모습. 시위 후 법무부로 갔다가 전원 연행된다. 석방 사흘 만이다.

1989년 1월 21일 전국민족민주운동연합 결성대회에서 임원으로 선출된 김근태(오른쪽부터) 정책실장, 이부영 공동의장, 당시 사무처장을 맡았던 필자. 한국일보 자료사진

'민중의 정치세력화'를 주장한 필자는 1992년 1월 그 내용을 정리한 책『민중시대의 정치와 운동』등이 담긴 전집『사랑의 정치를 위한 나의 구상』을 출간했다. 필자가 창당에 참여한 민중당은 92년 총선에서 2% 이상 득표에 실패, 해산되고 만다. 사진은 당시 출판기념회 때 필자(가운데) 모습.

정보문명시대가 도래할 것으로 예상한 필자는 새로운 이념과 정책을 정립하기 위해 1997년 신문명정책연구원을 세웠다.

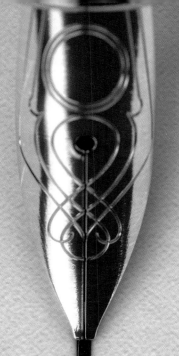

Chapter 4

장기표의
정치혁명

민족통일을 어떻게 이룰 것인가?

— 북한의 핵무기 보유 때문에 통일이 가능하다 —

민족이 분단된 지 70년이 넘고 민족통일의 기회가 왔는데도 민족통일을 당면과제로 인식하고 민족통일을 이루기 위해 구체적으로 노력하는 사람은 별로 없다.

이래도 되는 걸까? 이래서는 안 된다. 한민족의 웅비를 위해서도 민족통일을 이루어야 하지만 북한 핵문제의 근본적 해결을 위해서도 민족통일을 이루어야 한다. 더욱이 북한이 핵무기를 보유하고 있는 지금이야말로 오히려 민족통일을 이룰 수 있는 좋은 여건을 조성하고 있다는 점에서 우리는 민족통일을 국정운영의 최우선과제로 설정하여 적극적으로 추진함으로써 민족통일을 이루어야 한다.

그래서 민족통일을 왜 이루어야 하는지, 그리고 어떻게 해야 민족통일을 이룰 수 있는지 등에 대해서 밝혀 보고자 한다.

① 한반도는 지금 어떤 상황에 처해 있나?

지금 북한의 핵무기 보유가 기정사실이 되어가는 가운데 남북 관계는 파탄상태에 있다. 미국 트럼프 대통령이 북한의 핵무기 보유를 용인하게 됨으로써 북한과 미국은 좋은 관계로 나아가고 있고, 남한은 오히려 핵무기를 보유하고 있는 북한에 예속되다시 피 하면서 1972년 미국과 중국이 수교한 이후의 대만처럼 고립되 어 가고 있다.

최근 들어 한미관계가 크게 약화되는 가운데 일본과의 관계가 소원해지고, 중국과 러시아로부터도 위협받고 있으니 국가적 위 기가 아닐 수 없다. 무엇보다 남북관계가 파탄상태에 있는 가운 데 북한으로부터 온갖 위협과 조롱, 그리고 모욕을 당하고 있으 니 외교는 고립되고 국가안보는 실종되고 있다.

다만 트럼프 대통령이 자신의 북한 핵무기 보유 용인 사실을 미국과 한국을 포함한 전 세계에 감추려고 북한에 대한 제재를 계속함으로써 북한과 미국의 관계가 나쁜 듯이 보이고 있으나 실 질적으로 보면 미국과 북한은 가까워지고 있다. 그러니까 한미일 동맹이 아니라 북미일 동맹이 진행되고 있는 것으로 보아야 할 것이다.

물론 트럼프 대통령의 북한 핵무기 보유 용인이 오래 지속된 다는 보장은 없다. 내년부터 미국의 대통령 선거가 본격적으로 진행되어 트럼프 대통령이 민주당 후보로부터 북한 핵 대책에 대한 공격을 받으면 트럼프 대통령은 북한의 핵무기 보유를 용인해 온 정책을 금방 바꿀 수 있을 것이다. 심지어 다시 북한 핵시설에 대한 폭격도 고려할 것이다.

여기다가 북한의 핵무기 보유를 결단코 용납할 수 없는 중국이 북한 김정은 정권을 붕괴시키고 친중정권이 들어서게 해서 북한의 핵무기를 없애는 것은 물론 북한을 중국에 예속시키려 할 가능성이 대단히 크다. 이렇게 되면 민족통일이 어려워지는 것은 물론 휴전선이 준국경선이 될 수 있다. 이것이 동북공정의 진정한 목적임을 고려할 때 이러한 사태가 일어날 가능성이 대단히 크다. 이를 막기 위해서도 우리는 남한 중심의 한반도 통일을 이루어야 하겠다.

② 왜 민족통일을 꼭 이루어야 하나?
─ 민족통일을 꼭 이루어야 할 이유 ─

다들 막연하게는 민족통일을 이루어야 한다고 생각하지만 구체적으로 민족통일 문제에 부닥치면 민족통일을 바라지 않는 사람들이 대단히 많다. 젊은 사람일수록 그런 경향이 심하다.

설사 민족통일을 이루어야 한다고 생각하더라도 왜 민족통일을 꼭 이루어야 하는지 그 이유를 제대로 알고 있지 못한 사람들이 많다. 이래서는 민족통일이 이뤄지기 어렵다. 민족통일이 꼭 이뤄져야 한다고 생각하는 사람들이 많아야 민족통일이 이뤄지기가 쉽다. 그래서 민족통일이 왜 꼭 이뤄져야 하는지를 밝혀보고자 한다.

첫째, 북한 핵 문제를 해결하기 위해서는 민족통일을 이루어야 한다.

북한정권이 존속하는 한 핵무기를 포기하지 않을 것이다. 6자회담이나 북미회담 등 협상으로 해결될 문제가 결코 아니다. 또 경제원조를 많이 한다고 해서 북한정권이 핵무기를 포기하는 일도 결코 없을 것이다. 북한정권은 "북한의 체제와 정권의 안전을 보장하면 핵무기를 포기할 수 있다"는 투로 말하지만, 그것은 핑계일 뿐이다. 사회주의체제의 비효율성과 북한정권의 폐쇄정책으로 말미암아 체제와 정권의 유지가 어려운 터에, 외부에서 북한의 체제와 정권의 안전을 보장해줄 방안은 없기 때문이다.

둘째, 민족분단으로 인한 비용, 곧 분단비용과 분단피해를 없애기 위해서도 민족통일을 이루어야 한다.

분단비용이 엄청나다. 우선 국방비가 국가예산의 14%, 국민총생산의 2.5%인 47조 원이나 된다. 민족통일이 이뤄지면 그 비용이 절반으로 줄어들 것이다. 보통 국방비는 그 나라 국민총생산의 1% 정도이기 때문이다.

또한, 지금은 20대 초의 젊은이 거의 전부가 약 2년간 군복무를 하는데, 이것은 국가발전에 상당한 지장이 된다. 민족통일이 이뤄지면 군복무를 하는 젊은이가 대폭 줄어들 것이다.

셋째, 한민족이 웅비하기 위해서도 민족통일을 이루어야 한다.

한반도가 통일되면 4~5년 안에 인구 8,000만 명에 국민소득 3만 달러의 대국이 되어 한반도 주변 강대국들과 대등한 나라가 될 것이다. 무엇보다 남한의 자본 및 기술과 북한의 자원 및 노동력이 결합하면 경제적으로 크게 도약할 수 있다. 이를 발판으로 한민족은 만주로, 시베리아로, 그리고 태평양으로, 동남아로 웅비할 수 있다. 명실공히 아시아태평양시대의 중심국가가 될 것이다.

넷째, 민족통일은 남한경제의 돌파구가 될 수 있다.

지금 한국경제는 대단히 큰 어려움에 직면해 있는데, 만약 통일이 되면 이 어려움이 극복되고 도약하게 될 것이다. 남한의 자본과 기술이 북한에 투입되면 북한경제를 발전시키면서 남한경제도 활성화될 것이다. 지금 남한 기업들의 사내유보금이 약 700조 원에 이르지만 투자할 곳을 찾지 못하고 있는데, 통일이 되면 투자할 곳이 넘쳐날 것이다. 이런 점에서 통일비용은 비용이 아니라 투자가 될 것이다.

다섯째, 남북한 사이에 전쟁이 일어나지 않게 하기 위해서는 민족통일을 이루어야 한다.

남북한이 통일되지 않고 분단되어 있는 한 남북한 사이에 갈등과 분쟁이 끊임없이 일어나게 되어 있고, 이 갈등과 분쟁은 곧바로 전쟁으로 발전할 수 있다.

그리고 전쟁이 일어나면 핵무기 전쟁으로 발전할 수도 있는데, 그러면 많은 국민이 죽음에 직면할 것이다. 설사 핵무기를 사용하지 않더라도 원자력발전소 때문에 핵무기전쟁과 같은 피해를 입을 수 있다.

많은 사람들은 '60여 년간 전쟁이 없었고, 또 전쟁이 일어나면 남북한 모두가 엄청난 피해를 입을 텐데 어떻게 전쟁이 일어날 수 있겠는가'라고 생각한다. 그러나 60여 년간 전쟁이 없었다고 해서, 또 전쟁이 일어나면 남북한 모두가 엄청난 피해를 입는다고 해서 전쟁이 일어나지 않는다는 법은 없다. 남북한 사이의 긴장을 조성해야 정권을 유지할 수 있는 김정은 정권은 끊임없이 도발하게 되어 있고, 이 도발은 언제라도 전쟁으로 발전할 수 있기 때문이다.

그런데 또 많은 사람들은 '민족통일을 무리하게 이루려 하기보다 남북한이 공존하는 것이 더 나을 것'이라든가 '통일에 앞서 평화가 먼저 정착되어야 한다'고 주장하기도 한다.

그러나 남북한이 분단되어 있는 한 평화 공존은 불가능함을 알아야 한다. 분단 70년 동안 평화 공존을 위한 대화와 협상, 그리고 합의가 셀 수도 없을 만큼 많이 있었지만 이 모든 것이 하루아침에 헛일이 되면서 분쟁이 격화하고 있다. 그래서 '통일이 없이는 평화가 없다'는 것을 알아야 한다.

또 북한의 김정은 정권은 전쟁을 수행할 능력도 없거니와 전쟁이 일어나면 자신들이 망한다는 것을 잘 알기 때문에 전쟁에 나서지 않을 것으로 보아 전쟁이 일어나는 일은 없을 것이라고 보는 사람들도 있다. 그러나 이렇게 보아서는 안 된다. 전쟁을 수행할 능력이 없다거나 전쟁이 일어나면 자기들이 망한다는 것을 안다고 해서 전쟁이 일어나지 않는 것은 아니기 때문이다.

여섯째, 북한주민들을 빈곤과 공포에서 벗어나게 하기 위해서도 민족통일을 이루어야 한다.

북한주민이 빈곤과 공포로부터 벗어날 수 있는 유일한 길은 남북통일이다. 남북통일이 이루어지지 않는 한 북한주민들이 빈곤과 공포로부터 벗어나기는 어려울 것이다. 북한 스스로 경제를 발전시켜 북한주민들이 잘살게 하는 것은 불가능할 것이기 때문이다. 그리고 외부에서 지원하는 것으로는 한계가 있다.

북한경제가 발전하려면 개혁·개방을 해야 하는데, 북한정권은 정권유지를 위해 개혁·개방을 하지 않을 것이기 때문에 북한경제가 나아질 수가 없다. 심지어 북한정권은 북한주민들이 잘살게 되는 것을 바라지 않는다고 보아야 한다. 북한주민들이 잘살게 되면 독재정권에 저항할 것이기 때문이다.

일곱째, 미국과 중국의 틈바구니에서 벗어나기 위해서도 민족통일을 이루어야 한다.

지금 미국과 중국이 크게 격돌하고 있다. 미국은 중국포위전략을 구축하면서 한국의 참여를 요구하고 있고, 중국은 이를 저지하기 위해 안간힘을 쓰고 있다.

앞으로 미국과 중국의 격돌은 더 심해질 것이고, 두 나라 모두 한국을 자기편으로 끌어들이기 위해 안간힘을 쓸 것이다.

그런데 한국은 미국과 중국 어느 한편에 서기가 대단히 어렵다. 미국 편에 서는 것이 확실하게 되면 중국은 남한 중심의 한반도 통일을 반대하는 것은 물론 북한과의 관계를 개선해서 북한을 지원하게 될 것이다. 결국 중국과 북한이 한편이 되고 미국과 한국이 한편이 되어, 한국은 중국과 적대적인 관계에 놓일 가능성이 대단히 크다.

이렇게 되면 중국은 한국에 대해 경제보복을 할 가능성이 대단히 크다. 지금 한국의 교역량 가운데 중국이 차지하는 비중이 무려 26%나 된다. 이런 상황에서 중국과의 관계가 나빠지면 한국경제는 치명적인 타격을 입을 수 있다.

결국 북한의 위협이 계속되는 한 미국의 요구를 거절하기가 어렵고, 미국의 요구를 수용하면 중국과의 관계는 나빠질 수밖에 없다. 이런 딜레마에서 벗어나기 위해서는 민족통일을 이루어야 한다. 민족통일을 이루면 우리의 위상이 크게 높아져, 미국과 중국이 동북아시아에서 격돌하지 않게 함으로써 동북아시아가 평화지대가 되게 할 수 있을 것이다. 설사 격돌하더라도 한국이 노력해서 한반도가 완충지역이 되게 해야 할 것이다.

❸ 중국이 남한 중심의 한반도통일을 지지할 이유

그러면 중국이 과연 남한 중심의 한반도통일을 지지할 수 있을까? 어떤 사람들은 중국이 북한의 핵무기 보유를 싫어하고 또 지금 중국과 북한의 관계가 좋지 않은 것은 사실이지만, 그렇다고 해서 중국이 북한을 포기하는 일은 결코 없을 것이라고 주장한다. 미국과의 대결에서 북한은 전략적 완충지역으로서의 가치를 지니고 있기 때문이라는 것이다.

과연 그럴까? 북한이 핵무기를 보유하고 있지 않을 때는 위와 같은 주장이 맞았다. 그러나 북한이 핵무기를 보유하게 되면서 북한은 전략적 완충지역이 되기는커녕 중국의 국가이익에 크나큰 장애요인이 되고 있다. 핵무기를 보유하고 있는 북한이 중국의 국가이익에 장애가 되는 이유는 다음과 같다.

첫째, 북한의 핵무기는 중국의 국가안보를 크게 위협한다.

관계가 나쁜 이웃 나라가 핵무기를 보유하고 있으면 국가안보에 크나큰 위협이 될 수밖에 없는 터에, 북한이 핵무기를 보유하고 있는 한 중국과 북한의 관계는 나쁠 수밖에 없다. 북한에서 베이징까지의 거리는 700km 정도밖에 안 된다.

둘째, 북한의 핵무기 보유가 장기화되면 한국, 일본, 대만도 핵무기를 보유하게 될 텐데, 이것 또한 중국의 국가안보에 중대한 위협이 된다.

셋째, 중국이 명실상부한 G2 국가가 되려면 경제가 더 발전해야 하는데, 북한의 핵무기 보유는 중국의 경제발전에 크나큰 장애가 된다.

중국 경제의 발전을 위해서는 지하자원의 대부분이 매장되어 있는 중국 동북부 지역의 경제가 발전해야 하고, 이를 위해서는 동북아시아에서 핵무기 전쟁의 위험이 사라져야 하는데, 이러려면 북한의 핵무기 보유가 없어야 한다.

넷째, 북한의 핵무기 보유가 오래 지속되면 북한은 중국을 등지면서 미국 편에 설 수 있는 바, 이것은 중국의 국가안보에 심각한 위협이 될 수 있다.

미국은 지금 북한과 적대관계에 있지만, 미국의 중국포위전략이 심화되어 미국과 중국의 관계가 지금보다 더 나빠지게 되면 미국은 북한의 핵무기 보유를 용인한 채 북한을 미국 편으로 끌어들일 가능성이 대단히 크다. 이렇게 되면 중국에 심각한 위협이 된다. 이런 일이 일어나지 않게 하기 위해서도 중국은 북한의 핵무기 보유를 그대로 둘 수가 없다.

요컨대 중국은 북한의 핵무기 보유를 용납할 수 없는데, 아무리 반대해도 북한은 핵무기를 포기하지 않을 것이다. 그래서 중국은 남한과 협력하여 북한을 고립시키면서 남한 중심의 한반도 통일이 이루어지도록 해서 통일된 한반도가 핵무기를 보유하지 않도록 하는 방법을 택할 수 있다.

그리고 이것이 아니면 북한 안에 있는 친중인사를 활용해서 쿠데타를 일으켜 김정은 정권을 붕괴시키고 친중정권이 들어서게 해서 핵무기를 없애도록 할 수도 있다.

중국이 한국과의 관계 강화를 위해 많은 노력을 하는 것은 위와 같은 이유 때문일 것이다. 물론 한국이 미국 주도의 중국포위 전략에 참여하지 않게 하기 위한 뜻도 있지만 말이다.

그런데 중국의 시진핑 주석이 남한 중심의 한반도 통일을 지지할 뜻을 밝힌 일이 있었다. 2016년 9월 초 중국의 전승절 행사에 참석했던 박근혜 대통령에게 그런 뜻을 밝혔다. 박근혜 대통령은 시진핑 주석과 한중정상회담을 하고 돌아오면서 "북한 핵 문제 등을 해결하는 궁극적이고 확실한 가장 빠른 방법은 평화통일"이라고 말하면서, "앞으로 한반도의 평화통일을 위해서 중국과 협력해나가기로 했다"고 밝혔다. 발언의 취지로 보아 '북한 핵 문제를 해결하기 위해서는 남한이 중심이 되어 한반도의 통일을 이루어야 한다'는 것을 시진핑 주석과 합의했음을 드러내는 발언이었고, 그리고 이것은 '중국이 남한 중심의 한반도 통일을 지지하기로 했다'는 것을 의미하기에 충분했다. 그래서 이것은 한반도 통일을 위해 대단히 중요한 일이었다.

　이처럼 중국의 국가원수가 남한 중심의 한반도 통일을 지지할 뜻이 있음을 드러냈는데도, 한국 지식인의 대부분은 이것을 전혀 인정하지 않으면서 거꾸로 박근혜 대통령의 이런 행동과 발언을 성토했을 뿐이다.

　이른바 진보진영은 "민족통일을 이루려면 남북관계를 좋게 해서 북한과 상의해야 하는 것인데, 중국과 상의해서 통일한다는 것은 말이 안 된다"고 비난했고, 이른바 보수진영은 "통일하려면 중국에 앞서 미국과 상의해야 하는 것인데, 중국과 상의해서 통일한다는 것은 말이 안 된다"고 비난했다.

　거듭 강조하건대 중국은 북한의 핵무기 보유로 말미암아 남한 중심의 한반도 통일을 지지할 수 있게 되었고, 이것이 박근혜 대통령과 시진핑 주석과의 정상회담에서 확인되었다고 볼 수 있다. 우리는 중국의 이런 자세를 활용해서 민족통일을 이루어야 한다.

　그러나 중국이 남한 중심의 한반도 통일을 적극 지지할 수 있기 위해서는 다음과 같은 조건이 갖추어져야 할 것이다.

　통일된 한반도는 핵무기를 보유하지 않을 것, 한미동맹이 해체되고 주한 미군이 없을 것, 그리고 통일된 한반도가 미국 주도의 중국 포위전략에 참여하지 않을 것 등이다.

　우리로서는 중국이 남한 중심의 한반도 통일을 지지 지원해서 통일을 이룰 수 있게 된다면 위와 같은 조건을 수용하지 못할 이유가 없다. 다만 한반도 통일에 대한 미국의 지지를 이끌어내야 하고, 또 미국과의 관계가 나빠져서는 안 되기 때문에 주한 미군의 경우 한강 이남에만 주둔하게 하는 방법도 있을 수 있다. 우리는 미국과의 관계가 돈독해야 중국의 지원을 받을 수 있음을 잊지 말아야 한다.

여기다가 한반도 주변 강대국인 미국과 일본, 러시아도 북한의 핵무기 보유를 싫어하는 바, 이것은 남한 중심의 한반도 통일을 지지할 수 있게 하는 요인이 되고 있다.

이처럼 북한의 핵무기 보유 고집이나 한반도를 둘러싼 국제정세로 보아 남한 중심의 한반도 통일이 이뤄질 수 있는 여건이 조성되어 있음이 틀림없다. 그래서 지금이야말로 민족통일의 호기다.

그러면 이러한 정세 속에서 우리는 어떻게 민족통일을 이룰 것인가?

4 어떻게 민족통일을 이룰 것인가?

우리 사회에는 민족통일에 대해 부정적인 생각을 가진 사람들이 대단히 많다.

'통일할 준비가 전혀 안 되어 있는데 어떻게 통일할 수 있나'라든가, '통일을 이루려면 엄청난 비용이 들 텐데, 그 비용을 어떻게 감당할 수 있나'라든가 하는 '민족통일 회의론'이 광범위하게 존재한다. 여기에다 '지금 통일한다면 남한이 북한을 흡수하는 흡수통일이 될 텐데, 흡수통일을 해서는 안 된다'는 이유로 민족통일을 반대하는 사람들도 많다. 이른바 진보진영 사람들이 대체로 그렇다.

한마디로 우리 사회에는 민족통일을 꼭 이루어야 하는가라거나 설사 민족통일을 이룬다 하더라도 지금은 그렇게 할 때가 아니라는 인식이 광범위하게 퍼져 있다.

그러나 이런 '민족통일 회의론'은 대단히 잘못된 것인 바, 그 부당성을 간략하게나마 지적해둔다.

'민족통일 회의론'에 관한 고찰

① '통일준비론'의 부당성

민족통일의 필요성을 절감하면서도 '통일할 준비가 안 돼 있기 때문에 통일을 이룰 수가 없다'고 보아, 지금은 민족통일을 이루려 하기보다 민족통일을 위한 준비를 해야 한다는 주장이 있다. 이른바 '통일준비론'이다.

통일만이 아니라 어떤 일도 준비 없이 이루기는 어렵다는 점에서 통일할 준비가 돼 있는 것이 좋다. 그러나 준비가 안 돼 있다고 해서 통일이 이루어지지 않는 것은 아니다.

세상의 모든 일이 다 준비가 돼 있어야 이루어지는 것은 아니듯, 통일도 준비가 안 돼 있다고 해서 이루어지지 않는 것은 아니다. 어쩌면 통일은 준비 여부와 상관없이 오게 되어 있다. 더욱이 대단히 오기 어려운 통일의 기회가 왔는데도 '통일할 준비가 안 돼 있다'는 이유로 민족통일을 적극 추진하지 않는 자세로는 민족통일을 영원히 이루지 못할 것이다.

그래서 통일할 준비보다 통일할 수 있는 정세가 더 중요함을 인식해야 한다. 다만 준비가 안 되어 있으면 통일의 과정에서 많은 시행착오를 겪을 수는 있다. 그러나 시행착오를 겪지 않기 위해서 통일을 미뤄서는 안 된다.

독일의 경우, 통일할 준비를 하고 있긴 했지만 통일할 준비를 하고 있었기 때문에 통일이 이뤄진 것은 아니다. 독일이야말로 통일할 수 있는 정세가 도래했을 때 그 정세에 맞게 통일을 적극 추진해서 통일할 수 있었다.

독일 통일의 초석이 된 '동방정책'의 경우 통일을 목표로 한 것이 아니라, 두 개의 독일이 존재하면서 서로 협력하는 것을 목표로 하는 정책이었다. '동서독기본법'도 마찬가지다.

독일 통일은 고르바초프의 개혁·개방정책 등으로 동유럽 공산주의국가들이 붕괴하면서 동서냉전체제가 해체됨으로써 이뤄질 수 있었지, 통일할 준비를 하고 있었기 때문에 이뤄진 것이 아니었다.

그래서 독일 통일의 주역이었던 콜 수상은 독일이 통일되기 1년여 전인 1988년, "언제 통일이 이루어질 것 같은가?"라는 기자의 질문에 "내 평생 동안에는 이뤄지지 않을 것이다!"라고 대답했다고 한다. 그리고 역시 '동방정책'으로 독일 통일의 초석을 놓은 브란트

수상은 "독일보다 한국이 먼저 통일될 것"이라고 말했다 한다.

통일은 통일여건이 조성되면 갑작스럽게 이뤄지는 것이지, 오랜 기간 준비한다고 이뤄지는 것이 아님을 주목해야 한다.

더욱이 분단된 후 70년 동안 준비하지 않은 것을 지금부터라도 준비한다는 보장이 없다는 점에서, 준비가 되어야 통일할 수 있다는 주장대로 했다가는 영원히 통일하지 못할 것이다. 통일준비는 통일이 가능할 때 할 수 있는 것이지 통일이 불가능해 보일 때 할 수 있는 것이 아니다. 그런 점에서 지금까지 통일할 준비를 하지 않은 것은 오히려 당연하고, 통일이 가능해 보이는 지금부터 통일할 준비를 하면 된다.

② '통일비용론'의 허구성

우리 사회에는 통일비용을 걱정해서 민족통일을 반대하는 사람들이 많다. 지식인들이 온갖 논리와 사례들을 들어가며 그런 주장을 하고 있기 때문일 것이다.

사실 민족통일은 그것으로 얻게 될 편익이나 그것에 들어갈 비용을 따져 판단할 문제가 아니지만 통일비용보다 분단비용과 통일편익이 훨씬 더 큼을 알아야 하겠다.

민족분단이 지속될 경우 군사적 대치에 따른 국방비, 군사충돌로 인한 인명손실, 이념갈등에 따른 남남갈등, 대북정책을 둘러싼 소모적 정쟁 등 이루 말할 수 없는 분단비용이 발생한다.

지금 북한주민들은 아사지경의 참상에 놓여 있는데, 이것이야말로 민족분단으로 말미암은 최대의 피해가 아닐 수 없다. 그리고 이것은 민족통일을 통해서만 근본적으로 해결될 수 있을 것이다.

북한에는 우리가 흔히 생각하는 것보다 훨씬 많은 양의 광물자원이 매장되어 있다고 한다. 특히 중석, 몰리브덴, 마그네사이트, 흑연, 금, 운모, 형석 등은 세계 10위권 안에 든다고 한다. 북한의 금 매장량은 약 2,000톤으로 추정된다는데, 미국이 8,000톤, 중국이 1,000톤, 남한이 30톤인 것에 비하면 북한의 금 매장량이 얼마나 많은지를 알 수 있다. 북한자원연구소가 발표한 자료에 의하면 북한의 철 매장량은 약 50억 톤으로 남한의 3,700톤에 비해 무려 134배에 달한다고 한다. 그 밖에도 동, 아연, 석탄, 석회석 등의 매장량이 남한의 20~50배에 달한다고 한다.

몇 년 전 러시아가 북한의 철도 현대화에 250억 달러(약 26조 원)를 투입하는 대신에 북한의 광물자원을 받기로 했다는데, 광물자원에는 희귀광물인 희토류 등이 포함되어 있다고 한다. 북한의 희토류 매장량은 중국의 7배에 이른다고 한다.

그래서 북한에는 약 8천조 원 상당의 광물자원이 매장되어 있다고 하는데, 그 채굴권의 대부분이 중국이나 러시아 등으로 넘어가고 있는 실정이다. 엄청난 민족적 손실인 바, 민족통일을 이루지 않고는 이를 막을 수 없을 것이다.

③ '통일 후 혼란'의 회피 방안

통일 후의 혼란을 걱정해서 통일을 반대하는 사람들이 많다. 통일되면 북한의 가난한 사람들과 함께 살아야 할 것 같기도 하지만, 북쪽의 가난한 사람들이 남한으로 물밀듯이 밀려와 사회가 혼란해질 것 같아 통일을 사실상 반대한다. 일리가 있는 걱정이다. 통일되면 어느 정도의 혼란은 불가피할 것인데, 이것은 감수할 수밖에 없다. 그러나 통일 후의 혼란이 발생하지 않을 방안을 강구하면 될 것이다.

그런데 통일로 생길 수 있는 혼란이 두려워 통일을 하지 않으면, 그래서 통일이 늦어지면 더 큰 혼란이 발생할 것이다. 그리고 통일하지 않으면 온갖 비용과 혼란이 발생하는 것도 문제지만, 심지어 전쟁이 일어날 수 있다는 것이 더 큰 문제다. 그러니 혼란이 걱정되어서 통일을 반대해서는 안 될 것이다. 통일 후의 혼란이 걱정스러운 면이 있지만, 통일로 맞게 될 편익과 비전이 너무나 클 것이기 때문에 통일에 따른 혼란을 걱정해서 통일을 반대할 일은 전혀 아니다. 통일에 따른 혼란을 최소화할 수 있는 방안을 강구하면 되기 때문이다.

통일 후의 혼란을 최소화하기 위해서는 통일 후 약 3년 정도 북한사회가 안정될 때까지 남한과 북한을 분리해서 운영해야 하며, 그 구체적인 실천방안은 다음 장의 '3) 남북한 통합의 기본원칙'에서 자세하게 피력하겠다.

④ '흡수통일 반대론'의 부당성

이른바 진보세력과 지식인의 대부분이 흡수통일을 반대한다. 흡수통일을 반대하는 사람들은 남북한의 합의에 의한 통일 곧 합의통일을 주장한다. 북한과의 대화와 교류 및 북한에 대한 지원을 강화하여 북한경제를 발전시킨 다음 통일하면 통일비용도 적게 들고 통일 후에 남북한 주민 사이의 위화감도 줄어들어서 좋다는 것이다.

이렇게 된다면 대단히 좋은 일이다. 그러나 현재의 김정은 정권이 민족통일에 응하고, 남한과의 대화와 교류 및 남한의 지원을 받아들여서 북한경제를 발전시키려 할 때에만 그렇게 될 수 있다. 그러나 김정은 정권은 민족통일에 응하지 않는 것은 말할 것도 없고, 남한과의 대화와 교류 및 남한과의 협력, 심지어 남한의 지원마저 받아들이지 않으려 한다. 남한과의 대화와 교류만을 받아들이지 않는 것이 아니라 다른 나라와의 대화와 교류 곧 개혁 개방 자체를 반대하고 있다.

이런 상황인데 북한의 연착륙을 기다려서 남한과 북한이 대화와 협상을 통해 합의해서 통일한다는 것은 불가능한 일이다.

그런데 지금까지 전 세계적으로 두 개의 국가나 두 개의 정권이 합의해서 통일한 일은 없다. 더욱이 북한의 김정은 정권이 남한과의 통일에 찬성하리라고 생각한다면 그것은 엄청난 착각이다. 통일되면 권력을 유지할 가능성이 전혀 없는 터에 왜 통일에 응하겠는가?

그래서 남북한이 통일하는 방법은 흡수통일이 될 수밖에 없다. 흡수통일이라고 해서 남한이 북한을 강제로 흡수하는 것은 아니다. 남한이 북한의 동의를 얻어 북한을 흡수하는 것이다. 독일 통일이 그러했다. 강제로 흡수하려고 해도 할 수가 없다. 북한의 정권이나 인민이 반대하는데도 강제로 북한을 흡수하려고 하면 전쟁이 일어날 수밖에 없다. 그렇게 해서 통일한다면, 그것은 무력통일이지 흡수통일이 아니다.

아무튼 흡수통일에 다소 문제가 있다 하더라도 흡수통일 이외에 달리 통일할 방안이 없으니 흡수통일은 불가피하다. 그리고 남북한 사이에 전쟁이 없이 남한이 북한을 흡수해서 통일할 수 있다면 그것은 너무나 좋은 일이다. 흔히 우리는 평화통일을 주장하는데, 흡수통일도 평화통일이다.

통일문제를 판단함에 있어 우리는 북한의 정권 담당자를 중심으로 판단할 것이 아니라 북한의 주민을 중심으로 판단해야 한다. 북한의 정권 담당자는 북한의 영원한 존속을 바라며 민족통일을 반대하겠지만 북한주민들은 빈곤과 공포에서 벗어날 수 있는 가장 확실한 길인 민족통일을 간절히 바랄 것이기 때문이다.

그런데 현실적으로 흡수통일만이 가능하고, 또 북한주민이 흡수통일을 바라는데도 북한정권이 이를 반대한다고 해서 흡수통일을 반대하는 것은 그야말로 '반인민적'이고 '반민족적'이다. 그리고 그것은 북한정권의 유지를 돕는 것이다. 이러니 '종북'이란 비난을 듣게 된다.

한마디로 흡수통일 이외의 통일방안이 없는 터에 흡수통일을 반대하는 것은 통일 자체를 반대하는 것이나 마찬가지다.

민족통일을 위한 핵심전략

민족이 분단된 지 70년이 지났다. 앞으로 시간이 갈수록 민족통일은 더욱더 어려워진다. 그런 점에서도 민족통일을 더 이상 늦춰서는 안 되지만, 앞에서 알아본 바와 같이 북한이 핵무기를 보유하고 있는 지금이야말로 민족통일의 호기인 데다 만약 지금 민족통일을 이루지 못하면 한반도에서 전쟁이 일어나거나 북한을 중국에 빼앗기는 일이 발생할 수 있기 때문에도 지금 민족통일을 적극적으로 추진해서 이루어야 한다.

그래서 우리는 민족통일을 이루기 위한 정책을 강구해야 하겠는데, 국민 각계의 역할도 중요하지만 정부의 역할이 가장 중요하다는 점에서 정부가 어떻게 해야 할 것인지를 밝혀두고자 한다.

첫째, 정부는 민족통일을 국정운영의 최우선과제로 선포하고, 범정부적으로 민족통일을 적극 추진해야 한다.

특히 국민들에게 민족통일의 당위성과 필요성을 명쾌하게 밝히고, 국민 각계가 민족통일을 위해 적극 나서도록 독려해야 한다.

민족이 분단되어 있는 한 남북한 사이의 갈등과 충돌은 불가피하며, 심지어 전쟁이 일어날 수도 있고 또 핵무기전쟁까지 일어날 수 있음을 국민들이 알게 해야 한다. 그래서 전쟁을 막기 위해서도 통일을 이루어야 한다. 통일 없이는 평화가 있을 수 없다.

민족통일은 침체된 경제의 돌파구가 되는 것은 물론 젊은이들에게 꿈과 희망을 갖게 할 것이다. 특히 북한동포를 빈곤과 공포에서 구출하기 위해서도 하루 빨리 통일을 이루어야 한다. 무엇보다 민족웅비의 토대가 될 것이다.

둘째, 남한의 대통령은 북한의 김정은 위원장에게 '민족통일을 위한 남북정상회담'을 열 것을 제안해야 한다.

만약 김정은 위원장이 이에 응하지 않으면 김정은 정권의 반민족적 반통일적 성격을 드러내 북한주민의 분노를 불러일으켜 김정은 위원장이 제거되게 해야 한다.

셋째, 북한동포에게 통일메시지를 전하면서 북한동포를 대대적으로 지원해야 한다.

통일메시지는 북한동포에게 크나큰 희망이 될 것인 바, 북한동포가 빈곤과 억압에서 벗어날 수 있는 유일한 길은 민족통일이기 때문이다.

민족통일을 이룸에 있어 북한주민들의 의지가 대단히 중요하다. 북한의 급변사태도 북한주민들의 반정부의지가 뒷받침되어야 발생할 수 있고, 급변사태로 들어서는 임시정부가 중국에 의

존해서 민족통일을 거부할 때 이것을 비난하면서 남한과의 통일을 요구할 수 있는 힘도 북한주민들에게 있기 때문이다. 북한주민들의 태도가 더없이 중요함을 직시하고 북한주민들이 남한과의 통일을 열렬히 바라도록 대북정책을 강구해야 하는 바, 북한동포를 돕는 민간차원의 사업도 최대한 허용해야 한다.

넷째, 정부는 '한반도의 비핵화와 통일을 위한 국제회의' 곧 남북한과 미국, 중국이 참여하는 '4자회의'(2+2회의)를 추진할 필요가 있다.

한반도에서 전쟁이 일어남이 없이 북한 핵문제를 근본적으로 해결하기 위해서는 남한 중심의 한반도 통일이 이뤄져야 함을 미국과 중국이 알 수 있도록 설득해서 '4자회의'에 참여토록 해야 한다. 남북한과 미국, 중국이 참여하는 4자회의를 개최해야 하는 것은 민족통일을 이루기 위한 것이기도 하지만, 그에 앞서 남북한 국민 모두가 민족통일이 임박한 것으로 생각하도록 해서 한반도에 통일분위기가 팽배토록 하기 위한 것이기도 하다. 그리고 이 국제회의에 북한정권이 참여를 거부하거나 한반도의 비핵화와 통일에 동의하지 않을 경우 북한주민의 분노와 저항을 불러일으켜 김정은 정권의 붕괴를 유발하기 위한 것이기도 하다.

이 회의가 더욱더 중요한 것은 미국이나 중국이 북한 핵문제의 해결을 위해 각각 독자적인 행동을 할 수도 있는데, 그것을 막기 위한 것이기 때문이다. 앞에서 지적한 대로 미국은 북한의 핵무기를 없애기 위해 북한을 폭격할 수 있는데, 이런 일이 없도록 해야 한다. 이런 일이 발생하면 한반도에서 전쟁이 일어날 수 있기 때문이다. 그리고 중국 또한 북한에서 친중 쿠데타가 일어나게 하여 친중정권이 들어서게 함으로써 북한이 핵무기를 보유할 수 없게 할 가능성이 있는데, 이런 일 또한 없도록 해야 한다. 이것은 민족통일을 불가능하게 하면서 북한이 중국에 예속되게 할 것이기 때문이다.

요컨대 미국과 중국이 '4자회의'를 통해 북한 핵문제를 해결하도록 할 뿐 다른 행동을 할 수 없게 해야 한다. 미국도 중국도 4자회의의 틀 속에 묶어둘 필요가 있다. 그렇게 하면 미국과 중국이 한반도 문제와 관련해 서로 견제할 수 있기 때문에도 더욱더 좋다.

그래서 한반도 주변 4대 강국을 상대로 통일외교를 적극 전개해야 한다. 미국과 중국, 일본, 러시아에 대통령특사 등을 보내서 남한 중심의 한반도 통일이 이들 나라의 국가이익에 도움이 되리라는 점을 밝히고, 남한 중심의 한반도 통일을 적극 지원해주도록 설득해야 한다. 북한 핵문제의 해결을 통해 동북아시아에 평화가 정착되면 미국과 중국, 일본, 러시아 모두 경제적으로 큰 이익을 얻을 수 있다.

지금 나라 안팎이 대단히 어렵다. 무언가 돌파구를 찾아야 하겠는데, 민족통일은 가장 효과적인 돌파구가 될 것이다. 더욱이 민족통일은 돌파구의 차원을 넘어 엄청난 대박이 될 것이다. 경제만 대박이 아니라 교육, 문화, 외교 등 사회의 전 부문에 걸쳐 대박이 될 것이고, 그야말로 민족웅비의 기회가 될 것이다. 이 모든 것을 이룰 수 있는 민족통일을 위해 남북한 국민 모두가 최선을 다해야 하겠다.

남북한 통합의 기본 원칙

통일된 한반도가 어떤 나라가 되게 하느냐도 중요하지만 그에 앞서 김씨왕조체제와 사회주의 계획경제를 유지해온 북한을 어떻게 민주주의와 시장경제로 변화 발전시키느냐가 대단히 중요하다. 그래서 남과 북을 어떤 방법으로 통합해가야 할 것인지를 밝혀보고자 한다.

남과 북은 70년 이상 극단적으로 대립해왔다는 점에서도 그 통합이 대단히 어려운 일이지만, 특히 북한사회는 세계에 그 유례를 찾기 힘들 정도의 특수한 체제를 유지해왔다는 점에서 민족통일이 희망과 활력이 넘치는 기회가 되게 하는 일은 대단히 어려운 일이다. 그래서 미리 정교한 방안을 연구해둘 필요가 있다.

그래서 북한을 민주주의와 시장경제로 변화 발전시키는 데 지켜야 할 몇 가지 기본원칙을 제시해보고자 한다.

첫째, 남북한이 통일되더라도 금방 남북한을 통합해서는 안된다.

북한사회가 정치적, 경제적, 사회적으로 안정될 때까지 최소한 3년 정도 북한사회를 남한과 분리해서 관리 운영할 필요가 있다. 통일 후의 혼란을 방지하기 위한 것이다.

통일되더라도 휴전선을 없애고 남북한이 자유롭게 왕래할 수 있게 할 것이 아니라 휴전선을 유지하면서 당국의 허가를 받아 왕래하게 해야 한다. 그러나 많은 사람이 왕래할 수 있어야 하는 것은 당연하다.

둘째, 북한의 산업이 발전하여 북한주민의 의식주 문제가 해결될 때까지 정부(남한)가 식량과 의약품을 포함한 생필품을 최대한 공급해서, 먹고 살 것이 없어 남한으로 탈출하려는 사람은 없게 해야 한다.

그러나 북한이 살기 어렵다고 해서 무조건 지원할 것이 아니라 북한 스스로 자생력을 가질 수 있도록 지원해야 한다.

셋째, 북한의 산업이 낙후되어 있다고 해서 남한 자본이 북한의 산업을 대부분 접수하는 형태가 되어서는 안 된다.

남한의 자본 및 기술이 북한으로 진출하되, 북한은 토지를 포함한 자원과 노동력을 확보하고 있는 만큼 남한의 자본 및 기술과 북한의 토지를 포함한 자원 및 노동력이 균형을 이루는 방향에서 산업이 재건되어야 한다. 그래서 남한의 자본이 북한의 모든 산업을 장악하는 것이 되지 않도록 해야 한다.

넷째, 통일이 되었을 때, 북한의 최고위층은 본인들의 의사에 따라 망명할 수 있게 하고, 상당한 규모의 생활비를 제공한다. 그 밖의 북한의 지배층 인사들에 대해서는 일체의 민형사상의 책임을 묻지 않는다. 다만 그들의 특권적 지위는 박탈한다. 필요한 경우 대사면을 한다.

다섯째, 남북한이 실질적으로 통합될 때까지 현재의 북한 정부기구(내각, 법원, 검찰, 경찰 등)를 그대로 유지한다. 다만 각 기관의 중요 책임자는 중앙정부가 임명한다. 그러면서 북한 사람들이 소외감을 느끼지 않도록 최대한 고려한다.

여섯째, 북한사회를 안정시킬 때까지 일체의 정치활동을 금지하고 민주주의 정치체제가 작동할 수 있는 정치적 기반을 구축한 후 정치활동을 보장한다. 이를 위해 '북한정치제도 정비위원회'를 구성하여, 이 위원회에서 결정하는 바에 따라 정치활동이 이루어지게 한다.

일곱째, 비무장지대는 종합적인 발전전략이 수립될 때까지는 현 상태를 그대로 유지하면서 '한반도 자연생태공원'이 되게 한다.
종합적인 발전전략을 수립하더라도 비무장지대는 도로 및 철길과 최소한의 안전시설만을 설치할 수 있게 하고 거의 원형대로 보존하는 것이 옳다고 본다. 숙박시설, 문화시설 등은 비무장지대 밖에서만 설치할 수 있게 한다.

여덟째, 북한의 사회주의 계획경제를 자본주의 시장경제로 전환함에 있어 다음과 같은 원칙을 적용한다.

① 국유재산을 국민에게 불하하여 개인 소유로 하는 것을 원칙으로 하되, 토지는 상당기간 공유제로 하면서 그 사용권을 개인과 기업에 임대한다.

② 토지의 사용권은 연고자 우선으로 하고, 협동농장처럼 공동으로 사용하고 있는 경우는 분할해서 임대한다. 임대료는 최소화하고 국가재정에 충당한다.

③ 기업은 '기업평가위원회'를 구성해서 기업 가치를 평가하여 가능한 한 해당기업의 종업원에게 균등하게 배분하고, 종업원 지주제 형태로 운영하며, 소유 주식은 자유롭게 거래할 수 있게 한다. 부실기업의 종업원에게는 일정한 양의 돈을 주어서 자율적으로 살아갈 수 있게 한다.

④ 주택은 현재의 거주자에게 불하하되, 그 대금을 장기에 걸쳐 상환케 한다. 주택을 현재의 거주자에게 주택대금을 받고 불하하는 것은 그렇게 해야 재산이 공평하게 분배될 수 있기 때문이다. 무주택자나 최소 주거면적 이하의 주민에게는 공공임대주택을 공급한다.

⑤ 1945년 분단 이전의 소유권은 무효로 한다. 그리고 북한 권력자들의 현재 소유권도 무효로 한다. 이렇게 하는 것은 상

속에 따른 분쟁을 없애기 위한 것이기도 하지만, 이렇게 하는 것이 합리적이기 때문이다. 독일의 경험을 보더라도 분단 이전의 소유권은 무효로 하는 것이 합당하다. 천재지변과도 같은 국토 분단과 6·25전쟁을 겪은 데다 소유권자의 절대다수가 사망한 터에 상속을 인정하는 것은 합리적이지 않다.

⑥ 가족관계나 상속 등과 관련해서는 특별법을 제정하여 처리한다. 특별법은 사회의 혼란과 가정의 불화를 야기하거나 법적 안정성을 파괴하지 않는 범위에서 제정되어야 한다.

⑦ 통화는 일정기간(약 6개월) 남북한의 화폐를 함께 쓸 수 있게 한 후 남한 화폐로 통일한다. 북한화폐는 1인당 교환액수를 제한하여 환율을 정해서 남한 화폐와 교환해준다.

위의 원칙은 기본방향을 제시한 것일 뿐 세부적으로는 검토해야 할 일이 대단히 많을 것이다. 그래서 '남북통합위원회'를 구성해서 구체적인 통합방안을 수립한다.

5 통일한국은 어떤 나라가 되어야 할까?

한반도 통일의 세계사적 의의

한반도의 통일은 20세기 전 세계를 지배해온 자본주의와 사회주의의 대립이 마침내 종결되는 것이라는 점에서 세계사적 의미가 있다.

20세기는 전 세계적으로 자본주의와 사회주의가 대결하는 이념대립의 시대였다. 그래서 미국과 소련을 축으로 동서 양 진영으로 나뉘어 동서냉전체제를 형성해서 엄청나게 대립하고 갈등하면서 세계의 평화와 인류의 복지 구현에 장애가 되어왔다.

그런데 20세기 전 세계를 지배했던 이 이념대립이 가장 치열했던 곳이 바로 한반도였다. 20세기가 끝나갈 무렵인 1990년대 초 동유럽 공산주의 국가들의 붕괴로 동서냉전체제가 해체됨으로써 전 세계적으로 이념대립이 사그라지는 것은 물론 분단국이 통일될 수 있는 상황을 맞아 동서독은 통일되었는데도 한반도가 지금까지 통일되지 않은 것은 한반도에서의 이념대립이 전 세계 어느 곳보다 가장 치열했기 때문일 것이다. 이런 한반도가 통일된다면 이것은 실로 세계사적 의의가 있는 것이 아닐 수 없다.

이처럼 20세기를 지배한 이념들이 한반도에서 가장 치열하게 대립함으로써 한반도의 남과 북은 엄청난 고통을 겪었다. 이념대립으로 말미암아 국제적인 전쟁이 일어난 유일한 곳이 한반도라는 사실은 한반도가 겪은 대립과 갈등, 그리고 이로 말미암은 고통이 얼마나 컸던가를 상징적으로 말해준다. 이념이란 말만 써도 이념적으로 의심받게 될 정도였으니 말이다.

그런데 어떤 문제가 인간을 고통스럽게 하는 경우, 그 문제의 해결 방안은 바로 그 문제로 가장 많은 고통을 겪은 사람에게서 나오는 것이 세상의 이치일진대, 20세기 전 세계를 지배해온 이념대립을 해결할 방안 또한 이 이념대립으로 가장 많은 고통을 겪은 한반도 민중에게서 나올 수밖에 없는 것이 세상의 이치일 것이다.

그런 점에서 한반도에서 민족통일과 민주화를 위해 민중운동을 해온 사람에게서 20세기 전 세계를 지배한 이념대립을 극복할 방안이 나오는 것은 너무나 당연한 일이라 하겠다.

이런 문제의식에서 필자는 사회주의(마르크스레닌주의)나 주체사상이 만연해 있는 우리나라 운동권에서 이를 배격하고 자본주의와 사회주의를 극복한 새로운 진보이념을 정립하기 위해 노력해온 바, 이런 노력을 통해 정립한 새로운 진보이념이 민주시장주의다.

그래서 필자가 이런 사명감으로 정립한 민주시장주의는 21세기 전 세계가 나아가야 할 방향이자 통일한국의 발전 목표와 발전 전략이 될 것으로 믿고 있다.

또한 이와 같은 노력을 통해 정립한 민주시장주의는 인간이 누릴 수 있는 최상의 행복 곧 자아실현의 보람과 기쁨을 누리게 할 이념이 되리라고 본다.

이런 의미에서 한반도 통일은 세계사적으로 큰 의의가 있다 하겠다.

통일한국의 비전

우리는 지금 아시아태평양시대를 맞고 있는데, 우리가 이룰 통일한국은 아시아태평양의 중심에 위치하는 나라로서 인구 8천만 명에 국민소득 3만 달러인 경제대국이 되는 데다 민주화까지 이룬 나라가 될 것이니, 아시아의 중심국가로서 세계의 평화와 인류의 복지를 선도하는 나라가 되기에 충분할 것이다.

그런 데다 정보화와 세계화를 통한 오늘의 세계적 대변화는 새로운 문명시대의 도래로서 후천개벽이 될 것인 바, 후천시대는 도道에 입각해서 사회가 운영되고 삶이 영위되는 도의 시대가 되어, 인간의 자유와 평화와 복지가 최고도로 보장되는 인간해방의 시대가 될 것이다.

이런 시대상황에서 통일한국은 어떤 방법으로 자아실현의 보람과 기쁨을 누리면서 행복하게 살 수 있는 민주복지국가를 건설할 수 있을 것인가?

이런 나라를 건설하려면 국가운영의 대원칙인 올바른 이념을 정립하고, 이 이념을 구현할 구체적인 정책이 있어야 한다. 그리고 자아실현의 보람과 기쁨을 누리면서 행복하게 살 수 있기 위해서는 객관적 조건 곧 사회상황만 좋아서 되는 것이 아니라, 주체적 조건 곧 행복하게 살 수 있는 가치관을 국민들이 정립하고 있어야 한다.

① 올바른 역사의식의 정립…정보문명시대의 도래

이 시대에 맞는 올바른 이념과 정책 및 가치관을 정립하려면 오늘의 시대상황에 대한 올바른 인식 곧 올바른 역사의식을 정립하고 있어야 한다. 자아실현의 민주복지국가를 건설하기 위해서는 어떠한 역사의식에 기초해야 하는지를 제시해두고자 한다.

정보화와 세계화를 통한 오늘의 세계적 대변화를 문명의 전환 곧 새로운 문명시대의 도래로 보는 역사의식을 가져야 한다. 즉 정보문명시대가 도래한 것이다. 정보문명시대에는 생산력의 획기적 발달과 정보통신수단의 혁명적 발달로 인간의 해방된 삶에 필요한 물질적 풍요와 사회정치의식의 고양을 이루어 인간해방 곧 자아실현의 삶을 구현할 수 있게 되었다. 우리가 자아실현의 민주복지국가를 건설해야 한다고 주장하는 것은 인간이 누릴 수 있는 최상의 행복인 자아실현의 삶을 구현할 수 있는 역사적 상황 곧 사회경제적 조건이 형성되어 이를 구현할 수 있기 때문만이 아니라 자아실현의 삶을 구현하지 못하면 인간은 더 큰 어려움에 직면하게 되어 있기 때문이다.

오늘날 선진공업국들이 소위 '1 대 99의 사회'라고 하는 극심한 빈부격차에 직면해서 경제침체, 국민갈등, 사회불안, 인간성 파괴 등의 어려움을 겪고 있는 것은 오늘의 세계적 대변화에 대한 역사적 통찰이 없기 때문임을 알아야 한다. 즉 오늘의 세계적 대변화를 자아실현의 삶이 구현될 수 있는 새로운 문명시대의 도래로 보고 이를 구현할 수 있는 이념과 정책 및 가치관을 정립해서 실천해야 하는데 그렇게 하지 못하기 때문이다.

② 통일한국의 이념…민주시장주의

이제 사회주의(공산주의)가 극복되어야 하는 것은 말할 필요조차 없다. 그런데 이윤추구를 목표로 하는 자본주의 또한 극복되어야 함을 주목해야 한다. 이윤추구를 목표로 경제활동을 해서는 인간다운 삶을 구현할 수 없는 것은 말할 것도 없고 경제발전도 이룰 수 없기 때문이다. 오늘날 전 세계가 장기간의 경제침체에 빠져 있는 주된 이유가 이윤추구를 목표로 하는 자본주의의 한계 때문임을 직시해야 한다.

전 세계 자본주의 국가 지도자들의 모임인 세계경제포럼(WEF : 다보스포럼)의 슈밥 회장조차 "자본주의가 한계를 드러냈다"고 말하면서 "새로운 이념을 제시해야 한다"고 주장할 정도다. 자본주의로는 더 이상 사회가 발전할 수 없게 되었음을 말해준다.

지난 2011년 미국 뉴욕에서 '1 대 99의 사회'는 바뀌어야 한다고 주장하면서 세계적 반향을 불러일으킨 '월 스트리트를 점령하라Occupy Wall Street' 시위는 결국 자본주의에 대한 거부임이 분명했다.

그래서 자본주의의 종주국이다시피 하면서 세계의 그 어떤 나라보다 사회주의 곧 공산주의에 대한 반감이 강한 미국에서조차 지금 '민주적 사회주의'를 주장하는 버니 샌더스 후보가 민주당 대통령후보 경선 여론조사에서 가장 강력한 대통령후보인 힐

러리 클린턴 후보를 제치고 1위를 달린 때도 있었는데, 이것은 사회주의에 대한 지지라기보다 이윤추구에만 집착하는 비인간적인 자본주의는 그 수명을 다했음을 말해주는 것이 아닐 수 없다. 2019년 민주당 대선 후보 경선에서도 샌더스 후보와 같은 정치성향의 엘리자베스 워런 후보가 현재 1위를 달리는 조 바이든 후보를 제치고 민주당의 대선 후보가 될 가능성이 대단히 크다.

결국 자본주의와 사회주의를 극복할 새로운 이념이 요구되는데, 이것은 인간을 비인간화하는 이윤추구를 위해서가 아니라 인간을 행복하게 하는 데 가장 중요한 자아실현의 보람과 기쁨을 위해 경제활동을 하게 하는 새로운 이념이어야 하겠는 바, 필자가 제시한 민주시장주의는 바로 이를 위한 이념이다.

민주시장주의는 자본주의의 중요 내용인 사유재산과 시장경제를 그대로 수용하면서도 다만 경제활동의 동기와 목표가 이윤추구가 아니라 자아실현에 있는 이념이다. 그리고 이처럼 경제활동의 동기와 목표가 이윤추구가 아니라 자아실현에 있는 이념이라야 인간이 누릴 수 있는 최상의 행복을 누리면서 지속가능한 발전도 이룰 수 있다.

민주시장주의는 자연의 순환질서인 자율, 상생, 순환, 조정을 기본원리로 한다. 이 기본원리는 개인의 삶에서도 적용되어야 하지만 사회의 운영에서도 적용되어야 한다.

이러한 기본원리를 현실사회에서 실천할 뿐만 아니라 이를 통해 인간의 참된 자유와 평화와 복지와 자아실현의 삶을 구현하려면 삶을 영위하고 사회를 운영하는 기본원칙이 있어야 하는데, 공동체 민주주의, 민주시장주의, 노동보람주의, 국가복지주의, 비폭력조정주의, 생태주의가 그것이다.

필자의 이런 인식은 오늘의 시대상황을 직시한 데서 나온 것이기도 하지만, 우리 민족 고유의 건국이념인 홍익인간 제세이화 弘益人間 濟世理化의 정신을 이어받은 것이기도 하다. 오늘 이 시대야말로 우주의 섭리에 따라 세상이 운영되는 가운데 모든 사람이 행복하게 살 수 있는 시대가 되겠으니 말이다.

③ 통일한국의 가치관과 세계관

인간의 삶에 필요한 물자가 부족하고 대중의 사회정치의식이 낮을 때의 가치관과 인간이 누릴 수 있는 최상의 행복인 자아실현의 삶을 살 수 있을 만큼 물질적으로 풍요롭고 대중의 사회정치의식이 고양되었을 때의 가치관은 다를 수밖에 없다.

그러면 어떻게 달라져야 하겠는가?

산업문명시대까지는 소유와 소비, 지배와 착취에서 보람과 기쁨을 얻을 수 있었지만, 정보문명시대에는 그러한 것에서는 보람과 기쁨을 얻을 수 없게 되었다. 물질적 풍요와 대중의 사회정치의식의 고양으로 자아실현의 보람과 기쁨을 누릴 수 있게 된 정보문명시대에는 자아실현의 수단인 창조와 생산과 봉사와 절제에서 보람과 기쁨을 누리게 되었다.

그래서 산업문명시대까지는 더 많은 소유와 소비, 지배와 착취에서 보람과 기쁨을 얻는 가치관을 갖는 것이 불가피했으나, 정보문명시대에는 그러한 데서 보람과 기쁨을 얻는 가치관으로는 인간이 행복할 수 없게 되었다. 소유와 소비, 지배와 착취에서 행복을 얻는 가치관으로 살아가는 경우 사회만 살벌해지는 것이 아니라 개인의 심성도 각박해져 행복할 수가 없다. 그래서 정보문명시대에는 창조와 생산, 봉사와 절제의 자아실현에서 행복을 얻는 가치관으로 살아가야 사회도 평화롭고 개인도 행복할 수 있다.

그런데 정보문명시대에는 가치관만 새로워져야 하는 것이 아니라 세계관도 새로워져야 한다. 산업문명시대까지는 물질과 정신의 분리, 자연과 인간의 대립, 가진 자와 못 가진 자의 투쟁을 세계의 본질로 보는 대립과 투쟁의 이원적 세계관을 정립하고 있었으나, 정보문명시대에는 물질과 정신의 통일統一, 자연과 인간의 상생相生, 가진 자와 못 가진 자의 대동大同을 세계의 본질로 보는 통일과 상생의 일원적 세계관을 정립해야 한다.

④ 통일한국은 이런 나라가 되어야 한다

통일한국은 모든 국민이 하고 싶은 일을 하면서 자아실현의 보람과 기쁨을 누리며 행복하게 살 수 있는 나라, 그리고 의식주와 의료, 교육 등 기본생활이 국민의 노력이나 국가의 지원에 의해서 보장되는 나라가 되어야 한다. 한마디로 자아실현의 민주복지국가가 되어야 한다.

통일한국은 경쟁에서 이기거나 1등을 해야 행복한 나라가 아니라, 경쟁이나 꼴찌에 대한 개념이 바뀌어 모든 사람이 행복한 나라가 되어야 한다. 지위가 높고 돈이 많거나 1등을 해야 행복한 나라에서는 극소수만 행복하고 절대다수의 국민은 불행할 수밖에 없는데, 그런 나라가 되어서는 안 된다. 삶의 목표를 더 많은 소유와 소비에 둘 것이 아니라 자아실현 곧 자신의 꿈과 이상을 실현하는 데 두어야 한다. 소유와 지배로 행복한 것이 아니라 자아실현으로 행복할 수 있기 때문이다.

이를 구체적으로 설명하면 이렇다.

첫째, 통일한국은 소수의 국민만 행복한 것이 아니라 모든 국민이 행복한 나라가 되어야 한다. 어떠한 경우에도 모든 국민의 기본생활 곧 의식주와 의료, 교육 등은 보장되는 나라가 되어야 한다. 기본적으로는 국민 스스로의 노력에 의해 보장되어야 하지만, 그렇지 못할 경우 국가에 의해서 보장되어야 한다. (복지국가)

둘째, 통일한국은 지위가 낮거나 돈이 적어도 자기가 하는 일에서 보람과 기쁨을 누리면서 행복할 수 있는 나라가 되어야 한다. 인간은 일 곧 노동 속에서 보람과 기쁨을 얻을 수 있음을 알고, 무언가 일을 하면서 보람과 기쁨을 누리도록 해야 한다. 그래서 통일한국은 국민총생산GNP—Gross National Product의 증대를 지향하는 나라가 아니라, 국민행복지수GNH-Gross National Happiness의 증대를 지향하는 나라가 되어야 한다. 국민소득이 많다고 해서 행복한 것이 아니라 자아실현을 통해 보람과 기쁨을 누려야 행복할 수 있기 때문이다. 국민소득이 3만 달러일 때 국민이 행복할 수 없으면 국민소득이 4만 달러, 10만 달러가 되어도 행복할 수 없음을 깨달아야 한다. 국민소득이 3만 달러일 때도 행복한 나라가 되게 해야 국민소득이 4만 달러일 때도 행복한 나라가 될 수 있다. (보람국가)

셋째, 통일한국은 모든 국민에게 자유가 보장되는 나라가 되어야 한다. 특히 누구나 자신의 능력을 최고도로 발휘하여 높은 지위를 얻거나 많은 재산을 확보할 수 있는 나라가 되어야 한다. (자유국가)

넷째, 통일한국은 국민의 건강 및 안전과 관련되는 환경, 보건, 안전 등과 관련한 사항은 엄격히 통제해서 안심하고 살 수 있는 나라가 되어야 한다. (안전국가)

다섯째, 통일한국은 천혜의 국토 삼천리금수강산을 곱게 가꾸어 맑은 공기, 깨끗한 물, 아름다운 산천으로 생기가 넘치는 청정한 나라가 되어야 한다. 특히 비무장지대는 일체의 개발을 금지하고 '한반도 자연생태공원'으로 보존해야 한다. 숙박시설, 문화

시설 등은 비무장지대 밖에만 설치할 수 있게 한다. (청정국가)

여섯째, 통일한국은 동방예의지국의 중심 내용인 효사상과 가족사랑을 창조적으로 계승하여 가정에서 올바른 인성이 함양되게 함으로써 서로 사랑하고 존경하면서 사는 나라가 되어야 한다. 또한 생활의 모든 면에서 절제하는 삶을 살아야 하는데, 사회를 위해서만 절제하는 것이 아니라 자신의 행복을 위해서도 절제해야 하기 때문이다. (도덕국가)

일곱째, 통일한국은 모든 공동체가 그 구성원의 민주적 결정에 따라 운영되는 나라가 되어야 한다. 이를 통해 적극적 의미의 자유를 누리게 함은 물론 주인정신을 갖도록 한다. (민주국가)

여덟째, 통일한국은 법정 근로시간을 1일 8시간, 1주 40시간으로 제한하고 문화시설을 다양하게 제공함으로써 모든 국민이 문화적인 소양을 함양해서 문화생활을 즐기는 나라가 되어야 한다. (문화국가)

아홉째, 통일한국은 강력한 국방력을 확보하되 외국의 침략을 방어하는 데만 사용할 뿐 외국을 침략하는 일은 없는 나라가 되어야 한다. 국제적 분쟁에 군대를 파견하는 일은 없어야 하며, 다만 유엔의 평화유지군에는 참여할 수 있어야 한다. (평화국가)

열째, 통일한국은 21세기 전 세계가 나아갈 방향으로서의 새로운 국가상을 제시하면서 세계의 평화와 인류의 복지를 선도하는 모범국가가 되어야 한다. (모범국가)

통일새날

장기표 작시
정옥현 작곡

2
자아실현을 이룰 도와 덕의
신문명정치 어떻게 이룰 것인가?

* 이 글은 2004년경 쓴 글인데 제 정치철학을 가장 심층적으로 밝혀 놓
 은 것 같아서 이 책에 싣습니다.

❶ 문제제기 : 왜 신문명정치세력이 나와야 하나?

왜 자아실현을 구현할 신문명정치세력의 형성을 주장하는가?

우리나라 정치가 국민의 비난을 받아온 것은 어제 오늘의 일
이 아니다. 지역당 구도에 줄서기정치, 부패정치가 지속되고 있
으니 비난받는 것은 너무나 당연하다. 그런데 국민의 정치개혁
요구를 반영한 '바꿔' 열풍 속에서 예상치 않았던 사람이 대통령
이 된 때도 있는가 하면, 역대 총선에서는 이른바 물갈이도 많이
되어 획기적인 변화가 있을 것으로 기대되었던 때도 있었다. 그

런데도 정치는 아무런 의미 있는 역할을 하지 못한 채 여전히 국민의 불신을 받고 있으니, 왜 그럴까?

사람과 일부 제도는 바뀌었지만 정치의 내용이 바뀌지 않았기 때문이다. 지역당 구도와 줄서기정치로 표현되는 편가르기 정치는 더 강화되어 '당동벌이黨同伐異, 곧 같은 편끼리 짝을 지어 다른 세력을 공격한다'는 고사성어가 한국정치판을 상징하는 말이 될 정도이니, 시대의 변화에 부응해 국민을 잘 살게 할 정치가 이루어지지 못하는 것은 너무나 당연하다.

그래서 경제침체와 사회불안, 국민갈등이 너무 심각해서 국가적 위기를 초래하고 있는데도 아무도 해결 방안을 내놓지 못하고 있다. 집권세력은 물론 야당이 주장하는 정책들이 다 구현되어도 지금 국민이 고통을 느끼고 불안해하는 경제침체와 사회불안, 국민갈등이 해소되지 않을 것이 분명하기에 기성정치권이 가진 문제의식이 시대적 과제와 국민적 요구에서 얼마나 동떨어져 있는가를 알 수 있다. 심지어 진보정당을 자처하는 정의당이 집권한다 하더라도 오늘 우리 사회가 직면한 대량실업과 소득양극화, 환경파괴, 인간성 상실, 사회불안, 국민갈등 등에 해결 방안을 갖고 있지 못하기는 마찬가지이다. 지금 사회적으로 가장 큰 문제가 되고 있는 영소상공인들의 몰락, 산업공동화, 비정규직과 청년실업 등에 대한 실질적인 해결책을 내놓는 정당은 없으니 말이다.

비정규직과 관련하여 여러 주장들이 나오기는 하나 지금과 같은 경제여건에서는 해결될 수가 없다. 비정규직 문제를 해결하려면 경제여건을 근본적으로 바꾸어야 하는데도 그럴 수 있는 방안을 내놓지 못하고 있기 때문이다. 청년실업은 청년들만의 고통이 아니다. 기업의 인적 신진대사를 막아 기술혁신을 가로막는 요인이 되어 국가경쟁력을 약화시키고 있는데도 그 해결책을 어느 누구도 제시하지 못하고 있다. 이따금 정부가 청년실업대책을 내놓고 있으나 언 발에 오줌 누는 격의 임시방편에 불과하다. 결국 이런 문제는 정보사회가 도래함에 따라 발생하는 문제들로서 새로운 시대에 부응할 새로운 이념과 정책을 강구할 때만 근본적으로 해결될 수 있다.

그럼에도 불구하고 새로운 시대에 부응할 새로운 이념과 정책을 강구하는 문제에 대해서는 엄두조차 내지 못하면서 지난 시대의 보수와 진보에 매몰되어 이념갈등이나 벌이고 있을 뿐이다. 진보정책이라고 내어놓는 것들은 그 사이비성 때문에 오히려 커다란 혼란만 불러오고 있다. 수구적인 보수도 문제지만 사이비진보일 뿐인 수구적인 진보도 문제다.

특히 북한 정권에 대한 입장의 차이가 보수와 진보를 가르는 기준처럼 되어 있으니 실로 어처구니가 없다. 이미 사회주의(마르크스주의)는 전 세계적으로 종말을 고했거니와 북한의 주체사상과 북한정권 또한 그 반민주성과 비효율성이 백일하에 드러났는데도, 그 사상과 그 정권을 무비판적으로 옹호하는 정치세력이 곧 진보세력인 양 인식되고 있으니, 이것은 심각한 시대착오가 아닐수 없다. 소위 진보세력을 자처하는 사람들은 말로는 냉전체제의종식을 주장하지만 사실상 북한에 대한 동조로 냉전시대의 대결을 조장하고 있으니 이들이야말로 보수적 수구냉전세력과 궤를같이하는 또 하나의 진보적 수구냉전세력이 아닐 수 없다.

요컨대 우리 사회가 지금 국가적 위기를 맞고 있는데도 이를해결할 정치세력이 없다. 국민들은 집권세력이 나라를 망치고 있다고 보지만 현재의 집권세력을 대체할 정치세력이 드러나 있는것도 아니다. 오늘 우리 사회가 직면하고 있는 문제들을 해결하지 못하기는 마찬가지다. 그래서 기존정당 가운데 어느 정당도지지하지 않는 국민이 40%를 넘는 것도 이런 현실을 반영한다.

그러면 왜 기존정치권이 오늘의 국가적 현안을 해결하지 못해국민을 실망시키고 있을까? 그것은 기존정치권이 시대의 흐름을제대로 파악하고 있지 못하기 때문이다. 시대는 정보화와 세계화를 주요 내용으로 해서 문명사적 대전환 곧 산업문명시대로부터정보문명시대로의 전환을 맞고 있는데도 기존정치권은 아직도산업문명시대의 사고방식을 그대로 답습하고 있으니 말이다. 더욱이 정보문명시대에는 자아실현의 삶을 구현할 것을 목표로 하는 이념과 정책 및 이에 기초한 국가운영방안을 강구해야 하는데도 기존정치권은 자아실현의 문제에 대해서는 생각조차 해본 일이 없을 정도이니 정보문명시대에 부응할 수 있는 국가운영방안을 강구하지 못할 것은 너무나 분명하다.

따라서 한국정치를 근본적으로 혁신해서 국민의 기대에 부응할 수 있기 위해서는 정보문명시대의 도래에 부응할 새로운 이념과 정책을 개발해서 오늘의 국가적 위기를 극복할 뿐만 아니라 인간의 해방된 삶을 실현할 수 있는 정치세력이 나와야 한다. 새로운 정치세력이 나와야 한다고 주장하는 이유가 바로 여기에 있다.

그런데 정보문명시대를 맞아 자아실현을 구현할 수 있으려면 사회와 인생이 자연의 섭리 곧 도에 입각해서 운영되고 영위되도록 함과 아울러 자아실현의 삶을 살 수 있는 인품 곧 덕을 갖추도록 해야 하는 바, 새로운 정치세력은 바로 이 일을 수행할 수 있어야 한다. 즉 자아실현을 구현하는 정치를 하기 위해서는 자아실현의 삶이 어떤 상태에서 이루어질 수 있는지를 정확히 알고 있어야 한다.

이러한 정치는 바로 도와 덕에 입각하여 추진되어야 한다는 것이 필자의 판단이다. 이하의 글은 필자의 이런 판단에 기초해서 기술한 것이다.

② 정보문명시대의 도래와 자아실현의 구현

정보문명시대를 맞아 인간의 해방된 삶을 실현할 수 있는 정치가 아니고는 이 시대에 발생하는 문제들을 해결할 수 없으며, 동시에 우리가 맞이하고 있는 정보문명시대야말로 인류가 오랫동안 갈망해 온 자아실현의 삶을 실현할 수 있는 기본적 조건을 제공하고 있는 것이다.

이 글에서 말하는 '자아실현'은 기독교에서 말하는 자유 또는 구원, 불교에서 말하는 해탈, 사회주의에서 말하는 인간해방과 같은 것으로, 인간이 누릴 수 있는 최고의 행복한 상태를 말한다. 인간이 자아실현을 이루기 위해서는 정치적으로는 자유가 보장되어야 하고 사회적으로는 평화가 보장되어야 하며 경제적으로는 복지가 보장되어야 한다. 그리고 건전한 가치관과 세계관을 정립하고 있어서 일정한 조건이 충족되면 쓸데없는 욕망에 사로잡힘이 없이 행복할 수 있어야 한다. 즉 자유와 평화와 복지가 보장된 가운데 자기가 하는 일에서 자아실현의 보람과 기쁨을 누리는 상태를 자아실현의 삶이라고 할 수 있다. 물론 자아실현의 삶은 사회적 조건과 상관없이 개인적 깨달음을 통해 이룰 수도 있다. 그러나 이것은 특출한 사람에게나 해당되는 것으로 일반적으로는 사회적 조건이 충족되어야 가능하다. 정치는 바로 이런 사회적 조건을 만드는 노력이다.

그런데 마르크스는 사회주의 곧 생산수단의 사회화(사유재산제도 폐지)와 계획경제 및 프롤레타리아 독재를 통해서 '능력에 따라서 일하고 필요에 따라서 분배받아 소비하는 공산주의 사회'를 건설함으로써 인간해방이 실현될 수 있다고 보았으나, 필자는 이러한 견해에 동의하지 않는다. 마르크스주의에 의한 인간해방은 이미 불가능함이 현실적으로 판명되었다. 마르크스가 사회주의를 통해 인간해방의 사회를 건설할 수 있다고 본 것도 오류이지만, 인간해방이 능력에 따라 일하고 필요에 따라 소비하는 사회 곧 아무런 불만과 갈등이 없는 사회에서 실현된다고 본 것 또한 오류가 아닐 수 없다. 아무런 불만과 갈등이 없으면 인간은 창의적인 활동이나 생산적인 활동을 할 필요성을 느끼지 않을 것이고, 창의적인 활동이나 생산적인 활동을 하지 않고는 인간은 해방된 삶을 살 수 없다는 점에서 마르크스가 상정한 '능력에 따라 일하고 필요에 따라 소비하는 사회'는 인간해방의 사회가 될 수 없다. 마르크스가 설정한 인간해방의 사회는 성경상의 에덴동산과 유사한데, 아무런 일을 하지 않아도 편히 살 수 있는 에덴동산은 근본적으로 인간해방의 사회가 될 수 없다는 점에서 마르크스는 처음부터 잘못 출발했다는 것이 필자의 생각이다. 이런 의미에서 아담과 이브는 하나님에 의해 에덴동산에서 쫓겨난 것이 아니라 오히려 스스로 탈출한 것으로 보아야 할 것이다. 아무런 일을 하지 않으니 무료해서 이러한 권태를 결국 견디지 못하고 수고를 수반하는 노동을 통해 자아실현의 삶을 이루려고 에덴동산을 탈출한 것으로 보아야 할 것이다.

이러한 의미에서 자아실현 곧 인간해방이란 무언가를 창조하고 생산하는 과정에서 보람과 기쁨을 누림으로써 실현된다고 보아야 할 것이다. 그런데 인간사회에 끊임없이 존재하는 일정한 불만과 갈등은 역설적으로 자아실현의 삶을 가능하게 해주는 일차적 조건이 된다. 왜냐하면 불만과 갈등이 있어야 그것을 해소하기 위한 노동, 곧 창조하고 생산하고 봉사하고 절제하며 그리고 인간 상호 간에 평화가 정착되게 하기 위한 노력을 함으로써 자아실현의 보람과 기쁨을 누릴 수 있기 때문이다. 노동에서 오는 수고는 보람과 기쁨을 얻기 위한 필수적인 과정이다.

자아실현을 이룰 수 있기 위해서는 어떠한 사회가 되어야 하겠는지에 대해서는 뒤에서 논하기로 하고, 먼저 어떤 이유로 정보문명시대에 자아실현을 구현할 수 있는 조건이 갖추어지는지를 간략히 밝혀본다.

정보문명시대가 되면 생산력이 비약적으로 발달해서 인간의 삶에 가장 중요한 물자와 용역을 충분히 조달할 수 있게 된다. 그래서 물자와 용역의 부족으로 고통스러워해야 할 일이 없게 되고, 나아가서는 그러하기 때문에 더 많이 갖기 위해 다툴 필요도 없게 된다. 그리고 산업의 정보화 곧 신제품의 개발과 산업의 자동화로 노동시간이 대폭 줄어들어 인간의 의식을 고양시키는 데 필요한 학습시간을 충분히 확보할 수 있을 뿐만 아니라 정보통신기기 및 영상기기의 발달로 인간의 지식을 넓히는 데 필요한 학습도구를 충분히 확보할 수 있다.

그런데 정보사회와 세계화시대 곧 정보문명시대가 도래하고 있는 오늘날 물자와 용역의 충분한 공급으로 빈곤이나 질병 또는 더 많이 갖기 위한 갈등과 분쟁이 극복되기는커녕 대량실업과 소득양극화의 심화로 사회적 위기가 도래하는가 하면, 국내외를 막론하고 더 많이 갖기 위한 갈등과 분쟁이 격화되는 것은 무엇 때문일까? 그것은 생산력의 발전으로 자아실현의 삶이 구현될 수 있는 정보문명시대가 도래하고 있는데도 이에 부합하는 정치 곧 자아실현의 사상과 이념과 정책을 갖춘 정치가 이루어지고 있지 못하기 때문이다. 자아실현을 구현할 수 있는 객관적 조건이 조성되었는데도 자아실현을 구현할 이념과 정책을 강구해서 자아실현을 구현하지 못하면 자아실현은 고사하고 지금보다 더 어려운 상황을 맞이하게 된다. 자아실현을 구현할 수 있는 새로운 정치이념을 찾아내지 않으면 안 될 이유가 바로 여기에 있다.

그러면 '자아실현'이라고 해서 인간만 자아실현을 이루고 다른 동식물이나 유정무정물은 무시해도 좋다는 말일까? 특히 인간이 자아실현의 삶을 구현하기 위해 자연을 파괴하거나 착취해도 되는 것일까? 그렇지 않다. 인간이 자아실현을 핑계로 다른 동식물이나 유정무정물을 훼손하게 되면 인간도 자아실현의 삶을 살 수 없게 된다. 따라서 인간의 자아실현과 더불어 만유도 자아실현을 이룰 수 있도록 해야 한다. 사실은 인간 이외의 만유는 인간처럼 자유의지에 의한 자아실현의 삶을 살 수 있는 것이 아니고 자연의 질서 곧 자연의 섭리대로 살아가거나 존재하는 것이 곧 만유의 자아실현이다.

만유의 자아실현은 인간이 어떤 삶을 사느냐에 크게 영향을 받는다. 왜냐하면 인간이 만유에 어떤 행위를 하느냐에 따라 만유는 자연의 섭리대로 살아가거나 존재할 수도 있고 그렇지 못할 수도 있기 때문이다. 그래서 인간이 만유를 훼손하지 않으면 만유는 자아실현의 상태를 그대로 유지하게 된다. 물론 인간 이외의 만유는 자유의지가 없기 때문에 자아실현의 삶을 살고 있다고 말할 수는 없지만 말이다. 인간만이 자아실현의 삶을 살고 있다. 인간만이 자유의지를 갖고 있기 때문이다. 그러나 만유는 자연 그대로 존재하는 것이 자기에게 가장 좋은 것이기 때문에 이를 편의상 자아실현이라고 말할 뿐이다.

그런데 인간도 자연의 섭리에 따라 살아야 하는데, 인간은 자유의지에 따라 자연의 섭리대로 살아야 자아실현이 된다. 인간 이외의 만유는 자유의지가 없이 자연 그대로가 자연의 섭리에 따르는 것이 자아실현이 되고 인간은 인간만이 지닌 자유의지로 자연의 섭리대로 삶으로써 자아실현의 삶을 살게 된다.

인간이 향유하고 있는 자유의지를 잘못 실행하면 인간만 불행해지는 것이 아니라 만유도 훼손되면서 불행해진다. 만유가 훼손되면서 불행하게 되면 인간도 불행하게 된다.

3 어떤 사회가 되어야 자아실현이 구현될 수 있을까?

앞에서 말했듯이 자아실현이란 인간이 누릴 수 있는 최고의 삶을 말한다. 즉 자유와 평화와 복지가 보장된 가운데 자아실현의 보람과 기쁨을 누리면서 행복하게 사는 상태를 말한다.

인간이 자아실현을 이루려면 어떤 이념과 정책으로 어떤 사회나 어떤 국가를 건설해야 하며, 그런 국가에 사는 국민들은 어떤 인생관과 가치관을 가지고 어떤 생활을 해야 할지를 자세히 살펴, 이에 적합한 정치가 이루어지게 해야 하겠다.

경제성장이나 이루고 환경보존이나 하는 식의 정치로는 자아실현의 삶을 살 수 없는 것은 물론이고 오늘 우리 사회가 직면한 여러 문제들을 해결할 수가 없다. 국민이 자아실현을 통해 행복하게 살도록 하기 위해 정치를 하려면 근본적 차원에서 국민이 자아실현을 구현할 수 있게 할 정치의 내용을 알고 있어야 한다.

아울러 자아실현이 구현되는 나라를 건설하기 위해 정치를 하는 사람은 인간이 어떤 상태에서 자아실현의 삶을 구현할 수 있는지를 아는 것은 물론이고 스스로 이를 실천, 실현해야 한다. 자아실현의 나라를 건설하기 전에 자기 자신이 먼저 자아실현의 삶을 살 수 있어야 한다는 것이다.

과연 어떤 사회가 되어야 인간이 자유와 평화와 복지가 보장된 가운데 자아실현의 보람과 기쁨을 누리면서 행복하게 살 수 있는 사회가 될 수 있을까?

첫째, 자유로운 사회가 되어야 한다.

인간이 행복하게 사는 데 가장 중요한 것은 자유이기 때문이다. 타인의 간섭이나 억압이 없이 자유롭게 판단하고 행동할 수 있어야 한다.

둘째, 평화로운 사회가 되어야 한다.

인간이 행복하게 살 수 있으려면 사회적으로 갈등이 없어야 할 것이다. 물론 위에서 지적했듯이 역설적으로 불만과 갈등은 인간해방의 조건이 되기도 하지만 그 불만과 갈등으로 그 사회에 사는 사람들이 공포를 느낄 정도가 되어서는 자아실현의 삶을 살 수가 없다.

평화로운 사회가 되려면 인간 상호 간의 갈등을 합리적으로 조정하는 제도가 강구됨과 아울러 인간의 욕망이 절제되어야 한다. 교육과 수행을 통해서 가능한 욕망의 절제는 행복한 삶의 실현에 더없이 중요한 마음의 평화를 얻기 위해서도 꼭 필요하다.

셋째, 경제적으로 안정된 사회가 되어야 한다. 인간이 행복하게 사는 데 있어 물품과 용역의 충족은 불가피하다. 인간의 욕망을 다 채울 만큼 부자가 되어야 하는 것은 아닐지라도 의식주와 의료 및 교육에 걱정이 없고 일정한 수준의 문화생활을 누릴 만큼의 소득은 있어야 한다. 즉 국민복지가 보장되어야 한다.

넷째, 자아를 실현할 수 있는 일거리가 있어야 한다.

인간은 본능적으로 살아가는 본능적 존재가 아니고 자유의지에 따라 무언가를 하면서 자아를 실현하는 데서 보람과 기쁨을 얻어가는 자주적 존재이기 때문이다. 따라서 자기의 꿈과 희망으로서의 자아를 실현할 수 있어야 보람과 기쁨을 누리면서 행복하게 살 수 있다.

자아실현은 무언가를 창조하고 생산하는 노동, 갈등을 해소하는 평화의 노력을 통해서 이루어지게 되는데, 국민이 이런 생활을 할 수 있도록 국가정책이 강구되어야 한다. 일거리가 있어야 한다.

다섯째, 생활환경이 상쾌한 사회가 되어야 한다.

인간이 행복하게 살 수 있으려면 자연적 환경이 쾌적할 뿐만 아니라 사회적 환경 또한 평화로워야 하겠기 때문이다. 이렇게 될 수 있기 위해서는 맑은 공기, 깨끗한 물, 잘 정돈된 환경을 확보해야 함은 물론 사람들이 친절하고 표정이 밝아 서로 만날 때 기쁨을 느낄 수 있어야 한다. 경제적 풍요로움, 갈등 없는 사회, 인간적 성숙 등이 다 이루어져 있더라도 사회 분위기가 숨이 막히고 불쾌해서는 행복할 수가 없다.

위와 같이 자유롭고, 평화롭고, 풍요롭고, 자아실현이 가능하고, 상쾌한 사회라면 그것은 지상천국 내지 극락세계일 것이다. 과연 이런 사회가 건설될 수 있을까? 건설될 수 있다. 지식정보사회의 도래로 생산력이 고도로 발달해 물질적 풍요를 누릴 수 있게 되었고, 산업의 정보화에 따른 노동시간의 단축으로 인간의 지혜가 고도로 발달할 수 있는 조건을 갖추었기 때문이다.

자아실현을 이룰 수 있는 사회경제적 조건이 조성되었는데도 이를 실현하지 않거나 실현하지 못하면 오히려 사회붕괴와 인생파탄을 초래할 수 있다. 지금 소위 선진국들이 사회범죄, 마약, 알코올 중독, 이혼, 자살, 노사분쟁, 테러, 전쟁 등으로 온갖 어려움을 겪는 것은 이들 국가가 자아실현을 구현하는 방향으로 나아가지 못하기 때문이다.

그래서 선진 각국이 직면한 모든 문제는 경제성장이나 부국강병의 관점에서 해결책을 모색할 것이 아니라 자아실현과 공동번영 및 평화의 관점에서 해결책을 모색해야 할 것이다.

4 자아실현의 삶을 살 수 있으려면 어떤 사람이 되어야 할까?

인간이 자아실현의 삶을 이루려면 객관적인 조건으로서의 사회적 여건도 좋아야 하지만 개인적으로 자아실현의 삶을 살 수 있을 만한 인품을 갖추어야 한다. 사회적 조건(나라 사정)이 아무리 좋고, 또 개인적으로 가진 것(부와 권력, 사회적 지위, 명예 등)이 아무리 많거나 높더라도 자기가 가진 것에서 만족하지 못하거나 자기가 하는 일에서 보람과 기쁨을 느끼지 못한다면 결코 행복할 수가 없다. 그래서 인간은 자아실현의 구현에 필요한 사회환경을 조성할 뿐만 아니라 자아실현의 삶을 살 수 있을 만한 인품을 갖추어야 한다. 그러면 어떤 인품을 갖추어야 자아실현의 삶을 살 수 있을까?

첫째, 성실한 사람이 되어야 한다.

성실하다는 것은 진실되고, 근면하며, 검소한 것을 의미한다. 이래야 스스로 자신감과 자부심을 가질 수 있고 다른 사람 앞에 떳떳할 수 있다.

둘째, 남을 사랑하는 사람이 되어야 한다.

인간이 행복하려면 마음의 안정 곧 정신적 평화를 누릴 수 있어야 하는데, 그러기 위해서는 남을 진심으로 사랑해야 한다. 남을 사랑하게 되면 남으로부터 공격을 받거나 남과의 갈등에서 오는 근심에서 벗어나게 되어 마음의 안정을 얻을 수 있다. 사람만 사랑하는 것이 아니라 만유 곧 우주에 존재하는 모든 것을 사랑할 수 있어야 한다. 흔히 사랑은 남을 위한 것으로 생각하는 경향이 있으나 사랑의 궁극적 효과는 자신에게 귀속된다.

종교에서의 수도나 수행은 남을 사랑하는 마음을 키우는 일이다. 남(만유)을 온전히 사랑할 수 있게 되면 부처가 되고, 하느님이 되고, 한울님이 되어 해탈이나 구원 또는 해방을 얻어 죽음으로부터도 해방된다. 심지어 영원한 생명을 얻기도 한다. 사랑의 의미는 바로 여기에 있다.

셋째, 자족하는 사람이 되어야 한다.

인간이 행복할 수 있으려면 스스로 만족할 줄 알아야 한다. 지상낙원 같은 세상에 살면서도 불만스러워하거나 더 가지려고 하면 행복할 수가 없다.

넷째, 자연의 섭리를 담담히 받아들일 줄 알고 또 자연의 섭리대로 살 줄 알아야 한다.

인간도 자연의 일부로서 자연의 섭리대로 삶을 영위할 수밖에 없게 되어 있기 때문이다. 그렇게 사는 것을 거부하면 불행하게 된다. 앞에서도 밝혔지만 인간은 자유의지에 따라 살지만 그 자유의지에 따른 삶은 자연의 섭리대로 사는 것이 되어야 한다. 인간 이외의 것은 자유의지가 없이 자연의 섭리대로 살고(존재하고), 인간은 자유의지로 자연의 섭리대로 살아야 하는 것이다. 그 대신 인간 이외의 것은 자연의 섭리대로 살아도 자아실현의 보람과 기쁨을 누리지 못하지만 인간은 보람과 기쁨을 누리게 된다. 하느님이 인간에게 자유의지를 부여한 것은 인간으로 하여금 보람과 기쁨을 누리게 하기 위한 것으로 보아야 할 것이다.

그런데 위와 같은 사람이 되려면 건전한 가치관과 세계관을 정립해야 한다. 즉 소유와 지배와 착취와 소비에서 기쁨을 얻으려 하는 것이 아니라 창조와 생산과 봉사(나눔)와 절제에서 기쁨을 얻으려 하는 가치관을 정립함과 아울러 인간도 우주의 한 부분이기 때문에 우주의 섭리 내지 자연의 섭리에 따라서 사는 것이 행복한 삶이라는 세계관을 정립해야 한다.

그런데 이런 세계관을 갖기 위해서는 물질과 정신은 통일되어 있고 자연과 인간은 상생하게 되어 있으며 이른바 가진 자와 못 가진 자는 대동을 이루고 있다는 것을 알아야 한다.

이러한 가치관과 세계관을 정립하지 못하면 아무리 사회환경이 좋고 가진 것이 많아도 행복할 수가 없다.

지난날은 인간의 삶에 요구되는 재화와 용역이 절대적으로 부족했기 때문에 인간의 행복을 위해서도 더 많이 가지고 더 많이 소비할 필요가 있었으나, 지금은 더 많이 갖고 더 많이 소비하면 오히려 고통스럽게 된다. 지난날은 지배와 착취가 사회발전의 한 요인이 된 측면이 있으나 이제 지배와 착취는 사회를 발전시킬 수 없게 되었다.

그래서 소유와 지배와 착취와 소비에서 기쁨을 얻으려 하기보다 창조와 생산과 봉사와 절제에서 기쁨을 얻어야 하는 것은 인간이 도덕적으로 살아야 하기 때문만이 아니라 정보사회의 도래로 생산력이 고도로 발달했기 때문에 만일 이렇게 살지 않으면 인간이 현상유지도 하지 못한 채 파탄할 수밖에 없기 때문이다.

그러면 어떻게 해야 자아실현의 삶을 살 수 있는 인품 곧 성실하고, 남을 사랑하고, 자족하며, 그리고 창조와 생산과 봉사와 절제에서 기쁨을 얻으며 자연의 섭리에 따른 삶에서 행복을 누리는 성품을 형성할 수 있을까?

첫째, 교육이 잘 되어야 한다. 학교교육은 물론이고 가정교육과 사회교육 또한 잘 되어야 한다.

교육이 잘 되기 위해서는 교육의 내용이 재정립되어야 한다. 자아실현의 행복을 누리기 위해서 왜 성실하고 사랑하며 자족해야 하는지 그 이유를 제대로 알게 해야 한다. 가령 지금까지 사랑이나 봉사는 남을 위한 것인 양 가르쳐왔는데, 이제 그것이 궁극적으로 자기 자신을 위한 것임을 가르쳐야 한다. 물론 선행은 자신을 위한 것이라는 의식이 없이 하는 것이 최선이겠으나 어차피 교육을 하는 이상 선행의 궁극적 효과는 자신에게 귀결됨을 가르칠 필요가 있다.

둘째, 끊임없이 자신을 훈련해야 한다.

지식을 아는 것만으로는 온전한 앎을 이룰 수 없다. 온전한 지식은 몸으로 아는 것이다. 실천하지 않는 지식은 참된 지식이 아니며 온전히 아는 것도 아니다. 온전한 앎은 실천으로 드러나게 되어 있다. 따라서 온전히 알기 위해서는 지식으로 안 것을 몸에 배도록 습관화해야 한다.

자아실현의 삶을 이룬다는 것은 종교적으로 해탈한다는 것이고 자유를 얻는다는 것이고 구원받는다는 것이고 영원한 생명을 얻는다는 것이다. 어찌 쉬운 일이겠는가? 성실함으로써 어느 누구에 대해서도 악의를 버리고 선의를 가지며, 모든 사람(만유)을 사랑함으로써 마음의 평화를 얻으며, 창조하고 생산하며 봉사하고 절제하면서 자아를 실현하고, 우주의 섭리에 따른 삶을 살면서 죽음까지도 담담히 받아들인다면 그런 삶은 바로 자아실현의 삶이 된다. 이런 삶을 반복적으로 실천해서 몸에 배게 하면 어떤 고난도 이길 수 있고 죽음의 공포까지도 극복할 수 있다. 이렇게 살 수 있는 성품 곧 도道에 따른 삶을 살 수 있는 인간의 능력이 바로 덕德이다.

이것은 바로 도인이 되는 것을 의미한다. 도인이 따로 없다. 앞에서 말한 삶을 살 수 있으면 도인이 된다.

우리는 자아실현의 사회를 건설하는 과정에서 스스로 자아실현의 삶을 이루어야 한다. 자아실현의 구현을 위한 인간의 품성을 자세히 언급한 것은 자아실현의 정치를 하는 사람은 스스로 그런 사람이 되어야 한다는 것을 강조하기 위한 것이다.

5 자아실현의 나라 건설 방안

우리가 자아실현의 삶을 살 수 있는 나라 곧 참된 자유와 평화와 복지와 자아실현을 누리면서 행복하게 살 수 있는 자유롭고, 평화롭고, 풍요롭고, 상쾌한 나라를 건설하려면 어떻게 해야 할까? 현재의 한국적 상황을 고려하면서 이런 나라를 건설하려면 국가발전목표를 어떻게 설정해야 하고, 그리고 이런 국가발전목표를 달성하려면 어떤 이념과 정책을 강구해야 하겠는지를 밝혀보고자 한다.

1) 자아실현의 나라가 되기 위한 국가발전목표

그러면 우리 국민이 자아실현의 삶을 살 수 있는 자유롭고, 평화롭고, 풍요롭고, 상쾌한 나라를 건설하기 위해서는 구체적으로 어떤 나라가 되어야 할까? 우리나라가 처한 현재의 여러 상황을 고려할 때 자립국가, 복지국가, 환경국가, 문화국가, 도덕국가를 국가발전목표로 설정해서 이를 달성할 필요가 있다고 본다. 그 하나하나를 간략히 설명하고자 한다.

(1) 자립국가

민족경제의 자립성을 강화해서 다른 나라의 경기나 경제정책에 한국경제가 너무 많은 영향을 받지 않게 해야 한다. 무엇보다 식량과 에너지의 75%와 97%를 해외에 의존해서는 안 된다. 지금 한국경제는 중소기업과 내수산업은 붕괴하다시피 한 가운데, 반도체, 전자, 자동차, 철강, 조선 등의 수출에 의존해서 버티고 있는데 이러다간 언제 국가경제가 파탄할지 모른다. 더욱이 증권시장이 외국자본의 투기장화 되어 있는데, 이 외국자본이 한꺼번에 빠져나가면 또다시 IMF사태를 맞게 될 것이다.

그래서 식량과 에너지의 자급률을 50% 이상으로 높여야 하거니와 중소기업과 내수산업이 활성화될 수 있게 해야 하며, 외국인의 주식소유비율이 20%를 넘지 않게 해야 한다.

자립경제라 해서 자급자족경제를 하자는 것은 아니다. 자립기반의 구축은 세계적인 경기변동에 국내경제가 요동치는 것을 막고 특정상품의 '무기화'를 막기 위해서도 필요하지만, 국내의 인적 물적 자원을 효율적으로 활용함으로써 국민에게 일자리를 제공할 뿐만 아니라 자연환경을 보존하기 위해서도 필요하다. 세계화를 추진하되 민족자주화를 외면해서는 안 되는 것과 같은 이치이다.

(2) 복지국가

근본적으로 국민의 복지를 보장하는 것이야말로 국가의 일차적 과제다. 더욱이 정보화사회가 될수록 대량실업과 소득양극화가 구조화되어 가기 때문에 국가가 나서서 국민의 복지를 보장해야 한다. 즉 사회보장제도의 확립을 통해 실업자에게 사회적 일자리를 제공하고 서민대중의 생계를 보장해야 한다.

사회보장제도의 확립은 국민의 복지를 보장하기 위해서만 필요한 것이 아니라 경제성장을 이루고 국가경쟁력을 강화하며 때때로 필요불가결한 구조조정을 뒷받침하기 위해서도 요구된다. 지난 시기의 보수, 진보의 관점에서 성장이냐 분배냐를 따지는 것은 시대착오적이다. 분배하지 않으면 성장도 없다. 정보사회는 '20 : 80의 사회'나 '노동의 종말' 현상을 가져오는 바, 이 상황에서 분배를 하지 않으면 성장은커녕 사회가 붕괴하고 만다.

앞에서 밝힌 바 있듯이 정보사회는 생산력의 발달로 재화와 용역을 충분히 제공할 수 있기 때문에 국민의 복지를 완벽하게 보장할 수 있다. 그러므로 모든 국민의 기본생활national standard을 국가가 보장하고, 그 위에서 더 잘살고자 하는 사람들은 얼마든지 더 잘살 수 있도록 하는 것이 옳다. 그리고 이것은 자아실현을 보장하는 길이기도 하다.

(3) 환경국가

맑은 공기, 깨끗한 물, 공해 없는 식품이 인간의 행복한 삶에 얼마나 중요한가는 설명할 필요가 없다. 그러나 우리는 국민의 건강을 위해 깨끗한 환경을 보존하는 차원을 넘어 자연의 섭리

내지 우주의 섭리에 따라 살기 위해서도 자연 그대로의 환경을 보존해야 한다. 자연을 인간의 이기적 목적 달성을 위한 착취의 대상으로 생각하는 것이 아니라 인간도 자연의 일부임을 알아 자연과 상생할 수 있어야 한다. 그래서 우리는 산과 강과 바다를 관광하면서 자연의 섭리, 우주의 섭리를 체득할 필요가 있다.

한국은 천혜의 자연환경을 가진 나라로서 관광자원을 잘 보존하고 개발하여 세계인들이 이를 즐길 수 있게 하고, 거기서 관광수입도 늘려야 할 것이다.

환경국가라는 국가발전목표는 자연국가와 관광국가를 지향하는 것이기도 하다.

(4) 문화국가

높은 문화의 성취는 인간이 지향해야 할 궁극적 목표이기도 하지만, 특히 정보사회에서는 문화를 보편화하고 생활화하는 방식으로 국가를 운영할 필요가 있다. 산업의 정보화에 따라 생산적인 활동에 종사하는 시간이 줄어들 수밖에 없어 생업 이외의 시간에는 문화생활을 할 수 있게 해야 한다.

문화를 경제적 관점에서만 보는 것은 옳지 않지만 문화의 경제적 중요성이 대단히 큼은 물론이다. 이미 디자인이나 영상물 등 문화산업이 경제적으로 대단히 중요한 위치를 점하고 있거니와 앞으로는 더욱더 문화적인 요소가 품질경쟁력의 중요한 요소가 되어 문화경쟁력이 국가경쟁력의 핵심적 내용이 될 것이다.

문화국가가 되려면 문화를 삶의 액세서리로 생각하는 것이 아니라 문화를 삶의 근본으로 생각해야 한다. 문화를 통해 영혼을 정화하여 자연의 섭리, 우주의 섭리에 따른 삶을 살 수 있게 하고, 그 가운데서 기쁨을 얻을 수 있게 해야 한다.

문화국가는 특정한 분야의 문화를 발달시키는 정도에 그치는 것이 아니라 우리 자신이 문화인, 문화민족이 되는 데까지 이르러야 한다.

(5) 도덕국가

도덕국가를 국가발전목표로 설정하는 데 대해 동의하지 않는 사람이 많을 것이다. 그러나 그것은 잘못이다. 도덕국가가 되어야 한다. 우주의 섭리에 따른 삶, 인류를 지키는 삶을 위해서도 도덕국가가 되어야 하지만, 사회적 비용을 줄이고 국가경쟁력을 강화하기 위해서도 도덕국가가 되어야 한다. 비도덕적인 삶으로 말미암아 우리가 겪는 고통과 경제적 손실을 생각하면 도덕의 재건을 위해 아무리 많은 투자를 해도 과하지 않을 것이다.

그런데 우리는 도덕국가를 만들 수 있을 것인가? 지금은 도덕이란 말조차 사라지고 있다. 그러나 우리나라는 도덕국가가 되기에 좋은 민족적 전통을 갖고 있다. '동방예의지국'이란 말을 들을 정도로 본래 도덕적인 민족인 데다 도덕의 근본을 밝히고 있는 유교, 불교, 기독교 등의 종교적 교리를 생활화하고 있어 도덕국가가 될 수 있는 좋은 사회적 조건을 갖추고 있다. 특히 우리나라는 가족을 중시하는데, 이것은 대단히 소중한 민족적 자산이다. 가족이기주의로 흐르는 것은 당연히 경계해야 하겠지만, 한국의 가족제도야말로 전 세계에 전파해야 할 중요한 도덕적 모형이 될 것이다.

지금 서구문명을 쫓아 한국 고유의 가족제도를 파괴하는 것을 마치 여성해방이나 진보로 간주하는 경향이 있으나 이것은 대단히 잘못된 사고방식이다. 한국의 가족제도를 잘 유지 발전시킬 수 있는 정책을 강구해야 한다. 가족의 화목은 인간이 행복할 수 있는 절대적인 조건이거니와, 사회적으로도 불필요한 비용을 줄일 수 있는 근거가 되는 동시에 사회발전의 토대가 된다.

(6) 자주·평화·중립의 나라

앞에서 밝힌 자립국가, 복지국가, 환경국가, 문화국가, 도덕국가는 내적인 국가발전목표이고, 외적으로는 자주국가, 평화국가, 중립국가가 되어야 한다고 본다. 스위스와 오스트리아가 그 전형이라 하겠다. 그러나 이것은 민족통일 문제와 관련지어 추진해야 할 것이다.

2) 자아실현을 이룰 새로운 이념
― 민주시장주의의 내용과 그 원리 및 원칙 ―

(1) 자아실현의 이념 정립의 필요성

그러면 위와 같은 나라 곧 자아실현의 삶이 구현될 수 있는 자유롭고, 평화롭고, 풍요롭고, 상쾌한 나라를 건설할 수 있을 뿐만 아니라 자아실현의 삶을 누릴 수 있는 가치관과 인생관을 갖게 하려면 어떠한 이념을 채택해야 할 것인가?

동유럽의 사회주의 국가들이 붕괴하기 전에는 마르크스가 주장한 사회주의 곧 공산주의가 자아실현의 삶 곧 인간해방을 구현할 이념으로 간주되어 왔으나, 이 국가들이 붕괴한 이후에는 사회주의를 자아실현의 이념으로 보는 사람은 전 세계적으로도 거의 없게 되었다. 동유럽의 사회주의 국가들이 붕괴하면서 사회주의에 대한 부정만이 아니라 자아실현 곧 인간해방을 추구하는 이념 자체를 부정하는 경향마저 나타났다. 심지어 '이념의 시대는 끝났다'면서 이념무용론이 제기되기도 했다.

그러면 과연 이념의 시대는 끝나서 이념이 필요 없고, 그리고 자아실현의 삶 또한 추구하지 말아야 할까? 그렇지 않다. 앞에서 지적한 대로 정보문명시대의 도래로 자아실현의 삶을 구현할 수 있는 조건을 갖추게 되었거니와, 오히려 자아실현의 관점에서 이념과 정책을 강구하지 않으면 온갖 사회적 병폐가 극대화되어 사회가 붕괴하고 인생이 파탄하게 되어 있다. 이념의 시대는 끝날 수가 없다.

이념이라고 하면 보통 사회주의를 지칭하고 인간해방 또한 사회주의를 통해서만 실현된다고 보는 경향이 있어, 사회주의가 종식되고 사회주의를 통한 인간해방의 실현은 불가능하게 되었다는 의미에서 이념무용론과 반유토피아니즘이 팽배하는 것은 이

해될 수 있는 측면이 있으나, 이념 자체를 부정하는 것은 사회운영과 인간활동의 목표와 전략을 부정하는 것이어서 옳지 못하다. 인간은 이성적 존재로서 어떤 목표와 전략을 가지고 행동하게 되어 있는데, 이념이 없다면 목표와 전략도 없이 행동하는 것이기 때문이다. 그래서 이념은 필요불가결한 것이며, 자아실현 또한 당연히 추구되어야 한다.

그렇다면 어떤 이념을 정립해야 할까? 이념을 정립하기 위해서는 현실상황을 정확히 이해해야 한다. 이념은 현실을 변화 발전시키는 방향이요 전략이기도 하지만, 현실상황의 반영이기도 하다. 이념에서 현실이 나오는 것이 아니라 현실에서 이념이 나온다. 실천에서 전략이 나오는 것도 같은 이치다.

이런 점에서 우리가 현대사회에서 인간의 삶을 바람직스럽게 영위하는 데 가장 효과적인 이념을 정립하려면 현대사회의 특질을 파악하고 이에 근거하여 우리 인간은 어떤 삶을 이룰 수 있겠는지를 고려하고 이를 이룰 수 있는 이념(목표와 전략)을 정립해야 한다.

이것은 곧 정보화와 세계화를 주요 내용으로 하는 정보문명시대에는 어떤 이념을 정립해야 할 것인지의 문제이다.

앞에서 지적한 대로 정보문명시대에는 생산력의 비약적 발전으로 자아실현의 삶을 구현할 수 있을 만한 사회경제적 조건이 형성되었다. 이 점이 이념 정립에 중요하게 고려되어야 한다.

그리고 정보문명시대의 도래는 과학기술의 비약적 발전에 기초하고 있음도 주목해야 하겠다. 즉 첨단과학, 첨단기술이란 말이 나올 정도로 과학과 기술이 첨단尖端 곧 최종적인 단계까지 발전했다고 볼 수 있다. 자연과학의 발달이야말로 역사발전의 기본 토대인데, 자연과학이 이처럼 최종적인 단계까지 발달했으니 인간사회도 최종적인 단계까지 발전할 것이다. 그래서 인간역사도 지배와 착취, 혹사와 투쟁의 선천시대를 마감하고 자율과 상생, 순환과 조정을 통해 전 인류가 자아실현의 삶을 살 수 있는 후천시대를 열게 될 것이다. 지금까지는 인간의 욕망에 기초해서 사회를 운영하는 것이 사회발전과 인간행복의 추구에 효과적이었으나, 이제는 상생의 원리에 기초하여 자연의 섭리에 따라 사회를 운영하고 삶을 영위하는 것이 인간행복의 추구에 효과적이게 되었다.

따라서 후천개벽이라고 할 만한 정보문명시대의 도래에 부응할 이념은 자아실현의 구현을 목표로 할 뿐만 아니라 자연의 섭리에 따라 사회를 운영하고 삶을 영위할 수 있게 하는 이념이어야 할 것이다.

여기다가 이념을 정립함에 있어 가장 중요하게 고려해야 할 사항은 경제문제와 관련한 사항이다. 경제문제와 경제활동이 인간의 삶에 가장 중요한 영향을 미치기 때문이기도 하지만 어떤 경제체제를 갖느냐를 기준으로 이념을 결정하는 경향이 있기 때문이다. 즉 소유의 형태나 생산과 분배의 과정 등을 규정하는 경제체제를 어떻게 기초 지을 것이냐를 고려해서 이념을 정립해야 할 것이다.

이러한 점을 고려할 때 '민주시장주의'라는 말로 이념을 정립하는 것이 좋을 것 같다. 민주시장주의란 시장경제를 경제의 기본 틀로 하되 국민적 합의로 시장의 기능을 일부 조절할 수 있는 경제운용제도를 말한다. 시장이 왜곡되거나 파괴될 때 국민적 합의로 시장을 복원하는 것을 포함함은 물론이다. 그리고 민주시장주의는 민주주의를 사회운영의 주요 원칙으로 삼고 있기도 하다.

그런데 민주시장주의는 사회민주주의와 거의 유사하다. 외부적으로 표현되는 정책만 본다면 거의 같다고 볼 수 있다. 그러나 이념이 토대로 삼는 철학적 기반과 이념이 추구하는 궁극적 목표에서 크나큰 차이가 있다. 특히 사회민주주의의 본고장인 서유럽의 사회민주주의국가들이 사회민주주의의 근본적 한계 때문에 많은 어려움에 직면하고 있다는 점도 고려해야 할 것이다. 서유럽의 사회민주주의는 인간해방 곧 자아실현의 구현을 담고 있지 못하기 때문이다.

(2) 왜 민주시장주의인가?

시장 또는 시장경제란 말은 있지만 '시장주의'란 말은 없는 줄로 안다. 시장 또는 시장경제를 이념으로 채택하지 않을 때는 그냥 시장 또는 시장경제라고 말하는 것이 합당하겠지만 시장을 이념으로 채택하는 경우에는 시장주의라고 하는 것이 합당할 것이다.

지금까지도 시장은 많은 역할을 해왔다. 재화와 용역의 교환 역할만 해온 것이 아니라 시장을 통해 수요와 공급이 결정되고, 가격이 형성되며, 또 자원이 적정하게 배분되어 왔다. 그리고 시장은 경쟁을 통해 창의성과 근면성이 발휘되게 함으로써 경제적 효율성을 증대시킨다. 시장경제의 최대 효과는 효율성이라고 할 것이다. 자본주의가 많은 문제를 야기하면서도 엄청난 경제적 성장을 이룬 것은 시장경제에서 얻어지는 효율성 덕분이었다.

그런데 필자가 시장을 이념화하여 '시장주의'를 채택해야 한다고 주장하는 것은 시장이 효율성을 발휘하기 때문이 아니라 시장이야말로 인간에게 자유와 자아실현을 보장하기 때문이다.

인간은 삶의 가장 중요한 부분인 경제활동에서 보람과 기쁨을 얻을 수 있어야 하는데, 그렇게 하려면 경제운용제도(시스템)를 어떻게 설정할 것인가 하는 점이 문제가 된다. 이렇게 볼 때 시장을 경제운용시스템의 기본으로 삼는 것이 적합하다고 본다. 왜냐하면 시장이야말로 인간이 경제활동을 하면서 인간의 궁극적 목표인 자유와 자아실현을 달성할 수 있도록 해주기 때문이다.

시장(시장경제)이란 각 경제주체가 자유롭게 생산해서 판매하거나 자유롭게 구매해서 소비하는 경제운용제도를 말하는데, 이것이 어째서 인간의 궁극적 목표인 자유와 자아실현을 달성할 수 있도록 해 주는 것일까? 인간은 자기가 생산하고 싶은 것을 생산하고 자기가 사용하고 싶은 것을 사용할 수 있게 하기 때문에 자유를 확보하게 된다. 그리고 자기가 생산한 것을 시장에서 팔면서 자기가 생산한 물품이 얼마나 가치 있는 것인가를 확인할 수 있어 자아실현의 보람과 기쁨을 맛보게 된다.

요컨대 시장은 인간의 삶에서 가장 중요한 가치인 자유와 자아실현(보람노동)을 달성할 수 있게 해주기 때문에 자아실현의 이념이 될 수 있다.

물론 시장은 상품의 교환에 국한되지 않는다. 인간활동의 많은 영역에서 시장의 기능이 작동하게 할 필요가 있다. 즉 경제 이외의 영역에서도 생산자와 소비자, 공급자와 수요자가 수요와 공급에 따라 가격이 결정되는 시장의 원리에 따라 행동하게 함으로써 자유롭게 선택하고 그 속에서 자아를 실현하게 하는 것이 합당할 것이다. '시장의 원리'란 행위 당사자의 자유로운 선택을 보장하는 원리라고 볼 수 있다.

그런데 시장도 인간행위를 통해 성립하는 것이기 때문에 조절될 필요가 있다. 인간의 다른 행위도 조절되는 것과 같다. 그래서 시장을 적절히 조절해야 하는데, 그것이 민주적 통제이다. 즉 사회구성원의 합의에 따라 시장을 민주적으로 통제할 필요가 있다. 그래서 '민주'시장주의이다.

시장의 의의와 그 기능에 대해서는 깊은 연구와 학습이 필요할 것이다.

(3) 시장경제와 자본주의는 어떻게 다른가?

흔히 '자본주의 시장경제'라는 말로 자본주의와 시장경제를 일치시키는 경향이 있으나 이 둘은 별개의 개념이다. 시장경제는 자본주의사회에서만 존재하는 것이 아니고 봉건사회와 사회주의사회에서도 존재한 일이 있다.

자본주의는 인간의 경제활동이 이윤추구에 근거해서 이루어지게 하는 경제운용제도인데, 자본주의에서의 시장은 자본주의의 이러한 이윤추구의 목적을 달성시켜주는 기제로 작동될 뿐이다. 그러나 시장 자체가 이윤을 추구하는 기제로만 작동되는 것은 아니다. 민주시장주의에서의 시장은 앞에서 설명한대로 자유를 확보하고 자아를 실현시켜 주는 기제가 된다. 민주시장주의에서의 시장은 결과적으로 이익을 실현시켜 주기는 하나 이윤추구가 경제활동의 목표는 아니다.

그래서 이윤추구가 경제활동의 동기가 되는 자본주의 및 자유의 확보와 자아실현의 구현이 경제활동의 동기가 되는 민주시장주의는 다르다.

자본주의는 이윤추구를 경제활동의 동기로 보기 때문에 모든 경제문제를 이윤추구의 관점에서 파악하고 경제활동을 하게 하나, 민주시장주의는 자유의 확보와 자아실현의 구현을 경제활동의 동기로 보기 때문에 모든 경제문제를 자유와 자아실현의 관점에서 파악하고 경제활동을 하게 한다. 그래서 민주시장주의는 보람노동과 자아실현을 구현할 수 있는 이념이 된다.

그런데 인간으로 하여금 이윤추구가 아니라 자유의 확보와 자아실현의 구현을 위해 경제활동을 하게 하는 민주시장주의는 인간의 경제활동이 자연의 섭리에 따라 이루어지게 하는 것임을 주목할 필요가 있다. 자아실현(인간해방)이란 인간의 욕망에 따라 억지로 어떤 일을 이루는 데서 달성되는 것이 아니라 자연의 섭리에 따라 살아가는 데서 이루어지듯, 경제활동도 자연의 섭리에 따라 이루어지게 해야 기쁨을 얻을 수 있다.

민주시장주의에서의 시장경제는 경제활동을 이처럼 자연의 섭리에 따라 할 수 있게 하는 경제운용기제가 된다. 민주시장주의에서의 시장경제란 자아실현의 관점에서 물건을 만들고 시장을 통해 자아실현을 달성하는 바, 이것은 바로 자연의 섭리에 따른 경제행위이기 때문이다.

그러면 민주시장주의에서는 경제활동을 통해 이윤을 얻지 않느냐는 반문이 있을 수 있다. 민주시장주의에서도 이윤 내지 이익을 얻는다. 큰 이익을 얻기도 한다. 자본주의와 외견상으로는 별로 다를 것이 없다. 그러나 자본주의에서는 이윤이 이윤추구에 의해 얻어지는 것이지만 민주시장주의에서는 자아실현의 과정에서 이익이 생기는 것이다. 이익은 경제활동의 재생산을 가능케 할 뿐만 아니라 경제발전과 기술혁신의 토대가 된다. 이익이 얼마만큼 크냐에 따라 자아실현의 정도가 결정되기도 한다.

요컨대 인간이 진정으로 자아실현의 삶을 살 수 있으려면 이윤추구를 위해서가 아니라 자아실현을 위해 경제활동을 해야 한다.

(4) 민주시장주의의 기본원리

민주시장주의는 주로 경제분야에서의 이념으로 볼 수 있다. 그러나 민주시장주의를 이념으로 채택하는 이상 사회의 많은 부문에서 민주시장주의가 그 운용의 지침이 될 수 있어야 할 것이다. 이런 점에서 민주시장주의는 사회와 개인의 삶을 어떤 원리에 따라 운영하고 영위해야 할 것인지를 천명하고 있어야 할 것이다.

우리는 앞에서 정보문명시대는 사회와 삶을 자연의 섭리에 따라 운영 영위함으로써 자아실현의 삶을 이루어야 한다고 밝힌 바 있다. 그리고 민주시장주의에서의 경제활동은 자연의 섭리에 따라 이루어진다는 점도 밝힌 바 있다. 그래서 민주시장주의는 자연의 섭리에 따라 인간의 해방된 삶이 이루어지게 해야 하는 만큼 자연의 섭리를 가장 잘 표현하는 자율과 상생과 순환과 조정의 원리에 따라 사회와 삶이 운영 영위되게 해야 한다고 본다. 그래서 자율, 상생, 순환, 조정이 민주시장주의의 기본원리이다.

사회와 인간은 물론 만물이 스스로는 자율하고, 상대방과의 관계에서는 상생하며, 전체적으로는 자연의 섭리에 따라 순환하고, 그리고 상호충돌이 생기면 조정해서 원래의 상태를 회복해야 한다는 것이다.

(5) 민주시장주의의 기본원칙

민주시장주의가 사회 각 부문을 운영하는 지침이 되게 하려면 그 기본원칙을 규정해 둘 필요가 있다. 그래서 민주시장주의는 다음 다섯 가지를 기본원칙으로 한다.

첫째, 사회 각 부문의 각급 공동체는 민주적으로 운영되어야 한다는 의미의 공동체 민주주의,

둘째, 경제활동은 시장경제에 기초하되 민주적으로 통제되어야 한다는 의미의 민주적 시장경제,

셋째, 인간이 해방된 삶을 실현하기 위해서는 인간의 삶에서 가장 중요한 경제활동 곧 노동이 보람과 기쁨의 과정이 되어야 하겠는 바, 이것이 실현되게 해야 한다는 의미의 노동보람주의,

넷째, 정보사회의 도래로 국민의 생존권이 위협받기 쉽다는 점에서 국가가 국민의 복지를 책임져야 한다는 의미의 국가복지주의,

다섯째, 자연의 섭리 곧 자연의 순환질서에 따라 사회가 운영되고 삶이 영위되어야 한다는 의미의 생태주의,

여섯째, 사회적 갈등이 발생했을 경우 폭력적 수단으로 해결하려 할 것이 아니라 상호 조정을 통해 해결해야 한다는 의미의 비폭력조정주의가 그것이다.

(6) 민주시장주의의 역사적 의의

우리가 사는 이곳 한반도에서 새롭게 제시되는 이념은 우리나라의 발전방향만을 제시하는 것이 아니라 전 세계의 발전방향을

제시하는 것이 될 것이라고 본다. 왜냐하면 21세기 전 세계가 나아갈 방향으로서의 이념은 한반도에서 나오게 되어 있는 것으로 보이기 때문이다.

20세기는 이념(이데올로기) 대립의 역사였는데, 이 이념 대립이 가장 첨예했던 곳이 바로 이곳 한반도였다. 그리고 이 이념 대립으로 한반도 민중이 겪은 고난은 엄청났다. 6·25전쟁은 이념 대립으로 인한 세계적 차원의 유일한 전쟁이거니와 동서 냉전체제가 무너졌는데도 아직도 남과 북이 통일되지 못하고 냉전체제를 유지하고 있는 것도 20세기를 주도한 이념의 대립이 이곳 한반도에서 가장 첨예했기 때문일 것이다.

그러기에 20세기의 전 세계를 지배했던 이념의 대립을 극복할 새로운 대안이념이 이곳 한반도에서 나오리라는 것이다. 그런데 민주시장주의가 여기에 부합하리라는 보장은 없으나, 필자는 20여 년 전부터 한반도의 민주화와 통일을 위한 민중운동을 해오면서 21세기 전 세계가 나아갈 방향으로서의 새로운 이념을 정립해서 제시해야 한다고 보고 이를 위해 노력해왔다. 달리 뚜렷한 대안이념이 없어 필자가 정립한 민주시장주의(지난날은 민중주체민주주의 또는 노동주의 등으로 표현했음)가 그러한 역할을 하리라는 생각을 해왔다.

필자가 많은 난관에도 불구하고 이러한 이념을 실현할 정당을 건설하는 일에 매진해온 것도 바로 이 때문이다.

이런 점에서 우리나라는 지금 세계사적 소명을 부여 받고 있

다고 본다. 우리나라는 21세기 전 세계가 나아갈 방향으로서의
새로운 이념으로 자아실현이 구현되는 모범국가를 건설해서 다
른 나라들이 규범으로 삼을 수 있도록 해야 할 것이다. 정보사회
에 국민의 복지가 충분히 보장되는 나라, 자주적이고 평화적이
며 중립적인 정책으로 세계평화를 선도하는 나라, 자연의 섭리에
따른 삶으로써 자아실현의 삶을 이루는 나라, 가족제도의 원만한
운용으로 화목한 가정을 이루는 나라, 이런 나라를 만들어 세계
의 다른 나라들이 이를 본받게 해서 세계의 평화와 인류의 복지
에 크게 기여해야 할 것이다.

　우리나라는 다른 어떤 나라보다 세계적인 모범국가를 만들기
에 유리한 조건을 갖추고 있다. 세계에서 가장 부유하거나 가장
강한 나라가 되려 하기보다 '모범적인 나라'를 만드는 것이 우리
를 위해서나 세계를 위해서 좋을 것이다.

6 왜 자아실현을 구현할
　　도와 덕의 정치여야 하는가?

　지금까지 우리는 상식적으로 보아 대단히 이루어지기 어려워
보이는 것을 많이 제시했다. 풍요롭고 평화로운 사회도 이루기
어렵거늘 자아실현의 삶까지 이루고자 한다니 수긍하기 어려운
점이 많을 것이다. 더욱이 자연의 섭리에 따른 삶으로 죽음까지

극복하자고 하니 꿈 같은 이야기로 보일 것이다.

그런데 그렇지가 않다. 정보문명시대의 도래는 위와 같은 일을 이룰 수 있는 사회적 조건을 제공하고 있다. 오히려 위와 같은 일을 이루지 못하면 지금까지의 상태도 유지하지 못한 채 사회가 붕괴하고 인생은 파탄하게 되어 있다.

필자가 자아실현이라는 꿈 같은 목표를 제시하는 것은 이것이 그냥 좋아 보여서가 아니라 이것을 목표로 해서 정책을 강구하지 않으면 오늘 우리 사회가 직면한 여러 문제들을 해결할 수 없기 때문이다. 그래서 필자가 내놓은 이념과 정책은 이상적이기만 한 것이 아니라 아주 현실적이고 긴요한 것이다. 거듭 강조하지만 자아실현을 구현할 수 있는 사회경제적인 조건이 도래했는데 자아실현을 이루지 못하면 인류는 대재앙을 맞게 되어 있다.

지금 우리 사회에는 경제침체와 사회갈등을 비롯해서 많은 문제가 발생해 있는데도 이를 해결할 방안을 어디에서도 내놓지 못하고 있다. 이런 현상은 우리나라에만 있는 것이 아니다. 선진 각국들이 다 그러하다. 무엇이 부족해서 사회경제적인 어려움을 겪는 것이 아니라 너무 많은데 이를 제대로 활용하거나 이에 대처하지 못해서 어려움을 겪는 것이다. 너무 많은데도 이에 제대로 대처하지 못하면 보통 때보다도 더 부족해진다. 기회가 왔는데 이 기회를 활용해서 도약하지 못하면 파탄하는 것과 같은 이치다.

결국 이런 상황을 타개하려면 앞에서 밝힌 대로 자연의 섭리에 따라 사회와 인생을 운영하고 영위케 해서 자아실현을 구현할 수 있는 이념과 정책을 강구해야 한다. 필자가 많은 실패를 겪으면서도, 그리고 그 과정에서 엄청난 고난과 시련을 겪으면서도 신문명 정치, 신문명 정당을 고집하는 것은 위와 같은 역사의식에 기초한 소명감 때문이다.

그러면 자연의 섭리에 따라 삶으로써 자아실현의 삶을 살게 하는 정치를 무슨 정치라고 하면 좋을까? 필자 생각으로는 도道의 정치 또는 도道와 덕德의 정치라고 하는 것이 적절하다고 본다. 자연의 섭리는 도이고, 이 도에 따라 사는 인간의 품성과 능력은 덕이기 때문이다. 우리는 도를 깨닫고 이 도를 실천 실현할 수 있는 품성과 능력으로서의 덕을 갖추어야 한다.

앞에서 밝힌 바 있듯이 자연의 섭리에 따라 사는 것은 삶을 의미 있게 사는 길이기도 하지만 죽음의 문제를 해결하는 길이기도 하다. 정치가 결국 국민을 행복하게 하기 위한 것이라면 국민의 행복에 지대한 영향을 미치는 죽음의 문제를 외면해서는 안 될 것이다. 즉 죽음의 공포로부터 벗어날 수 있게 해 주어야 한다. 지금까지 정치는 삶의 문제를 해결하는 데 주력했을 뿐 죽음은 외면해왔다. 죽음의 문제는 주로 종교가 담당해왔다. 그런데 종교가 죽음의 문제를 다루고 있지만 잘 해결하고 있는 것은 아니다. 특히 인지가 발달할수록 절대자에 의지해서 구원받으려는 계시종교보다는 우주의 섭리에 대한 올바른 이해를 통해 죽음의 문제를 극복하는 이지종교가 적합하리라는 점에서 지금까지 종교를 통해 해결하고자 했던 문제들 예컨대 죽음의 공포 극복 문제, 영생의 문제, 천국이나 극락의 문제, 윤리도덕의 문제 등을 정치를 통해 해결할 수 있어야 하겠다. 이런 의미에서 종교와 정치가 통일되어야 할 것이다. 바야흐로 교정통일의 시대가 열리고 있음을 주목해야 할 것이다.

그런데 자연의 섭리 곧 도에 따라 삶을 영위하게 되면 죽음의 문제를 극복하게 되어 있다. 공자가 "아침에 도를 깨치면 저녁에 죽어도 좋다"고 했는데, 이 말씀은 결국 도를 깨치면 죽음을 극복할 수 있다는 뜻일 것이다. 그리고 불교나 기독교는 물론 우리나라의 천도교나 증산도도 자연의 섭리 내지 우주의 섭리로서의 도에 따른 삶을 삶으로써 해탈하고 구원받고 영생불멸한다는 것을 가르치고 있다. 도의 정치는 죽음의 문제도 해결하는 정치일 수 있는 이유가 여기에 있다.

이런 점에서 우리가 이루고자 하는 도와 덕의 정치에서는 종교와 정치가 통합되는 교정통일의 정치가 되어야 할 것이다.

그런데 지금까지 설명한 것은 대부분 이론적이다. 이론 못지않게 중요한 것은 실천이다. 실천으로 연결되지 않는 이론은 죽은 이론이다. 그런 점에서 도를 실현하는 정치가 되려면 덕의 정치가 되어야 한다. 도道가 우주의 근본이치라면 덕德은 이 근본이치를 실천하는 인간의 능력이기 때문이다. 즉 도를 실천할 인품과 능력을 형성하는 정치가 되어야 된다. 그래서 인간이 자아실현의 삶을 이루려면 자아실현의 사회경제적 조건만 갖출 것이 아니라 자연의 섭리에 따라 살면서 자유와 자아실현을 누릴 수 있는 인생관과 창조와 생산과 봉사와 절제에서 보람과 기쁨을 누리는 가치관을 형성해야 한다. 새로운 정치를 하고자 하는 사람은 이러한 가치관과 인생관을 형성해야 한다. 도를 실현하려면 도를 실천해야 한다.

요컨대 자아실현의 삶을 이루려면 도를 알고 그리고 이 도를 실천하고 실현할 수 있는 덕을 갖추어야 한다. 그래서 자아실현의 정치는 도와 덕의 정치 곧 도덕정치라고 할 수 있다. 도는 비전이고 덕은 능력이다.

7 자아실현을 위한 도와 덕의 정치를 이룰 수 있을까?

위에서 밝힌 정치의 내용은 그 표현은 서툴지라도 그 뜻은 장엄하다. 그렇지만 자연의 섭리에 순응하는 도인적 삶을 통해 자아실현을 구현하는 것은 물론 그것을 통해 만유의 자아실현을 구현하는 정치를 이루겠다고 말한다면 그것을 과연 믿을 수 있겠는가? 믿기 어려울 것이다. 그렇지만 이런 정치를 이루어야 하고, 또 이룰 수 있다.

이런 정치를 이룰 수 있다는 것은 우선 이런 정치를 이룰 수 있는 사회경제적인 조건이 충족되었기 때문이기도 하지만 이런 정치를 이루지 않으면 사회가 존속할 수 없게 되었기 때문이기도 하다. 그리고 자연과학의 발달 덕분에 이런 정치를 이룰 수 있기도 하다.

앞에서 지적했듯이 자연과학의 발달이 사회의 발달을 선도하는데, 자연과학이 최고단계까지 발달했기 때문에 사회도 최고단계까지 발전할 것이다. 자연과학의 경우 끝尖 끝端의 尖端(첨단)까지 발달했으니 인간사회도 궁극적인 단계까지 발전하리라는 것이다. 이것은 빈곤과 질병과 죄악의 선천시대를 마감하고 자유와 평화와 복지와 자아실현의 후천시대를 여는 것을 의미한다. 그래서 지금의 정치는 후천개벽을 이루는 정치여야 한다.

요컨대 우리는 이러한 역사발전단계에 이르렀기 때문에 인간의 궁극적 목표인 자아실현을 구현할 수 있고, 그래서 앞으로의 시대는 자아실현의 시대가 되리라고 본다. 즉 이러한 역사의식에 기초해서 자아실현을 구현할 정치를 해야 하겠다는 것이다.

그러면 이런 정치를 과연 이룰 수 있을 것인가? 어떻게 해야 자아실현을 구현할 도와 덕의 정치를 이룰 수 있을 것인가? 어렵다면 한없이 어렵지만 정말로 이런 정치를 이루기 위해 노력한다면 못 이룰 것이 없다. 왜냐하면 이런 정치가 아니면 오늘의 국가적 위기를 극복할 수 없기 때문이기도 하지만 현재의 정치권이 국민의 불신을 너무 많이 받고 있어 국민이 신뢰하고 희망을 걸만한 정치세력이 나오기만 하면 전폭적인 지지를 받을 것이기 때문이다. 국민의 지지를 받아낼 만한 정치세력을 만들어내지 못하는 것이 문제이지 국민이 지지하지 않는 것이 문제가 아니다. 더욱이 인터넷을 비롯한 정보통신수단이 발달해 있기 때문에 국민의 지지를 받을 만한 내용을 갖춘 정당이 나오기만 하면 빠른 시일 안에 국민의 광범한 지지를 확보할 것이다.

그러면 어떻게 하면 국민의 광범한 지지를 받을 만한 도와 덕의 정치세력을 만들어낼 수 있을 것인가?

첫째, 국민이 희망을 걸 새로운 비전을 제시해야 한다.
오늘의 경제침체, 사회갈등, 교육붕괴, 사회범죄 등을 해결할 뿐만 아니라 국민복지와 사회평화와 민족도약을 이룰 정책대안을 제시해야 한다. 말하자면 이루고자 하는 정치의 내용이 있어야 한다. 이 글은 이를 위한 것이다.
한국에는 대통령이나 장관 등이 되고자 하는 사람은 많지만 대통령이나 장관이 되어서 이 나라를 어떤 나라로 만들 것인지에 대한 복안은 없는 경우가 대부분이다. 텔런트처럼 유명해지거나 돈이 많으면 대통령이든 국회의원이든 하겠다는 것이 한국의 정치풍토이다. 한마디로 '텔런트 정치'이다. 이를 극복해야 하는 바, 이를 위해서는 정치의 내용에 의해서 정치가 이루어져야 한다.

그런데 정치의 내용 곧 국민을 잘 살게 할 정책적 방안들을 갖고 있다고 해서 국민의 지지를 꼭 받을 수 있는 것은 아니다. 그것을 실현할 자세와 능력을 갖추고 있는 것을 국민이 믿게 해야 한다. 그러나 제대로 된 정치의 내용이 있어야 이런 판단을 하는 것이지 그렇지 못하면 절대로 국민이 신뢰와 지지를 보내지 않을 것이다. 정치의 내용을 갖추는 것이 무엇보다 중요하다.

둘째, 국민을 감동시킬 수 있어야 한다.

국민에게 새로운 비전을 제시할 뿐만 아니라 국민을 위해 봉사하고 헌신할 사람들임을 확연히 보여주어서 국민이 감동하게 해야 한다. 이것이 중요하다. 지금 국민들이 정치를 불신하는 것은 정치인들이 사회현안에 대한 올바른 대안을 내놓지 못하기 때문이기도 하지만 그들의 말과 행동을 믿을 수 없기 때문이다. 그래서 새로운 정치를 하고자 하는 사람은 남을 탓하기 전에 자기를 겸허히 되돌아보고 자기의 부족한 점을 보완해야 한다. 세상을 변화시키려면 자신을 먼저 변화시켜야 한다. 내가 똑바로 하지 못하면 절대로 남을 똑바로 하게 할 수 없고 또 세상을 바로잡을 수도 없다. 내가 잘해야 한다. 그래야 세상을 바로잡을 수 있다.

그리고 남을 감동시키려면 다음 두 가지를 실현해야 한다. 하나는 자기희생이고 다른 하나는 성공할 가능성이 희박하지만 그 일을 하는 것이 옳기 때문에 하는 모습이다. 자기희생이 없다면 누구나 그 일을 하려 할 것이고, 성공이 보장되어 있다면 역시 누구나 그 일을 하려 할 것이니 말이다.

우리는 세상의 잘못과 관련하여 남을 많이 비판한다. 대개의 경우 그 비판의 내용이 맞다. 그러나 그 비판이 맞는다고 해서 잘못이 고쳐지거나 세상이 좋아지기는 어렵다. 세상이 잘못되어 있으면 세상을 비판하기에 앞서 세상을 바로잡지 못한 자기의 무능을 자책하면서 자기가 잘 하도록 해야 한다. 세상이 잘못된 데에는 자기의 책임도 크기 때문이다.

그래서 새로운 정치를 하고자 하는 사람은 세상의 잘못을 '내 탓'으로 돌리고 '나'를 바로잡음으로써 세상을 바로잡을 생각을 해야 한다. 이런 자세를 갖는다고 해서 남을 비판하지 말아야 하는 것은 아니지만 남에 대한 비판에는 자기 자신에 대한 비판이 전제되어야 한다.

그래서 도와 덕의 정치, 자연의 섭리에 따라 사회와 인생을 운영 영위하는 정치, 그리고 자아실현을 구현하는 정치를 하려는 사람은 정치와 사회를 그렇게 만들려고 하기 전에 자기가 먼저 자연의 섭리에 따라 살며 해방된 삶을 이루어야 한다. 자기도 깨닫지 못하거나 실천하지 못하면서 남더러 깨닫게 하고 실천하게 할 수는 없다.

　그래서 새로운 정치를 하고자 하는 사람은 집단적으로도 이념과 정책에 대한 학습과 더불어 인격을 도야하는 훈련을 해야 하지만 개인적으로도 그렇게 해야 한다. 그래서 국민들이 보기에 유능할 뿐만 아니라 도덕적이고 헌신적이어야 한다. 지금 많은 국민들은 정치와 정치인을 불신한다. 심지어 새로운 정치를 표방해도 믿으려 하지 않는다. 이것은 그간의 정치가 국민을 불신케 해온 탓이기도 하지만 새로운 정치를 표방하는 사람들이 국민으로 하여금 믿을 수 있게 하지 못하는 것 때문이기도 하다. 설사 기존의 정당이나 정치인보다는 나아 보인다 하더라도 거기에 희망을 걸 수 있을 만하지는 못하기 때문에 지지하지 않는 것이다.

　필자같이 새로운 정치를 주장해온 사람들은 국민이 자기를 지지해주지 않는 데 대해 불만스러울 수 있다. 그리고 그 이유가 국민의 낮은 정치의식, 지역주의, 양당 대결구도, 편가르기 등에 있다고 보기도 한다. 그래서 새로운 정치세력이 성공(집권)하려면 국민의 정치의식이 높아지고 지역주의가 해소되고 양당대결구도가 극복되어야 한다고 말하기도 한다. 그러나 진정으로 새로운 정치를 이루고자 하는 사람은 그렇게 생각해서는 안 된다. 국민과 기성정치를 탓해서는 안 된다. 그런 조건에도 불구하고 그것을 극복하고 새로운 정치를 이루어냈어야 한다. 그렇게 하지 못한 자신의 무능과 부덕을 탓해야 한다. 그래야 앞으로라도 이룰 수 있다. 극단적으로 말해서 국민의 정치의식이 높고 지역주의도 해소되고 양당대결구도도 사라졌다면 굳이 새로운 정치를 주장할 필요도 없다. 그런 잘못된 정치관행이 정치 본연의 역할을 가로막고 있어 그것을 없애기 위해 새로운 정치를 하려는 것이다.

그래서 새로운 정치를 이루고자 하는 사람은 상황을 탓해서는 안 된다. 상황을 돌파할 역량을 갖추지 못한 자신을 탓하면서 자신을 훈련하는 일에 만전을 기해야 한다. 구체적인 실천 프로그램을 만들어 엄격히 실천하고 훈련해야 한다. 일상적으로 실천하고 훈련하는 것은 물론 정치학교를 만들어 교육하고 훈련해야 한다. 이 정치학교를 나오면 국민이 신뢰할 수 있을 정도가 되어야 한다. 회원 내지 당원의 자격을 엄격히 제한하고 '신문명정치 생활수칙'을 만들어 철저히 실천해야 할 것이다.

요컨대 오늘의 국가적 위기를 극복할 정책대안과 더불어 국민이 희망을 걸 수 있을 새로운 비전을 제시하고, 국민이 보기에 진정으로 국가와 국민을 위해 헌신 봉사할 만한 자질을 갖추고 있어 보이면 국민의 지지를 받을 수 있을 것이다.

⑧ 신문명정치를 이룰 수 있는 정치사회적 조건

그러면 나라를 살릴 방안을 갖고 있고 국민의 신뢰와 지지를 받을 수 있는 도덕성과 헌신성을 갖추고 있다면 국민의 지지를 받아 국정을 책임지는 지위를 확보할 수 있을 것인가? 가능하리라고 보는 바, 그 이유는 이렇다.

첫째, 새로운 정치세력의 출현을 바라는 국민이 태반을 넘을 정도로 기성정치세력에 대한 국민의 불신이 너무 크기 때문이다.

새 정치세력의 대중적 기반은 충분히 조성되어 있다. 문제는 국민들의 지지를 받아낼 수 있을 만한 새 정치세력을 만들어낼 수 있느냐 없느냐 하는 것이고, 그것은 우리들 하기 나름이다.

둘째, 인터넷의 발달로 빛의 속도로 선전하고 조직할 수 있기 때문이다.

『티핑 포인트』라는 책이 미국에서 베스트셀러가 된 적이 있다. 티핑 포인트란 예기치 못한 일이 한순간에 폭발적으로 일어나 확산되는 순간을 말한다. '티핑'이란 우리말로 '뜨는' 것을 말하는데, 지금은 '티핑'이 가능한 시대다. 매스컴이 발달했기 때문인데, 특히 인터넷의 영향력은 가히 혁명적이다. 한번 뜨기만 하면 요원의 불길처럼 확산될 수 있다.

누구나 인터넷으로 모든 문건을 다 볼 수 있기 때문에 선전물을 인쇄해서 돌릴 필요가 없다. 입회와 회비납부는 물론 회의와 정치활동도 인터넷으로 할 수 있다. 그래서 비용도 크게 줄어든다. 한번 뜨기만 하면 순풍에 돛 단 듯이 굴러갈 수 있다. 뜰 만한 내용을 갖추기만 하면 뜰 수 있는 통로는 얼마든지 있다. 이것이 우리가 이루고자 하는 도와 덕의 정치가 성공할 수 있는 가장 중요한 이유이다.

셋째, 새로운 정치세력을 형성할 자원도 충분하기 때문이다.

기존정치세력과는 확연히 다르면서 국민의 지지를 받을 만한 정치세력이 출현한다면 여기에 동참할 예비정치인은 대단히 많다. 그 맹아를 만들어내기만 하면 급성장할 것이다.

요컨대 진실로 국민에게 희망을 줄 정치세력을 만들어내기만 하면 최단기간에 국민의 폭발적인 지지를 받을 것이다.

⑨ 국가위기의 극복과 자아실현의 구현을 위한 중요 정책

앞에서 우리는 지상낙원과 같은 나라를 건설할 것을 제안했다. 과연 이런 나라가 건설될 수 있을지도 의문이지만 만약 건설될 수 있다면 어떤 정책으로 건설할 것이며 그런 정책을 개발해

두고 있느냐도 문제이다. 과연 그런 정책을 개발해두고 있는 것인가? 개발해두고 있다. 구체적인 정책이 없다면 어떤 비전도 헛것이다.

필자는 앞에서 제안한 지상낙원과 같은 나라를 건설할 정책대안을 개발해두고 있다고 자부한다. 다만 정책이란 상황의 변화에 따라 끊임없이 수정되어 표현될 수밖에 없고, 그리고 사회의 운영틀을 근본적으로 바꾸는 것을 전제한 정책은 상호 연관되어 있어 어느 하나만 떼어서 표현하기가 어려운 점이 있어 한꺼번에 밝혀두기가 어려울 뿐이다. 그러나 그런 정책을 제시할 준비는 충분히 되어 있고 그리고 이미 많은 부문의 정책을 제시한 바 있다. (이 글의 다른 부분도 마찬가지지만 특히 정책과 관련해서는 졸저『신문명국가비전』,『신문명경제시론』,『문명의 전환』등을 참조하시기 바란다.)

여기서 국정운영 전반에 걸친 정책을 다 밝힐 수는 없고 중요부문에 대해서만 그 기본정책을 밝혀두고자 한다.

* 이 정책은 2005년도에 작성된 것임을 고려하시기 바랍니다.

1) 국민의 기본생활 보장과 서민경제 활성화

① 국민기초생활보장법의 수혜기준을 대폭 완화하여 국민의 기본생활에 지장을 받는 국민이 없게 한다. (재산기준을 3,500만 원에서 1억 원 정도로 상향 조정하는 등 수혜조건을 현실화한다)

② 공공할부주택을 대량으로 공급해서 최저주거면적(4인 가족 기준 전용면적 약 12평) 이하의 약 300만 세대에게 우선적으로 공급하여 집이 없어 고통을 겪는 사람이 없게 함과 아울러 부동산 투기를 없앤다.

③ 법정 최저임금인 월 65만 원(2005년도) 정도의 사회적 일자리(공공근로)를 200만 명 이상에게 공급해서 실업문제를 해결함과 아울러 유효수요(소비)를 창출하여 서민경제를 활성화한다.

④ 소득이 없는 노인(65세 이상)과 장애인(2급 이상)에게는 월 50만 원, 소득이 있는 노인과 장애인에게는 월 20만 원 정도의 노령연금과 장애수당을 지급한다. (국민기초생활보장법에 의한 소득이나 기타 소득이 있더라도 노령연금과 장애수당을 지급한다.)

* 위의 정책과 관련하여 예산이 어디 있느냐는 반문이 있을 수 있다. 예산이 없는 것은 전혀 아니라는 점만 밝혀둔다.

2) 국가경쟁력 강화와 산업 활성화

의료비와 교육비를 국가가 부담하는 사회보장제도의 확립으로 물가(소비지출)와 임금(소득)을 인하해서 국산제품의 국제가격경쟁력(수출과 내수)을 높여 다양한 제품이 수출되게 하고 외국제품의 수입을 줄여 기업의 생산활동을 활성화한다.

3) 기업의 민주적 경영과 노경분쟁의 합리적 해결

① 파업을 제도화한 '노동조합 및 노동관계조정법'을 폐지하고 노동자와 경영자가 공동 번영할 '기업공동체법'을 제정하여 기업이 민주적으로 경영되게 한다.

② 노경 간의 이해충돌은 노동관계 법원을 설치하여 협의와 조정을 통해 해결하고 노동자들이 파업을 하지 않을 수 있도록 한다.

③ 노동자들이 기업의 소유와 경영에 참여할 수 있게 하여 기업이 민주적으로 운영되게 해서, 한편으로는 주인정신으로 일하게 함으로써 노동해방을 달성하고 다른 한편으로는 창의성과 근면성을 발휘하게 함으로써 생산성을 향상시킨다. 이렇게 해서 노경분쟁이 없도록 한다. (집회와 시위는 어떤 경우에도 국민의 기본권으로 법에 따라 보장된다.)

④ 직원의 채용과 해고에 대한 기업의 자율성을 보장하여 기업이 창의성과 근면성을 발휘할 젊은 인재들을 자유롭게 채용할 수 있게 함으로써 생산성을 높이고 청년실업을 해소한다. (해고된 노동자들은 새로운 일자리를 구하게 하거나 사회보장제도로 뒷받침한다.)

⑤ 사회보장제도의 확립으로 임금노동자의 생활을 안정시키면서 정규직의 임금을 하향 조정하고 정규직과 동일하거나 유사한 노동의 비정규직은 없앤다.

⑥ 기업활동에 대한 규제는 법률로써만 하고 행정규제를 전면

폐지함으로써 기업활동을 활성화하고 공직사회의 부정부
패를 청산한다.

4) 민족경제의 자립기반 강화

① 소득직접지불제의 획기적 강화와 영농시설의 사회간접자
본화로 영농의 채산성을 보장함으로써 농업생산량을 증대
하여 식량자급률을 50% 이상 되게 한다. (현재의 식량자급률은
약 25%)

② 어로도구를 사회간접자본화 하는 등 수산업에 대한 국가의
지원을 강화하여 어획량을 획기적으로 늘린다.

③ 풍력과 태양광 등 대체에너지의 적극적 활용과 에너지 절
약형 생활방식의 개발 및 에너지 절약형 건축의 법제화로
에너지의 소비량을 대폭 줄여 에너지 자급률을 50%까지 높
인다. (현재의 에너지 자급률은 약 2.5%)

5) 교육의 자율성 보장과 평준화제도의 폐지

① 유치원부터 대학원까지 국공립학교에서의 학습은 무상으
로 하고, 사립학교는 자율적으로 운영케 한다. 자율적 운영
이 불가능한 사립학교는 국공립으로 전환케 한다.

② 학교와 학과를 다양화하여 자신의 적성과 능력에 따라 학
교와 학과를 선택할 수 있게 한다.

③ 실효성이 없어진 고교평준화제도를 폐지하여 누구나 자아

를 실현할 수 있게 함과 아울러 국가의 지식과 기술 수준을
향상시킨다. (평준화제도로 가난하거나 학습능력이 떨어지는 사람을 보
호하려 할 것이 아니라 사회보장제도를 통해 이들을 보호해야 한다. 돈이 많
거나 능력이 뛰어난 사람은 능력을 최고도로 발휘하게 해서 국가경쟁력을 강
화하고 국민전체의 생활수준을 높이는 데 기여하게 해서 돈이 없거나 능력이
뒤처진 사람을 돕게 해야 한다.)

④ 각급 학교의 자율성을 보장하되 특히 대학과 사립학교는
국가경쟁력 강화의 견인차가 될 수 있게 자율성을 강화한
다. 그러나 비교육적 방법은 엄격히 통제되어야 하며, 특히
부정한 방법에 대해서는 엄격한 제재를 가한다.

⑤ 각 대학의 학생선발은 대학의 자율에 맡기되, 대학수학능
력시험을 적극 활용할 수 있게 하고, 내신의 반영비율은 최
소한에 그치게 한다. (현재의 한국사회에서 내신의 반영비율을 높일 경
우 그 부작용이 너무 클 것이다.)

⑥ 각급 학교는 기초학문과 윤리교육을 강화하게 한다.

⑦ 대학이 학사관리를 엄격하게 하도록 함과 아울러 대학을
졸업하지 않더라도 인간답게 살아갈 수 있게 해서 대학생
수와 대학 수가 대폭 줄어들게 한다. 졸업장 따러 대학에 갈
필요는 없게 한다.

6) 사회보장예산의 확보와 조세제도의 개혁

① 국민의 담세율을 GNP 대비 21%에서 31%까지 올리되, 연

금, 기금 등의 준조세를 최소화한다. (준조세로 내는 돈이 너무 많으므로 사회보장제도의 확립과 더불어 준조세를 줄이고, 정부가 온갖 명목을 붙여 통치자금으로 쓰고 있는 예산의 낭비를 없애면 현재의 부담으로도 사회보장제도를 확립할 수 있을 것이다.)

② 전반적으로 세율은 낮추고 탈세를 없앤다.

③ 조세의 종류와 세율을 단순화하여, 현재의 30여 종류에서 소득세, 소비세, 재산세, 상속세, 증여세, 관세로 줄이고, 소득세의 누진율을 재조정하여 저소득의 세율을 낮추면서 고소득의 세율을 높인다. (소득세 누진율을 현행 1,000만 원 이하 8%, 1천만 원 초과 4천만 원 이하 17%, 4천만 원 초과 8천만 원 이하 26%, 8천만 원 초과 35%에서 2천만 원 이하 5%, 2천만 원 초과 4천만 원 이하 15%, 4천만 원 초과 6천만 원 이하 30%, 6천만 원 초과 1억 원 이하 40%, 1억 원 초과 5억 원 이하 50%, 5억 원 초과 60% 정도로 조정한다.)

7) 한반도의 평화정착과 대북정책

① 북한의 핵무기 개발은 미국에 대한 위협 이전에 남한에 대한 위협이며 민족적 대재앙을 초래할 수 있음을 북한 쪽에 알려 한반도 비핵화 합의를 지키게 한다.

민족공조 내지 한반도 전쟁방지를 이유로 남한주민을 북한 핵 개발의 인질로 제공하는 일은 없어야 한다. 미국이 핵무기를 보유하고 있으니 북한도 개발할 수 있다는 이유로 북한의 핵 개발을 정당화해서는 안 된다. 핵무기는 인류의 적이기에 모든 나라가 핵무기를 보유할 수 없게 해야 한다.

② 북한과의 대화와 교류 및 북한에 대한 지원에 적극적으로 임하되, 이를 위해 북한에 저자세를 취해서는 안 된다. 주면서 교만한 것도 옳지 않지만 주면서 비굴한 것은 더 나쁘다.

③ 개성공단을 활성화함은 물론 유사한 형태의 공단을 휴전선 근방에 많이 설치해서 북한의 경제발전을 돕고 남한경제에도 도움이 되게 한다.

④ 북한체제가 언제 붕괴할지 모르는 만큼 이에 대한 대책을 강구해야 한다. 북한체제의 붕괴가 민족통일이 아닌 북한 영토의 상실이 되지 않도록 해야 한다.

8) 가정의 화목과 효도의 실천

가화만사성家和萬事成. 가정이 화목하면 못 이룰 일이 없다. 가정은 행복의 원천이자 원기회복의 안식처이며 국가발전의 토대이다. 가정은 지고지순한 사랑의 실천장이요 실현장이다. 생활이 아무리 어려워도 가정이 화목하면 일단 행복한 삶을 살 수 있다. 가정의 화목은 효도와 부부사랑과 자녀양육을 원만히 하는 데서 이루어진다. 이는 인륜이자 천륜이기 때문에 강조할 필요가 없어야 하겠으나 지금 이것이 제대로 안 되고 있는 것이 현실이다. 누구나 화목한 가정을 이루어 그 속에서 인생 최대의 행복을 누릴 수 있게 해야 한다.

오늘의 한국사회에서 화목한 가정을 이루어 그 속에서 인생 최대의 행복을 누릴 수 있게 하는 데 가장 필요한 일은 자녀가 부모를 모시고 살 수 있게 하는 일이다. 이를 위해 노령연금과 별도로 부모봉양수당을 1인당 매월 20만 원 정도 지급하고, 부모를 모시고 살기에 편하도록 가옥구조를 개조하는 데 드는 비용의 상당 부분을 국가가 지원할 필요가 있다. 옛날에는 가옥구조가 안채와 사랑채 등으로 분리되어 있어 부모세대와 결혼한 자녀세대가 함께 살아도 불편함이 별로 없었으나 지금은 아파트든 일반주택이든 가옥구조가 한 세대만 살 수 있도록 되어 있어 결혼한 자녀가 부모를 모시고 살기에는 대단히 불편한 것이 사실이다. 부모를 모시고 살아야 하는 당위만 강조할 것이 아니라 부모를 모시고 살 수 있는 여건을 만들어가야 한다.

그리고 부모들도 결혼한 자녀들과는 별도로 살 생각을 하고 있고, 또 나이가 들어 늙어도 자녀들과 함께 살 생각은 별로 하지 않는 경향이 강하다. 심지어 양로원에서 가서 살지언정 자녀들과 함께 살 생각은 하지 않는 경우도 대단히 많다. 나이가 들어 늙으면 자식들은 물론 손자손녀들과 함께 사는 것이 인생에서 큰 행복인데, 이 행복을 누리지 못하고 늙어 양로원에서 죽음을 기다리며 고독하게 살아야 하는 것은 인생의 큰 비극이 아닐 수 없다. 이 인생의 비극을 회피할 방안을 찾지 못한다면 모든 노력들이 다 헛것이 될 것이다. 특별한 경우를 제외하고는 누구나 부모세대와 자녀세대가 함께 살 수 있게 해야 한다.

이런 점에서 실버타운을 많이 건립하려는 것은 기본적으로 옳

지 않다. 실버타운에 들어가 살 수밖에 없는 사람이 없지 않겠으
나 자녀들이 있는 부모들이 실버타운에 들어가 사는 일은 없도록
해야 한다.

9) 전 세계 한민족 공동체 건설과 동북중아지역의 경제문화협력 강화

해외에 있는 한민족은 거주국의 발전을 위해서 공헌하되 한민
족 공동체 건설에 적극 참여할 수 있게 해서 민족적 자부심을 갖
게 한다. 이를 위해 재외동포법을 개정하여 한민족임을 입증할
만한 자료가 있으면 전원 재외동포의 지위를 부여하고 참정권의
부여도 모색한다.

남북한, 중국의 동북지방 3성, 몽골, 연해주, 중앙아시아 각국
등을 포괄하는 동북중아지역의 경제문화협력을 강화하고, 중국,
일본, 베트남, 대만, 필리핀, 인도네시아, 싱가포르, 말레이시아
등과 함께 아시아경제협력체의 형성을 추진한다.

10 신문명정치를 하는 사람들의 준수사항

앞에서 여러 차례 강조했듯이 새로운 정치가 나올 수 있게 하
기 위해서는 새로운 정치를 할 만한 인품과 능력을 갖춘 사람이
나와야 한다. 내가 올바르지 않고는 세상을 올바르게 변화시킬
수가 없기 때문이다. 따라서 신문명정치를 하려는 사람들은 신문

명정치를 할 만한 인품과 능력을 갖추어야 하겠는 바, 이를 위해서는 엄격한 규율에 따른 집단적인 훈련이 있어야 하는 것은 물론 개인적으로도 신문명적 삶을 살아야 한다. 신문명세상을 열기 위해서는 자신이 먼저 신문명인간이 되어야 하겠기 때문이다. 이런 맥락에서 신문명정치를 하는 사람이 일상적으로 지켜야 할 최소한의 준수사항을 제시해보고자 한다.

* 신문명정치 생활수칙

1) 식사 때에는 감사와 다짐 및 소망의 기도를 한다. 특히 다른 사람과 함께 식사를 할 때에는 상대방의 건강과 행복을 축원하는 기도를 한다.

2) 과식과 과음, 과소비를 반드시 자제한다.

3) 음식물을 남기지 않도록 노력한다.

4) 담배를 피우지 않는다.

5) 약속시간을 지킨다.

6) 거짓말을 하지 않는다.

7) 하루에 한 가지 불우이웃을 돕는 일을 한다.

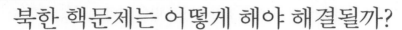

북한 핵문제는 어떻게 해야 해결될까?

■ **북한 핵문제와 관련한 기본사항**

1) 북한은 왜 핵무기를 보유하려 할까?
   - 체제와 정권을 유지하기 위한 것임.

2) 북한은 핵무기를 포기할 수 있을까? 경제적 지원, 체제와 정
   권 보장, 제재와 압박으로 포기할까?
   - 김정은 정권이 존속하는 한 핵무기 포기는 없을 것임.
   - 체제와 정권 유지를 보장할 방안이 없음.
   - 핵무기 보유로 북한 정권이 붕괴할 상황에 직면할 때만
     폐기를 고려할 수 있음.

3) 남한 입장에서 북한의 핵무기 보유를 용납해도 될까?
   - 남북 대치 상황에서 북한의 핵무기 보유는 용납할 수 없음.

- 북한이 핵무기를 보유하는 한 한반도에서 핵전쟁이 발발할 수 있음.
- 북한이 핵무기를 보유하는 한 민족통일은 불가능함.
- 북한 동포를 빈곤과 공포에서 구출하기 위해서도 북한이 핵무기를 보유하지 못하게 해야 함.

4) 북한 핵문제의 당사자는 누가 되어야 하나?
- 북한 핵문제의 당사자는 미국이 아니라 남한이어야 함. 남한이 당사자가 되어야 북한이 핵무기를 보유할 명분을 잃게 됨.

5) 북한 핵문제에 대한 미국 및 중국의 입장
[미국의 입장]
- 미국이 북한의 핵무기 보유를 반대하는 이유.
핵무기 비확산 정책 실패, 미국의 국가안보 위협, 북한의 핵무기 보유가 기정사실이 되면 북한은 핵무기를 중동에 수출할 수 있고, 그것이 미국에 반입될 수 있음.
- 그러나 트럼프 대통령은 북한의 핵무기 보유를 용인하면서 북미관계를 정상화하고 북한을 미국 편으로 끌어들이려 함. 이렇게 되면 남한은 북한에 종속됨. 미국으로서는 ICBM과 SLBM만 없으면 북한의 핵무기를 용인하는 것이 중국 견제에 도움이 된다고 볼 수 있음.

[중국의 입장]

- 중국은 기본적으로 북한의 핵무기 보유를 용납할 수 없음.

a. 중국의 국가안보 위협

b. 한국과 일본, 대만의 핵무기 개발

c. 중국의 경제발전에 방해가 됨.

d. 북한의 핵무기 보유가 기정사실이 되면 북한은 미국 편에 설 것임.

- 중국은 북한의 핵무기 보유를 용납할 수 없지만, 현재의 상황에서 북한을 강하게 압박해서 김정은 정권이 붕괴하면 남한 중심의 통일이 이루어져 한반도 전체가 미국 편에 설 수 있다고 보기 때문에 북한의 핵무기 보유를 강하게 반대하지 못하고 있음.

그런데 지금은 미국이 북한의 핵무기 보유를 용인하는 방향으로 나가는 것 같아 더욱더 북한의 핵무기를 폐기케 하기 위해 특단의 조치를 취할 수 있음. 특단의 조치는 친중쿠데타일 수 있음.

■ 6·12북미정상회담 이후의 북한 핵문제 진행사항

1) 2018년 초 김정은 위원장은 왜 핵무기 포기를 시사하면서 남북대화와 북미대화에 나섰을까? 핵무기를 포기하고 경제발전에 주력하기 위한 것이었을까?

- 미국 트럼프 대통령의 북한 핵시설 폭격 가능성

– 미국 주도의 경제제재에 중국이 적극 동참함으로써 더이상 버티기 어려웠기 때문이었음.

2) 4·27 남북정상회담 이후 북한은 핵무기를 포기하고 경제발전에 주력할 것처럼 말했었는데, 과연 그렇게 할까?
  – 그렇게 하지 않음. 미국의 북폭과 제재를 모면하기 위한 술책이었음.
  – 베트남 방식이나 중국 방식이 거론되었는데, 착각임.

3) 6·12북미정상회담에서 미국과 북한은 북한의 핵무기 폐기를 합의했을까?
  – 6·12북미정상회담에서 미국과 북한은 4가지를 합의했는데, ①새로운 북미관계 수립 ②한반도 평화체제 구축 ③북한은 4·27판문점선언을 재확인하고 한반도의 완전한 비핵화를 향해 노력할 것 다짐 ④미군 유해 송환인데, 이 합의를 핵무기 폐기 합의로 볼 수 있을까? 볼 수 없음.

4) 6·12북미정상회담에서 트럼프 대통령은 왜 북한 핵문제에 대한 그간의 강경한 입장을 포기하고 사실상 북한의 핵무기 보유를 용인한 채 북미관계 개선에 주력하는 발언을 쏟아냈을까?
  – 북미정상회담에 앞서 6월 1일 북한의 김영철 부위원장이 뉴욕에 가서 폼페이오 장관을 만난 데 이어 다음날 워싱

턴에서 트럼프 대통령을 만나 트럼프 대통령에게 북한은 앞으로 중국 편에서 떨어져 나와 미국 편에 서겠다는 것이 김정은 위원장의 뜻이라는 점을 전하고, 북한 핵문제에 대해 너무 압박하지 말아달라고 요청한 때문으로 봄. 그때 트럼프 대통령은 김 부위원장을 엄청나게 환대했고, 그때부터 트럼프 대통령은 이것을 아주 기쁜 마음으로 받아들여서 눈에 띄게 북한 핵문제에 대해 온건한 입장을 취했음.

— 지금 트럼프 대통령으로서는 북한이 ICBM과 SLBM만 없으면 핵무기를 보유하고 있는 것이 미국의 국가이익에 부합한다고 판단할 것임. 북한의 핵무기 보유를 명분으로 한미동맹, 주한미군유지, 한미연합군사훈련, 한반도 전략자산 배치 등을 할 수 있기 때문임. 이것들은 북한을 겨냥한 것이기도 하지만 중국을 겨냥한 것임. 미국의 최대 대외정책은 중국포위전략인 터에 북한을 미국 편으로 끌어들이면 더 좋고, 그렇지 못하더라도 북한 핵을 명분으로 중국을 압박할 수 있기 때문임. 그러나 트럼프의 이런 정책은 바뀔 수 있고, 내년 미국 대선 때가 되면 북한 핵시설을 폭격한다는 말도 할 가능성이 큼.

■ 북한 핵문제의 근본적 해법은 무엇일까?

1) 남한 중심의 한반도 통일이 이루어져야 북한 핵문제를 해결

할 수 있으리라고 봄.

통일 없이는 북핵 문제의 해결이 없고, 평화도 있을 수 없음.

2) 남한 중심의 한반도 통일의 조건

　① 김정은 정권의 항복 내지 붕괴 — 통일에 동의하고 망명
　　하거나 쿠데타로 축출되어야 함.

　② 미국과 중국의 동의.

　　(미국과 중국이 한반도 통일을 방해하거나 반대하면 현실적으로 한반도
　　통일이 어려움.)

　③ 남한 정부의 통일의지.

3) 북한 핵문제의 해결을 위해서는 남한 중심의 한반도 통일이
　이루어져야 함을 미국과 중국에 어떻게 설득할 것인가?

　(1) 미국의 경우

　북한의 핵무기 보유는 미국의 국가안보를 위협하고 미국의
　핵무기 비확산 정책이 실패하는 것을 의미하기 때문에 북
　한의 핵무기를 없애야 하는데, 어떻게 없앨 것인가가 문제.
　북한 핵시설 폭격은 핵무기 전쟁을 초래할 수 있어 미국에
　대한 비난 초래. 제재와 압박으로는 한계가 있음.

　그래서 남한 중심의 한반도 통일이 이루어져야 북한 핵문
　제를 해결할 수 있음을 설득해야 함.

　미국은 한국과 긴밀한 관계에 있기 때문에 남한 중심의 한

반도 통일을 지지할 가능성이 대단히 큼.

(2) 중국의 경우

북한의 핵무기 보유가 기정사실이 되면 중국이 입을 피해.

① 중국의 국가안보 위협

② 한국, 일본, 대만의 핵무기 보유

③ 중국의 경제발전 방해 – 지하자원이 많은 동북 3성의 경제발전 방해.

④ 북한의 핵무기 보유가 기정사실이 되면 북한은 미국 편에 설 가능성이 큼.

⑤ 한미연합훈련 등 한국의 미국 의존 불가피. 사드보다 더 강력한 미국 무기 한국 배치 가능. 미국의 중국포위전략에 한국이 참여하지 않을 수 없음.

⑥ 언젠가는 한반도에서 핵무기 전쟁이 발발할 수 있음. 미국이 북한 핵시설을 폭격할 수 있는데, 중국의 입장 난처해짐.

그래서 중국은 북한 내 쿠데타 등을 모색하겠으나, 이것은 한국과 미국의 강력한 반발에 직면할 것임.

그래서 남한 중심의 한반도 통일이 북한 핵문제 해결 및 중국의 경제발전에 좋음을 설득해야 함.

⑦ 남한 중심의 한반도 통일을 중국이 지지할 수 있는 조건.

– 통일된 한반도는 핵무기를 보유하지 않을 것.

– 한미동맹 해체하고 주한미군은 한강 이남에만 주둔할 것.

─ 통일된 한반도가 미국의 중국포위전략에 참여하는 일이
　　　　없을 것.
　　위와 같은 조건이 이루어질 수밖에 없음을 설득해야 함.
　　(3) 북한이 핵무기를 포기하지 않은 한 남한도 핵무기를 개
　　　　발하겠다는 것을 밝혀야 함.
　　─ 남한 중심의 한반도통일에 대한 미국과 중국의 동의를
　　　　얻어내기 위해서도 핵무기 개발 의지를 밝혀야 함.
　　─ 한미방위조약, 한미원자력협정, 미국의 경제제재 등을
　　　　이유로 핵무기를 개발하지 못한다면 그런 나라는 핵무
　　　　기를 머리에 이고 살아도 어쩔 수 없음. 자주국방 할 수
　　　　없는 나라는 나라가 아님.
　　─ 한미동맹의 유지와 주한미군의 주둔은 동북아시아의 평
　　　　화를 위한 것이기 때문에 미국을 위한 것이기도 함. 미국
　　　　은 한국을 포기하기 어려움.

4) 한국정부의 통일 추진전략
　　(1) 민족통일을 국정운영의 최우선과제로 선포함.
　　─ 민족통일 방안 제시를 통해 통일비용과 통일 후의 혼란
　　　　을 걱정할 필요가 없음을 밝히면서, 민족통일이 가져올
　　　　엄청난 편익을 밝힘.
　　(2) 북한의 김정은 위원장에게 '민족통일을 위한 남북정상
　　　　회담' 제안

- 응해도 좋고 응하지 않아도 상관없음.

(3) 북한 동포에게 통일메시지 전달

　- 통일해서 함께 잘 살자!

(4) '한반도의 비핵화와 통일을 위한 4자회의' 추진(남한과 북한, 미국, 중국이 참여함.)

　이렇게 해서

① 한반도의 남과 북에 통일 분위기 진작. ― 반통일세력 고립.

② 특히 북한에서 민족통일 분위기가 조성되게 해야 함.

③ 북한 정권은 민족통일을 싫어하겠지만 통일 분위기에 역행하게 되면 정권을 유지할 수 없어 민족통일에 동조하거나 망명해야 함. 물밑 접촉을 통해 북한 정권의 핵심 인사들이 외국으로 망명해서 살아갈 수 있도록 조치할 필요가 있음.

장기표 대선 출마선언문

'문재인 대세론'을 극복하고 '좋은' 대통령을 뽑읍시다!

국내외 정세가 대단히 엄중합니다. 국내정세는 경제침체와 사회갈등으로 국민적 불안이 팽배해 있고, 한반도 주변 국제정세는 언제 어디서 어떤 대격돌이 일어날지 알기 어려운 불안한 상황입니다. 한마디로 총체적 위기에 총체적 불안이 엄습해 있는 상황입니다.

그래서 국정운영이 정상적으로 이루어지더라도 잘 대처하기가 어려운 터에 '박근혜·최순실 게이트'로 국정운영이 마비되다시피 해 있으니 국민의 불안은 더 클 수밖에 없습니다.

박근혜 대통령의 퇴진을 요구하는 촛불집회에서 국민의 가슴에 가장 강하게 와 닿은 구호가 '이게 나라냐'라는 국민적 탄식인데, 이것은 오늘의 암담한 현실을 가장 극명하게 표현해주고 있다 할 것입니다.

이런 상황에서 박근혜 대통령에 대한 탄핵 찬반세력이 격돌하고 있어, 어떤 결과가 나오든 나라는 더 어려워질 것으로 보입니다.

어떻게 해야 이런 위기상황을 극복하고, 오히려 이 위기를 전화위복의 기회로 삼을 수 있겠습니까!

결국 좋은 대통령을 뽑아야 합니다. 적폐청산, 헌법개정 등 다양한 주장들이 있으나, 가장 중요한 것은 새로운 비전과 정책으로 국민에게 희망과 활력을 불러일으킬 좋은 대통령을 뽑는 것입니다.

그런데 지금 언론에 보도되는 대선판세로는 좋은 대통령을 뽑을 가능성이 거의 없습니다. 대통령이 되고자 하는 사람은 국민에게 희망과 활력을 불러일으킬 비전과 정책을 제시해서 서로 경쟁해야 하는데도 지금은 그런 비전과 정책을 제시하는 사람은 없이 정치공학적인 득표전략이나 합종연횡에 매달려 있으면서 국민을 더 불안하게 하거나 짜증나게 하는 일들이나 하고 있으니 말입니다.

더욱이 지금의 대선판세는 '문제인 대세론'으로 기울어져 있는데, 이 '문제인 대세론'이 이어져 문재인 씨가 대통령이 된다면 '박근혜 게이트'보다 더 위험천만한 '문재인 게이트'가 터질 가능성이 대단히 큽니다.

'박근혜 게이트'의 주된 원인이 '친박패권주의'를 혁파하지 못한 데 있을진대, 문재인 씨가 대통령이 된다면 '친문패권주의'가 국정을 농단할 것이니 말입니다.

항간에 "박근혜에게는 최순실이 한 명이지만, 문재인에게는 최순실 같은 사람이 여러 명이다"는 말이 있는데, 이것은 '문재인 게이트'에 대한 민심의 우려를 말해주는 것이라 하겠습니다.

더욱이 문재인 씨가 대통령이 된다면 국론분열이 극단에까지 치달아 정상적 국정운영이 불가능할 것이니, 이러고서야 어떻게 나라가 온전할 수 있겠습니까?

그래서 문재인 씨는 결단코 대통령이 되어서는 안 됩니다. 문재인 씨는 대통령이 되지 말아야 하는 것은 물론 대통령후보도 되지 말아야 하고, 정계에서 퇴출되어야 마땅합니다. 문재인 씨의 정치경력으로 보더라도 그러하고, 그의 품성으로 보더라도 그러합니다. 이를 좀 더 구체적으로 말씀드림으로써 '문재인 대세론'이 왜 허구이며 '문재인 불가론'이 왜 정당한지 밝혀 드리고자 합니다.

먼저 문재인 씨의 정치경력을 보고자 합니다.

문재인 씨의 정치경력은 다음 네 가지입니다. 노무현 정권의 왕실세이자 민정수석비서관이었고, 국회의원 4년을 한 것과 더불어민주당의 대표를 지낸 것입니다.

그런데 이 네 가지 경력 모두 대통령은커녕 대통령후보도 되지 말아야 하는 경력으로 정계에서 퇴출되어야 마땅한 경력입니다. 그 이유는 이렇습니다.

우선 노무현 정권은 실패한 정권입니다. 실패한 정권의 왕실세였던 사람이 차기 대통령이 되어서 국정을 잘 운영할 것이라고 기대할 수는 없습니다.

그런데 이들은 노무현 정권이 끝난 후 '폐족'을 자처하며 정계를 떠났던 사람들로, 노무현 대통령 자살에 대한 국민적 동정심에 기대어 정계에 복귀한 사람들입니다. 이런 사람이 대통령후보가 되고 대통령이 된다는 것은 말이 안 됩니다.

어떤 이유로 자살했건 전직 대통령의 자살은 안타깝기는 하나 옳지 못한 일인데, 그 옳지 못한 일에 기대어 정치적으로 부활하는 것은 소가 웃을 일로 이것이 용납되어서는 안 됩니다. 이 점과 관련해 국민 여러분께서도 깊은 성찰이 있기를 바랍니다.

다음으로 문재인 씨는 노무현 정권 시절 대통령 친인척의 부정부패를 감시하는 자리인 청와대 민정수석비서관이었는데, 대통령 친인척의 부정부패를 막지 못해 노무현 대통령이 자살하게 되었으니, 문재인 씨는 노무현 대통령의 자살에 직접 책임이 있는 당사자입니다.

'박근혜─최순실 게이트'가 무엇입니까? 국정문란, 국정농단이기도 하지만 그 발단은 대통령 친인척의 부정부패입니다. 대통령 친인척의 부정부패로 나라가 망할 수도 있는 지금 대통령 친인척의 부정부패를 막지 못해 전직 대통령으로 하여금 자살에까지 이르게 한 사람을 대통령으로 뽑는다면 이것은 '박근혜─최순실 게이트'에서 아무런 교훈도 얻지 못하는 부끄러운 일입니다.

그리고 문재인 씨는 국회의원 4년을 했으나 아무런 성과를 내지 못했습니다. 오히려 대통령후보가 되고서도 국회의원직을 그대로 유지함으로써 그가 얼마나 용렬한 사람인가를 보여주었을 뿐입니다.

그리고 그는 더불어민주당의 대표직을 오래 유지했는데, 그가 대표로 있는 동안 여러 차례의 보궐선거에서 연전연패했습니다. 심지어 26 대 0으로 완패한 일도 있으니, 더 말해 무엇하겠습니까? 상황이 이러다 보니 당 내외에서 문재인 대표의 사퇴를 요구하는 사람들이 많았으나, 그는 끝까지 사퇴를 거부했습니다. 안철수 의원이 문 대표에게 "문 대표가 사퇴하지 않으면 내가 탈당한다"고 여러 차례 경고했으나, 문 대표가 끝내 사퇴하지 않자 마침내 안철수 의원이 탈당했습니다. 그 뒤를 이어 다수 의원들이 탈당하여 국민의당이 창당됨으로써 야권이 분열되기에 이르렀습니다.

그러니 그는 제1야당을 망가뜨린 원흉이자, 야권분열의 장본인입니다. 이런 사람은 제1야당의 대통령후보도 되지 말아야 하거늘, 이런 사람이 대통령이 되어서야 어떻게 국정운영을 잘할 수 있겠습니까?

그런데 얼마 전에는 문재인 씨가 이런 말을 했습니다. "야권통합을 반대하면 역사에 죄를 짓는 것"이라고 말입니다. 야권을 분열시킨 장본인이 어떻게 이런 말을 할 수 있습니까? 이 정도면 후안무치를 넘어 적반하장의 극치가 아닐 수 없습니다.

그래서 지난 총선 직전 박근혜 대통령이 이한구 씨를 앞세워 새누리당을 완전히 만신창이로 만들지 않았다면, 새누리당이 180석을 넘어 200석까지 차지할 것으로 보였습니다. 이런 예상이 나오도록 더불어민주당을 망가뜨린 사람이 바로 문재인 대표였습니다. 이런 사람이 어떻게 야권의 대통령후보가 될 수 있겠습니까? 그나마 더불어민주당이 상당수 의석을 차지하게 된 것은 김종인 씨 덕분이었습니다.

이처럼 제1야당을 망가뜨려 새누리당에게 엄청난 의석을 안겨줄 뻔했던 사람이 선거가 끝나고서 다시 대통령후보로 나서서 '문재인 대세론'을 형성하고 있으니, 이것은 한국정치의 저급성을 드러내는 한 예일 뿐입니다.

국민 여러분!

그럼에도 불구하고 문재인 씨가 축출되기는커녕 더불어민주당의 대통령후보가 될 가능성이 대단히 높은데, 이렇게 된 것은 더불어민주당이 '친노패권주의' 곧 '친문패권주의'에 의해 지배되고 있기 때문입니다.

'친박패권주의'에서 나온 '박근혜-최순실 게이트'로 엄청난 혼란과 위기를 겪고 있는 지금 친문패권주의로 더불어민주당을 지배하고 있는 문재인 씨가 대통령이 된다면 '문재인 게이트'가 터져 나올 것은 너무나 분명합니다.

이것이 충분히 예견됨에도 불구하고 이를 용납한다면 그 책임은 국민에게 있을 수밖에 없고, 특히 정치인의 책임이 클 수밖에 없습니다.

이런 점에서 오늘 이 나라의 정치인들이 '문재인 대세론'을 꺾지 못한다면 정계를 떠나는 것이 옳습니다.

저 장기표는 '문재인 대세론'을 반드시 꺾고야 말 것을 분명하게 밝히는 바입니다.

다음으로 문재인 씨의 품성을 봅시다.

우선 문재인 씨는 정직하지 못합니다.

송민순 전 장관의 회고록이 출간되고서 UN의 북한인권결의안에 대한 찬반결정과 관련하여 문재인 당시 청와대 비서실장이 북한에 문의해보자는 말을 했다고 해서 문제가 된 일이 있습니다. 이때 그는 "생각이 안 난다"고 말했습니다. 이런 중대 문제가 생각이 안 난다면 이것은 북한에 문의한 것보다 더 큰 잘못이기에 생각이 안 날 수가 없습니다. 결국 그의 이런 발언은 정직하지 못한 데서 나온 발언이 아닐 수 없습니다.

그가 정직하지 못한 것은 도처에서 드러나고 있는데, '박근혜 게이트' 국면에서 일관성 없는 발언으로 여론의 뭇매를 맞은 것도 결국 정치철학이 없기 때문이기도 했지만 정직하지 못한 것 때문으로 보아 마땅합니다.

다음으로 지적될 부분은, 문재인 씨는 책임감이라고는 손톱만큼도 없는 사람입니다.

앞에서 언급한 대로 재보궐선거에서 연전연패하고도 대표직을 사퇴하지 않은 것은 그의 무책임성의 극치를 보여주는 것입니다.

그리고 지난 총선에서 그는 "호남의 지지를 받지 못하면 대통령후보로 나서지 않는 것은 물론 정계에서 은퇴하겠다"고 말했으나, 호남에서 참패를 넘어 완패했지만 전혀 이 말을 지키지 않았습니다.

그런데 이에 대한 변명이 더 걸작입니다. "그런 발언을 한 것은 선거 때라 선거전략상 그런 발언을 했을 뿐"이라고 변명했습니다. 이런 변명은 정계은퇴를 번복하는 것보다 더 나쁜 변명으로 호남인들을 무시하는 발언이 아닐 수 없습니다.

이런 일 등으로 호남사람들은 문재인 씨에 대해 호남 차별주의자 내지 호남 무시와 호남 기만으로 규정하고, 그를 크게 거부하고 있는 상황입니다. 그래서 호남의 '반문재인 정서'는 사라지지 않을 것이고, 야권의 중심지역인 호남에서 지지받지 못하는 사람이 대통령이 되는 것은 불가능한 일입니다. '문재인 필패론'이 나올 수밖에 없는 이유이기도 합니다.

그런데 국민 여러분! 이처럼 문재인 씨는 그의 정치경력 상으로 보거나 그의 성품으로 보아 대통령후보는커녕 정계에서 축출되어야 마땅한 사람인데도 '문재인 대세론'이 팽배해 있으니, 또 다른 차원에서 "이게 나라냐"라는 말이 나오지 않을 수 없는 상황입니다.

그런데 더 가관인 것은 문재인 씨가 스스로 '털어도 털어도 먼지가 안 나는 사람'이라고 주장하는가 하면, '이미 검증이 끝난 사람'이라고 주장하고 있다는 사실입니다. 그가 과연 이런 말을 할 자격이 있습니까? 오히려 뻔뻔스러움과 무책임의 극치를 보여주는 것 아닙니까?

박근혜 대통령의 경우 국정문란과 국정농단도 크나큰 잘못이지만 이보다 더 큰 잘못은 '내가 잘못한 것이 무엇이 있나'고 주장하는 그 뻔뻔스러움입니다. 또 탄핵재판에서 이겨 권력을 유지하려고 드는 그 후안무치한 태도입니다.

문재인 씨도 이에 못지않게 뻔뻔스럽고 후안무치하니 더 무엇을 말할 필요가 있겠습니까?

국민 여러분!

'문재인 대세론'이 우리 사회에 팽배해 있는 것은 국가적 비극이요 국민적 수치입니다. 그래서 문재인 대세론과 관련하여 다음과 같은 경고의 말씀을 드리고자 합니다.

첫째, 국민에게 고합니다.

실패한 정권의 왕실세, 권력형 부정부패를 막지 못한 사람, 야권분열로 정권교체가 불가능하도록 할 뻔한 사람, 그리고 무엇보다 정직하지도 않고 책임감도 없는 사람, 아니 무책임과 뻔뻔스러움의 극치인 사람, 이런 사람이 '문재인 대세론'을 형성하도록 내버려두어서는 안 됩니다. 그에 대한 어떠한 지지도 있어서는 안 됩니다.

둘째, 더불어민주당의 '민주화운동가 출신들'에게 고합니다.

여러분은 민주화운동을 왜 했습니까? 패권주의는 독재의 다른 이름일 뿐입니다. 앞에서 지적했듯이 더불어민주당이 친노패권주의 내지 친문패권주의에 의해 지배되지 않는다면 문재인 씨가 더불어민주당의 가장 유력한 대선주자가 되는 일은 없었을 것입니다.

따라서 여러분들이 민주화운동 경력을 자랑스럽게 생각한다면 문재인 씨를 유력한 대선 주자에서 끌어내리든지, 그럴 수 없다면 차라리 탈당하기 바랍니다. 이것도 저것도 할 수 없다면 더불어민주당이 해체되게 해야 합니다.

셋째, 문재인 캠프에 들어가 있는 지식인들에게 고합니다.

대통령이 될 자격이라고는 손톱만큼도 없는 사람이고, 오직 친노패권주의에 기대어 대세론을 형성하고 있는 사람에게 무엇을 기대할 것이 있어 그를 대통령으로 만드는 데 기여하고 있습니까? 즉각 사퇴하기 바랍니다.

저의 이런 충고에도 불구하고 문재인 씨를 돕는 일을 하고자 한다면 단 한 가지라도 대통령감으로서, 하다못해 정치인으로서 문재인 씨의 장점을 말해보시기 바랍니다.

넷째, 언론인들에게 고합니다.

언론인은 단순히 한 직종의 직업인이 아닙니다. 언론사는 사기업이 아니라 제4의 헌법기관입니다. 대한민국이 민주공화국 곧 민주주의 국가이기 위해서는 언론의 자유가 보장되어야 하고, 그래서 헌법은 "모든 국민은 언론의 자유를 가진다"고 규정하고 있습니다.

그런데 언론의 자유는 국민 개개인에 의해 행사되는 것보다 언론기관 내지 언론인에 의해 행사되는 것이 더 중요합니다. 따라서 언론인은 국민의 의사를 대변하는 책무를 지고 있고, 이런 점에서 언론인은 '공무원'을 넘는 '국무원' 곧 국민의 의사를 대변하는 임무를 띤 공직자라고 할 수 있습니다.

그런데 지금 언론 내지 언론인이 국민의 의사를 대변하는 '국무원' 역할을 제대로 하고 있습니까? 국민은 지금 살기 힘들어 죽겠는데 이에 대해서는 관심이 먼 정치인들의 허접한 이야기나 보도하며 정치인들 대변인 노릇이나 하고 있으니 말입니다.

대선 주자들의 동정이 매일같이 대서특필되고 있는데, 국민에게 희망과 활력을 불러일으킬 만한 기사가 얼마나 되겠습니까? 오히려 국민을 실망시키고 더 괴롭게 하면서 국민갈등이나 조장하고 있지 않습니까? 물론 그 근본적인 책임은 이런 행태만을 반복하고 있는 정치인들에게 있지만, 이를 무비판적으로 보도하고 있는 언론인들에게도 상당한 책임이 있습니다. 무엇보다 '문재인 대세론'에 대해 아무런 거부감이나 의구심조차 없이 그것을 앞다투어 보도하는 것은 대단히 잘못된 태도입니다.

언론은 사실보도의 기능도 있지만 국민계도의 기능도 있을진대, '문재인 대세론'으로 문재인 씨 같은 무자격자를 대통령으로 만드는 데 기여하는 일이 없기를 간절히 바랍니다.

다섯째, 정치권에 고합니다.

문재인 씨 같은 사람이 대선후보로서 대세론을 형성하고 있는데 대해 정치권은 공동의 책임을 느껴야 합니다.

'문재인 대세론'이 사라지도록 최선의 노력을 다해야 함은 물론 문재인 씨가 대통령이 되는 것은 기필코 막아야 합니다. 문재인 씨가 대통령이 된다면 그러지 않아도 위기에 처한 나라가 결딴날 가능성이 대단히 크기 때문입니다.

그래서 가까운 시일 안에 '문재인 불가론'에 동의하는 분들이 모여 논의할 〈원탁회의〉를 정치권에 강력히 제안합니다.

존경하는 국민 여러분!
저 장기표는 50여 년 동안 국민 모두가 참된 의미의 자유와 평화, 복지가 보장된 가운데 자아실현의 보람과 기쁨을 누리며 행복하게 살 수 있는 나라를 건설하기 위해 노력해왔습니다.
산업의 정보화 곧 자동화와 신제품개발에 따른 생산력의 비약적 발전과 정보통신수단의 획기적 발달로 이러한 나라가 건설될 수 있게 되었습니다.
그러나 이에 잘 대처하지 못하면 대량실업과 소득양극화가 구조화한 가운데 인간성마저 상실해서 인생은 파탄하고 사회는 붕괴하는 대재앙을 맞을 수 있습니다.
이런 문제의식에서 저는 국민 모두의 꿈인 자아실현의 삶을 살 수 있게 할 이념과 정책으로서 민주시장주의와 신문명정책을 정립해 두고 있습니다.
제가 쓴 『신문명 국가비전』, 『한국 경제 이래야 산다』, 『문명의 전환, 새로운 비전』 등에, 특히 지난해 연말에 출간한 『불안 없는 나라 살맛나는 국민』에 자세히 설명되어 있습니다.

이런 점에서 저는 대선 주자들 가운데 그 누구보다 앞서 제4차 산업혁명에까지 이른 정보문명시대에 맞는 이념과 정책 및 이에 입각한 국정운영방안을 마련해두고 있었던 것입니다. 국민 여러분의 깊은 이해와 성원이 있기를 바랍니다.

국민 여러분! 이번 대통령 선거는 너무나 중차대한 선거입니다.

촛불집회를 통해 표출된 국민의 요구는 결국 '좋은' 대통령을 뽑을 때만 관철될 수 있습니다.

그리고 태극기집회의 경우 많은 문제가 있기는 하지만 그 나름의 애국심에 기초한 주장들을 펴고 있을진대, 이 주장들도 결국 좋은 대통령을 뽑을 때만 수렴될 수 있습니다.

그러면 국민 여러분! 어떤 사람을 대통령으로 뽑아야 좋은 대통령이 될 수 있겠습니까?

이와 관련해 저는 다음 3가지 기준에 합당해야 좋은 대통령이 될 수 있다고 생각합니다.

첫째, 오늘의 시대정신이라 할 국민화합과 민생복지, 민족통일을 이룰 비전을 제시하고 이 비전을 구현할 구체적 정책대안을 제시하는 사람이어야 합니다.

둘째, 도덕성을 갖춘 사람이어야 합니다. 정직하고 정의로우며, 책임질 줄 아는 사람을 대통령으로 뽑아야 합니다.

셋째, 나라와 국민을 위해 헌신해온 인생경력을 가진 사람이어야 합니다. 나라와 국민을 위해 헌신해온 인생경력이 뒷받침되지 않으면 어떤 주장도 대국민사기극으로 끝날 수 있기 때문입니다.

끝으로 한 가지 더 첨언한다면 무능하고 부패한 기성정치권이 아닌 '정치 아웃사이더'에서 새로운 대통령이 나와야 합니다. 장기표가 '문재인 대세론'을 꺾고 대한민국 제19대 대통령이 될 수 있도록 열렬히 성원해주실 것을 간곡히 호소합니다.

2017년 2월 23일
국회 정론관에서
장 기 표(신문명정책연구원 대표)

장기표를
말한다

■ 인간해방을 위한 긴 여정, 장기표

조영래는 1988년 10월 6일자 한겨레신문에 쓴 칼럼, 〈장기표는 무슨 죄가 그리 많은가〉에서 이렇게 썼다.

"양심수 전면 석방을 공약한 6·29선언 이후 벌써 몇 차례나 석방조치가 있었는데도 그때마다 탈락되어 아직껏 철창신세를 져야 하는 그(장기표)는 대체 무슨 죄가 그리 많은가. (…) 1967년 어느 겨울밤, 나는 동숭동 대학로를 끝없이 걷다 서다 하며 베트남 파병부대에 자원입대하겠다는 그를 온갖 말을 동원해가며 만류하고 있었다. 그러나 그는 '죽고 사는 것은 하늘에 달렸고, 나로서는 역사의 현장을 체험하지 않고는 배길 수 없다'고 하는 마지막 말로 나를 단념시키고 말았다. 그 역사의식이 그의 첫 번째 죄였다. (…) 1970년 11월 13일, 평화시장 재단사 전태일이 '근로기준법을 지키라'고 절규하며 스물둘의 젊음을 스스로 불살라 죽었을 때, 장기표 씨는 누구보다도 먼저 성모병원 영안실로 달려가 그의 주검을 온몸으로 껴안았다. 그 이후 십 수 년 그는 끝없이 되풀이되는 투옥과 도피 생활을 겪으면서도 언제나 고통 받는 노동자들과 민중의 곁에 있었다. 배고픈 자와 함께 배를 곯았고, 아픈 자와 함께 앓았고, 통곡하는 자와 더불어 눈물을 흘렸고, 분노하는 자를 위해 외쳤다. 바로 그 사랑이 죄였다. (…) 1972년의 유신체제 수립, 그리고 1980년 5공의 광주학살, 이런 무시무시한 일을 겪으며 사람들이 좌절과 침묵의 수렁 속으로 빠져들 때에, 그는 오히려 군사독재 타도의 결의를 더욱 굳히고 불철주야로 민주화운동의 재건을 위해 뛰어다녔다. 깡마른 체구의 한 병약한 인간에 지나지 않으면서도 불의한 권력 앞에 무릎 꿇기를 거부하는 그 터무니없는 자존심, 유연한 타협을 모르는 그 지나친 강직함이 그의 죄였다. 장기표 씨가 어떤 사람이냐고 누가 내게 물을 때면 나는 한마디로 '그는 순수한 사람이다'라고 대답한다. 창랑滄浪의 물이 맑으면 갓끈을 씻고, 창랑의 물이 흐리면 발을 씻는다는 어부의 노래를 그는 알지 못한다. 세상이 다 취해도 홀로 깨어 있으려고 하는 그 지나친 순수함이 그의 병이요, 그의 죄이다."

조영래야말로 누구보다 장기표를 잘 알고 있는 사람 가운데 하나이다. 장기표라는 한 사람을 가장 그의 모습에 가깝게 그려낸 글이 조영래의 이 칼럼이라고 나는 생각한다. 이 글에는 6·29선언으로 민주화가 되었는데도, 이러저러한 구차한 이유가 붙여져 감옥에서 나오지 못하는 장기표를 안타까워하는 조영래의 심경이 알알이 담겨 있다. 이 글의 서두에서 조영래는 장기표와 처음 만났을 때를 이렇게 회고하고 있다.

"장기표 씨와 내가 처음으로 만난 것은 1966년 가을, 그 무렵 어느 날 서울대학교 개교기념행사였던가 무언가로 효창운동장에서 교내 체육대회가 열렸는데 1,500m 달리기 시합에 장기표는 맨 꼴찌로 뒤처져서 남들이 다 골인한 뒤에도 만장의 박수와 폭소를 한 몸에 받으며 온전히 한 바퀴를 혼자서 마지막까지 달렸다. 행사가 끝나고 돌아오는 버스 안에서 내가 그에게 '실력도 안 되는 사람이 어째 출전할 생각을 했느냐'고 농담 삼아 물어보았더니 그는 이렇게 대답하는 것이었다. '가을 하늘 아래서 한 번 마음껏, 달려보고 싶습디다.'"

그래, 장기표는 그런 사람이다. 장기표라는 사람을 조영래가 그때 이미 이렇게 명징하게 그려냈다는 것이 놀랍다. 조영래가 떠난 지도 벌써 20여 년이 지났고, 그동안 세상도 많이 변했다. 조영래가 미처 보지 못한 장기표의 그 이후의 행적도 우여와 곡절이 많았고, 그것을 보는 세상 사람의 눈이나 평評도 여러 가지다. 그러나 나는 조영래가 보았던 그것이 바로 지금도 여전히 장기표의 참모습이 아닌가 싶다. 장기표에 대한 이러저러한 세간의 시선과 평가는 장기표의 어느 일면, 어느 행적 하나를 자기의 처지에 비추어 멋대로 재단하고 포폄襃貶하는 것이 아닌가 싶다. 장기표야말로 누구보다 열심히, 성실과 정성을 다해 살아왔고, 또 지금도 그렇게 살아가고 있다고 나는 믿는다. 그는 쉼 없이 공부하고, 생각하고, 고뇌하며, 사랑하며 살고 있다. 그는 이 나라 이 공동체가 지금 어디에 있으며 어디로 가고 있는지를 놓고 그 누구보다 절절하게 고뇌하고 생각하는 사람이다. 나는 그보다 이

나라, 이 공동체를 사랑하는 사람을 보지 못했고, 그처럼 어떻게 살아갈 것인지를 놓고 고민하는 사람을 보지 못했다.

전태일과 맺어진 끈질긴 인연

장기표가 동대문 평화시장에 관심을 갖기 시작한 것은 1970년 여름 서울대 법대생들과 함께 〈자유의 종〉이라는 신문을 만들면서부터였다. 제2호에 평화시장의 노동 문제에 관한 신문기사를 발췌, 정리해서 실은 것이 있었다. 장기표는 이때부터 평화시장에 대해 관심을 갖게 되었고, 그 얼마 뒤인 11월 13일, 전태일 분신 사건이 터지자, 장기표는 그의 시신이 안치돼 있던 성모병원으로 달려갔다.

명동성당 앞 3.1 다방에서 전태일의 어머니 이소선 여사를 만나 장기표는 "서울대 법대 학생인데, 아드님의 뜻을 이루는 데 도움이 될까 싶어 찾아왔다"고 말했다. 그러자 어머니는 "태일이가 평소 자신에게도 대학생 친구가 한 명 있으면 얼마나 좋겠냐고 그토록 말했는데, 그 아이가 죽고 나서야 찾아왔구나" 하며 두 시간 넘게 전태일이 평화시장에서 한 일을 들려주었다. 점심을 굶는 어린 시다들에게 차비를 털어 풀빵을 사주고 자기는 걸어서 집에 오다가 통행금지에 걸려 파출소에 잡혀간 일, 근로기준법을 열심히 공부하면서 어머니에게도 그 내용을 가르치려 한 일, 시다를 돌보려다 공장에서 쫓겨난 일, 노동조합을 만들려다 평화시장에는 발도 붙이기 어렵게 된 일, 그리고 아들이 분신한 후 근로감독관이 취한 몰인정한 태도 등에 관해 폭포수같이 어머니는 열변을 토했다. 심지어 전태일을 낳기 전의 태몽까지도 들려주었다. 이 만남은 숙명적이었다. 과연 그 인연이 40년이 넘게 지속되어 왔으니 그것이 어찌 숙명이 아니라고 말할 수 있으랴.

장기표는 이소선 어머니로부터 이처럼 전태일의 삶과 사랑, 투쟁과 희생을 들으면서 "이 사람의 죽음이 헛되지 않게 해야겠다"고 간절한 마음으로 다짐하고 또 다짐했다. 학교에 가서 몇몇 학생들에게 '전태일 분신 사건'을 설명하고, 마침 그날 약속이 되어 있던 조영래를 만났다. 조영래는 사법시험 공부를 중단하고 '전태일 투쟁'에 뛰어들었다. 이들은 11월 16일 오전 10시에 서울대 법대에서 학생총회를 열었다. 학생 100여 명이 모여, '민권수호학생연맹준비위원회'를 결성하고 전태일의 장례식을 '서울대 법대 학생장'으로 치를 것을 결의했다. 그리고는 30여 명이 성모병원 영안실로 찾아갔다. 학기말인데도 서울대 상대를 비롯한 각 대학과 기독단체들의 호응이 뒤따랐다. 언론도 전태일 사건을 적극 보도하기 시작했다. 이렇게 해서 전태일 사건은 국민적 관심사가 됐고, 지식인들이 움직이기 시작했으며, 정치권에서도 이 사건을 정치쟁점화 했다.

전태일의 죽음에 대한 국민적 관심이 집중되자 정부도 비로소 긴장하기 시작했다. 정부는 성모병원 영안실에 있던 학생들을 전원 연행하고 출입을 통제했다. 장례식을 하루빨리 치르기 위해 이소선 어머니를 온갖 방법으로 회유했다. 위로금으로 3천만 원을 주겠다고 했다. 어머니는 이러한 회유를 단호히 거부하고, 8개 항의 조건, 즉 '일요일은 쉬게 할 것', '노동조합의 설립을 보장할 것' 등을 요구했다. 정부는 다급한 나머지 이 모든 조건을 받아들이기로 했다. 전태일의 장례식은 이소선 어머니가 다니던 쌍문동의 창현교회에서 '한국노총장'으로 치러졌는데, 장례위원장은 최용수 한국노총위원장, 호상護喪은 이승택 노동청장이었다. 대규모 장례를 준비했던 학생들은, 11월 20일 서울대 법대에서 정문이 차단된 가운데, 이미 들어와 있던 서울대 법대, 서울대 문리대, 이화여대 학생 400여 명으로 추도식을 거행했다.

장기표는 1971년 '서울대생 내란음모 사건'으로 조영래, 이신범, 심재권과 함께 구속되었다가 항소심에서 징역 1년 6월에 집행유예 3년의 형을 선고받아 1972년 12월에 석방되었다. 장기표는 전태일 분신 사건 당시에 보았던 전태일 전기를 써야겠다고 마음먹는다. 우선 전태일이 남긴 수기와 일기를 어머니로부터 넘겨받아, 감리교신학대학의 포이트라스(한국 이름 박대인)의 도움으로 복사를 했다. 원본을 어머니에게 돌려준 뒤에도 계속 어머니를 만나 전태일의 어릴 적, 그리고 최근의 행적을 들었다. 이렇게 두 달 이상을 만났다. 오전에는 어머니를 만나 이야기를 듣고 오후에는 그것을 정리했다. 그렇게 정리한 것이 노트 3권 분량을 넘었다.

이것이 뒷날 조영래한테 넘겨져 『전태일 평전』이 된다. 당시 조영래와 장기표는 다 같이 민청학련 사건으로 쫓기는 몸이었다. 조영래는 장기표의 기록을 토대로, 더욱 세밀한 자료 수집을 거쳐 평전 집필에 착수했다. 수배 중임에도 틈틈이 장기표와 이소선 어머니, 그리고 청계피복노조 관계자들을 만나 빠지거나 의심나는 부분을 보충했다.

나는 공교롭게도 이 『전태일 평전』의 최초의 독자가 되었다. 조영래가 완성된 원고를 내게 가져와 그 출판을 부탁했기 때문이다. 나는 그때 쫓기고 있는 장기표, 조영래, 김근태를 돌보고 있는 처지였다. 국내에서의 출판은 엄두도 못 낼 형편이었다. 나는 그 원고를 일본 가톨릭 정의평화협의회에 보내 일본 쪽에서 출판이 가능한지 타진했다. 다행히 송영순(바오로) 선생이 출판사를 물색해, 『불꽃이여 나를 태워라 ― 어느 한국 청년노동자의 삶과 죽음』이라는 제목으로 일본어로 출판했다. 1978년의 일이었다. 그 책의 저자는 김영기金英琪로 되어 있는데, 이는 나와 조영래와 장기표의 이름자에서 한 글자씩 따서 조영래가 지은 이름이었다. 일찍이 여공애사女工哀史를 겪었던 일본에서도 전태일의 죽음은 상당한 관심을 불러일으켜, 일본 시민운동 그룹의 관심이 높았다. 그리하여 이 책을 바탕으로 일본에서는 〈어머니〉라는 제목의 영화가 제작되어 시민운동단체에서 널리 상영되었다. 나는 내가 가지고 있던 책과 영화 필름을 2009년 8월 17일, 전태일재단의 창단개소식 때 당시 그 재단의 이사장 장기표에게 전달, 기증했다.

민주교육장이었던 재판정

장기표는 1974년, 민청학련 사건의 배후조종자로 지명수배를 당했다. 그가 민청학련 사건의 배후조종자가 된 이유는 그가 동향 후배 김병곤에게 써준 「민중의 소리」가 문제가 되었기 때문이다. 그 문건은 그해 4월 전국의 각 대학에서 동시다발로 대규모 시위를 계획하면서 발표된 것 중의 하나였다. 4·4조로 비교적 단조롭게 진행되기는 했지만 김지하의 담시 「오적」을 연상케 하는 측면도 있어 밖에서는 그것이 김지하의 작품이라는 소문도 나돌고 있었다. 김지하의 「오적」은 판소리의 형식과 가락에다가 문학작품의 성격을 띠고 있는 데 비하여, 「민중의 소리」는 선전·선동의 냄새를 강하게 풍기고 있었다. 그러나 현실을 날카롭게 고발하고 풍자하고 선동하는 그 진정성이나 대중성이 대단한 작품으로, 4·4·4·4자를 한 行으로 하여 275행이나 되는 장문이었다. 그 처음과 끝은 이렇게 되어 있다.

"우리 호소 들어 보소 배고파서 못 살겠소 / 유신이란 간판 걸고 국민대중 기만하여 / 민주헌법 압살 위에 유신 독재 확립하니 / 기본권은 간 곳 없고 생존마저 위태롭다 / (중략) / 우리 모두 궐기하여 유신 독재 타도하고 / 4월 혁명 정신 살려 민주민권 쟁취하자 / 나아가자 피 흘리자 민주혁명 이룩하자."

수배 중에도 그는 부지런히 움직였는데, 한때는 부산 태종사에 내려가 중이 되기도 했다. 우상牛塙이라는 법명도 받았을 뿐만 아니라, 머리를 깎고 옷도 승복으로 갈아입고, 공양주 보살의 역할도 했다. 어느 때, 어느 일을 맡아도 성심성의를 다하는 것이 그의 성품이나, 그는 절집의 규율과 습속을 철저히 지켰다. 30여 쪽이나 되는 능엄신주는 물론 천수경까지 외워 독송했다. 중 생활을 시작한 지 한 달도 안 되어 선암사의 석암 스님을 계사로 하여 사미계도 받았다.

그러나 중노릇으로는 세상을 바꿀 수 없다고 생각한 데다, 결혼하고 아이 낳는 세상의 행복을 포기하고 싶지 않아 서울로 몸을 뺀 뒤에 다시는 돌아보지 않았다. 아마 그 무렵이었을 것이다. 그가 내게 은신처를 부탁해온 때가. 나는 처음에 전병용을 통해 그 형(전중용)네 집에 가 있게 했는데, 뒤에는 전중용의 처남댁으로 거처를 옮겼다. 처남은 노동자로 갓 결혼해 아이를 낳았는데, 대소변을 받아낸 기저귀가 문 밖에 나오기만 하면, 장기표가 그걸

번개같이 빨아 빨랫줄에 걸어놓는 통에, 오히려 그 젊은 부부가 장기표에게 미안해했다고 한다. 이렇게 그는 가는 곳마다 많은 아름다운 이야기를 뿌리며, 그런대로 도피생활을 잘 견뎌냈다.

이 과정에서도 장기표는 이소선 어머니와 청계피복노조의 김혜숙, 이숙희, 민종덕 등도 자주 만났다. 중부시장의 어느 공장에서 일을 하면서 많은 글을 썼는데, 월간 잡지 〈대화〉에 다른 사람의 이름으로 어느 평화시장 노동자의 하루 생활을 수기 형식으로 쓴 글「인간시장」을 발표하기도 했다. 그러던 중 그는 1976년 7월 10일, 김승균 내외의 소개로 알게 된 지금의 아내 조무하와 결혼했다. 그때 신부는 고등학교 교사였기 때문에 짧지만 생활비 걱정 없이 꿈 같은 결혼생활을 했다. 그러나 안정되고 행복했던 결혼생활은 1977년 2월 말, 중앙정보부에 장기표가 체포되는 바람에 끝나고 말았다. 민종덕과 전태삼을 만나러 다방에 갔다가 덜미를 잡힌 것이다.

3월 21일에 장기표는 긴급조치 9호, 반공법, 향토예비군설치법, 주민등록법 등을 위반한 혐의로 구속 기소되는데,「민중의 소리」가 공소사실 제1항이었다. 「민중의 소리」는 긴급조치 9호가 발동하기 이전에 씌어졌기 때문에 긴급조치 9호로 걸지 못하고 반국가단체를 이롭게 했다는 반공법 위반으로 공소제기 되었다. 뒤늦게 잡힌 장기표에게 그들이 갖다 붙일 수 있는 죄목은 죄다

갖다 붙였다. 재판이 시작되자 이소선 어머니를 비롯한 청계피복 노조 관계자들이 법정을 꽉 메웠다. 그들은 소리치고 손뼉을 치며 장기표를 응원했다. 그중에서도 이소선 어머니는 아주 강력하게 재판부와 검찰의 부당한 주장과 진행에 항의했다. 검찰의 직접신문 때는 야유를 보내거나 큰 목소리로 어필했다.

검사가 장기표 피고인에게 "청계조합원 임금인상투쟁을 배후 조종해 사회혼란을 일으켰지요?" 하고 신문하니까, 이소선 어머니가 방청석에서 일어나 "한 달 죽도록 일해 3천 원 받는 근로자가 자신의 권리를 찾으려고 (장기표를) 찾아간 거야. 근로기준법을 가르쳐준 것도 죄가 되냐?" 하고 소리치기도 했다. 재판정이 소란스러워지자 재판장은 법정질서를 어지럽혔다는 이유로 이소선 어머니를 법정모욕죄로 구속했다. 이때 이소선 어머니를 구속한 변정수 판사는 김대중 정부 시절 민주화운동 관련자 명예회복 및 보상심의위원회 위원장을 맡는 등 민주화운동의 원로인 양 행세했다.

장기표는 최후진술에서 한 시간 넘게 자신의 민주주의에 대한 신념과 철학을 논리정연하게 전개했고, 특히 노동 문제에 대한 자신의 생각을 정리해서 밝혔다. 이는 그가 그동안 집필했던, 그러나 아직 발표하지 않았던 「우리나라 근로자 실태와 노동운동의 방향」을 거의 그대로 발표한 것이었다. 따라서 장기표의 재판은 그 과정이, 특히 최후진술은 그 자체로 장엄한 민주화운동의 교육장이 되었다. 나는 1976년 12월에 있었던 반공법 위반 재판에서 김지하가 했던 최후진술과 더불어, 장기표의 이 최후진술을 긴급조치시대의 대표적인 최후진술로 꼽는다. 장기표는 이 사건으로 1심에서 5년형을 선고받아 1979년 10·26사태로 석방될 때까지 약 3년간 징역생활을 했다.

재소자 인권 투쟁

1971년 구속 때 장기표는 공범인 조영래, 심재권, 이신범과 함께 자신들에 대한 잘못된 공소를 취하할 것을 요구하면서 단식투쟁을 벌였다. 1977년 두 번째로 투옥된 장기표는 재소자의 인권 문제에 자연스럽게 주목하게 되었다. 상고이유서를 쓸 때도 공소 사실과 관련해서는 조금만 쓰고, 재소자 인권 문제를 집중적으로 다루었다. 그뿐만 아니라 감옥 안에는 박석운, 이범영, 성종대 등이 모두 12사상에 수용되어 있어 의기투합하기가 쉬웠다. 이들은 우선 부식副食이 정량대로 나오지 않는 것을 알아내고는 두부의 정량을 문제 삼았다. "반쪽 두부 돌려주고, 온쪽 두부 찾아먹자"는 구호를 외치며 투쟁에 돌입했다. 교도소에서 구호를 크게 외치는 것을 '샤우팅'이라 하는데, 샤우팅 투쟁에는 일반 재소자들까지 참여해서 서울구치소가 떠나갈 듯했다.

이들은 결국 구치소 당국에 미운털이 박혀 전국 각 교도소로 분산 이감되었다. 장기표는 마산교도소를 거쳐 대구교도소 특사에 수용되었다. 대구교도소에는 마침 강기종, 최열, 김용석, 정화영, 서승 등이 수감되어 있었는데, 이들과 힘을 합쳐 재소자 처우개선을 요구하는 단식투쟁을 벌였다. 뒷날 서승은 오랜 감옥생활 끝에 출감해 『옥중 19년』이라는 회고록을 출간했는데, 거기서 장기표를 제갈공명에 비유했다. 구속자 가족들과 재야인사들에게 연락해 대구교도소로 항의 방문을 오게 하는 등 감옥 안의 투쟁을 '감옥 안과 밖의 투쟁'으로 확대하면서, 마침내 최후의 목표였던 철망 제거에 일대 진전을 가져왔기 때문이다. 교도소 당국은 철망을 제거하는 대신 방과 방 사이의 벽돌담을 30cm 정도 더 달겠다는 절충안을 제시했다. 이는 재소자 처우개선투쟁사에 기록될 만한 일이었다. 이러한 처우개선 투쟁은 이감을 거듭하면서도 계속되었다.

장기표의 재소자 처우개선투쟁은 점차 교도관 처우개선운동으로 발전해나간다. 교도관들이 정당한 대우를 받아 정상적으로 근무할 수 없는 한 재소자도 정당한 대우를 받을 수 없다는 것이 장기표의 생각이었다. 교도관의 낮은 급료도 문제였지만 열악한 근무환경과 근무조건이 더 큰 문제였다. 장기표는 근로기준법과 공무원 복무규정, 그리고 다른 직종 공무원들의 근무환경 등에 비추어 열악한 교도관들의 처우가 어떻게 개선되어야 하는지 세밀히 연구하고 관찰했으며, 자신의 견해를 글로 써 교도당국에 건의한 일도 여러 번 있었다. 장기표의 이러한 성심과 노력이 이심전심으로 교도관들에게 전해져, 교도관들의 도움을 받는 데 크게 도움이 되었고, 또 그들과 친해지는 계기가 되기도 했다. 성실성을 바탕으로 한 친화력, 그것이 장기표의 특기라고 할 수 있다.

어디를 가도 장기표는 재소자들에게도 인기가 있었다. 대체로 일반 재소자들은 정치범들을 부러워하거나 외경의 마음을 가지고 있기 마련이다. 다 같이 푸른 옷을 입고 있지만, 정치범은 '사람'이고 자기들은 하찮은 '도둑놈'이요, '범죄인'이라는 생각을 가지고 있다. 그런 그들과 함께 그들을 위해 재소자 처우개선투쟁을 하는 장기표에게 그들은 동지애를 느끼지 않을 수 없었다. 장기표의 이러한 투쟁은 4번의 투옥, 그러니까 모두 10년 가까운 수형생활을 하는 동안 언제나 전개되었다. 이러한 투쟁의 결과 각 교도소 단위별로 처우가 개선되다가 1990년부터 전국의 교도소에서 부분적으로 재소자 처우가 개선되더니, 1995년에는 삭발, 집필도구, 서신, 접견 등에서 혁명적으로 개선되었다. 지금은 텔레비전도 시청하고, 전화도 사용할 수 있어 교도소가 '도둑놈 사는 곳'이 아니라 '사람 사는 곳'이 되었다. 이렇게 재소자의 처우가 개선되기까지는 1970, 80년대 정치적 이유로 투옥된 사람들의 줄기찬 투쟁이 있었다. 그 가운데서도 장기표의 집중적이고도 계획적이며 줄기찬 투쟁이 크게 밑받침되었다.

얼마 전 나는 여주교도소로 접견을 간 일이 있었는데, 화상전화와 바둑은 물론 시설이 갖춰진 체육관 같은 데서 운동을 할 수 있다는 이야기를 듣고 놀라움을 금치 못했다. 겨울에 꽁꽁 언 주전자 속의 얼음을 깨서 냉수마찰을 해야 했던 내 수형생활을 돌이켜 보며 금석지감을 느끼지 않을 수 없었다.

민주화운동의 교과서가 된 쪽지 글

아는 사람은 다 아는 사실이지만 장기표는 성실한 데다 매우 다정다감한 사람이다. 그는 감옥에 갇혀 있으면서도 끊임없이 읽고 썼으며, 밖과 교신했다. 특히 그는 그의 아내 조무하와 엄청나게 많은 편지를 주고받았다. 감옥 안에서 죄수는 한 달에 4번밖에 편지를 쓸 수가 없다. 그래서 장기표는 봉함엽서 한 장에 원고지 약 100매 분량의 편지를 쓰곤 했는데, 어떤 때는 130매 분량을 쓴 일도 있었다. 아내 조무하는 날마다 편지를 썼다. 하루에 두 통 쓴 날은 있어도 한 통도 쓰지 않은 날은 없었다.

감옥 안에 있으면서, 밖에서 온 편지를 받는 기쁨은 겪어보지 않은 사람은 모른다. 장기표는 거의 매일 편지를 받았고, 연휴가 있을 때는 하루에 네댓 통을 받기도 했다. 1987년에 이 편지들을 묶어 『새벽노래』라는 이름의 책을 냈는데, 이는 김대중의 『옥중서선』에 비견되는 책으로, 전남민주주의청년연합(전청연) 같은 데서는 이 책을 청년학교 교재로 쓰기도 했다.

더욱이 그는 도둑장가 가듯이 아무도 모르게 다방에서 결혼식을 올리고는 잠깐 함께 살다가 곧바로 구속되어 3년간이나 감옥에 갇혀 있었으니 아내에 대한 연민이 매우 깊었다. 그들은 편지로 부부의 정을 나누면서 키워갔다. 독재권력이 두 사람을 갈라놓는다 하더라도 그들의 하나 됨이 중단될 수는 없다고 생각하면서 밖에서 잃은 것을 안에서 찾자는 자세로 부부의 하나 됨을 잃지 않으려고 노력했다. 그때 장기표가 쓴 편지 한 구절을 소개하면 이렇다. "세상이 다 나를 칭송하더라도 당신이 나를 자랑스럽게 생각하지 않는다면 그 모든 칭송은 내게 헛된 것이며, 세상 사람이 다 당신에게 위로의 말을 할지라도 당신에 대한 내 사랑의 말 한마디에 어떻게 비길 수 있겠소?"

장기표는 감옥 안에서 언제나 필기도구를 비밀리에 소지하고 있었다. 합법적으로 글을 쓸 때는 정식으로 집필 허가와 집필 도구를 받아서 썼지만 그렇지 아니한 경우에도 장기표는 비밀리에, 혹은 마음씨 좋은 교도관의 양해를 받아 글을 썼다. 인천사태에 관련해서 이부영을 만나러 전병용의 집에 갔다가 붙잡혀 투옥되었을 때는 교도관의 도움으로 「사랑론」을 썼다. 그것이 비공식적인 루트로 아내 조무하에게 전해졌고, 이것이 1988년 『우리, 사랑이란 이름으로 만날 때』라는 제목으로 출판되었다. 책이 나왔을 때도 장기표는 감옥에 있었다. 책의 제목이 그럴듯한 탓도 있었지만, 이 책은 운동권 젊은이들이 연인에게 선물하는 책 가운데 하나가 되었다. 이 책은 물론 사랑, 특히 부부사랑을 다루고 있으나 장기표의 정치철학도 담겨 있다. "정치는 사랑의 사회적 실현이자 사회적 실천이기에 정치는 사랑이다."라는 것이 그의 지론이었다.

재판을 거부하는 대신 「자술서」라는 형식으로 민주화운동의 정당성을 밝히는 글도 썼다. 원고지 1,500매 분량의 글이었다. 그런데 그만 이 글이 연기처럼 공중으로 증발하고 말았다. 구치소에서는 법원에 보냈다고 하고 법원에서는 받지 않았다고 했다. 이 자술서가 재판기록에 첨부됐다면, 그것을 복사해서 운동권에 배포할 작정이었다. 그 글이 없어져버리자 장기표는 항소이유서를 쓰기 위해 항소를 했다. 원고지로 2,000매 분량이었다. 재판부에 제출할 3부 외에 1부를 더 작성했는데, 고생 끝에 이를 반출하는 데 성공해, 뒤에 책으로 만들어졌다.

문건은 교도소의 양해를 받아서 쓰고 또 정당한 루트로 반출하는 방법과, 비밀리에 글을 작성한 뒤 작전을 통해 외부로 내보내는 비합법적인 방식이 있다. 합법적으로 글을 쓸 때에는 아무 문제가 없지만, 비밀리에 문건을 작성하려면 볼펜과 종이를 따로 구해야 했다. 장기표는 아내가 보낸 편지지를 이용해 종이 문제를 해결했다. 볼펜은 평소 사귀어둔 교도관이나 소지(감옥 안에서 교도관의 일을 거드는 기결수)를 통해 볼펜심을 구한 뒤 양장본으로 된 두꺼운 책의 표지에 깊게 구멍을 파서 감추어 두었다가 썼다. 물론 이감을 갈 때도 그런 식으로 해서 가져갔다. 반출은 대부분 아내를 통해서 했다. 접견 때 기술적으로 전달하거나 교도관의 도움을 받기도 했다. 아내는 그 문건들을 받자마자 타이핑했다. 1991년 한길사에서 펴낸 『장기표 저작집 - 사랑의 정치를 위한 나의 구상』(전 8권)은 이렇게 해서 출간되었다. 그 하나하나가 있는 힘을 다해 쓴 노작이요, 남몰래 숨어서 쓴 피와 땀, 그리고 눈물이 담긴 저작이었다.

여기에는 그가 살아온 삶에서 온축된 그 자신의 철학이 담겨 있다. 몸의 철학이 있고, 노동의 철학이 있고, 사랑의 철학이 있다. 사람의 몸도 우주의 한 부분이자 소우주인 만큼 우주의 섭리 내지 자연의 법칙대로 몸이 작동할 수 있게 해야 건강하고 행복할 수 있다는 것이 몸의 철학이다. 노동의 철학은 자신의 활동이 자아실현의 과정이 되게 해서 보람과 기쁨을 누릴 수 있게 해야 한다는 것이며, 사랑의 철학은 나와 상대방의 관계가 사랑의 관계가 되게 해서 사랑이 주는 마음의 평화를 누려서 행복할 수 있게 해야 한다는 것이다. 즉, 몸의 철학은 인간의 의지와는 무관한 '존재의 철학'이고, 노동의 철학은 인간의 자유 의지와 관련한 '의지의 철학'이며, 사랑의 철학은 나와 상대방의 관계를 이루는 '관계의 철학'이다.

인간해방의 길을 찾아서

장기표는 1986년 5·3인천사태 주도 혐의로 구속되었을 때 약 3,000매 분량의 항소이유서를 썼다. 그는 "우리는 잘 살 수 있는 가? 그렇다. 우리는 잘 살 수 있다는 희망과 확신을 갖게 하기 위해 이 글을 쓴다"는 말로 시작해, 우리 모두가 자유와 평화와 복지를 누리면서 행복하게 살 수 있는 방안을 이 글에서 밝히고 있다. 그의 인생 역정은 이러한 꿈과 확신을 이루기 위한 긴 여정이라고 할 수 있다. 그 과정에서 그는 온갖 고난과 시련을 겪었지만 고통과 좌절을 느끼기보다 보람과 기쁨을 느꼈다.

그는 자신의 민주화운동과 정치활동의 목표를 인간해방이라고 말하는데, 민주화운동과 정치활동을 열심히 하다 보면 그 속에서 자아실현의 보람과 기쁨을 누리게 되기 때문이다. 일상의 보람과 기쁨을 넘어 신앙적 체험의 법열法悅을 누릴 수 있다는 것이 그의 경험이고 철학이다. 그래서 그는 민주화운동과 정치활동의 자기해방적 의의를 국민 대중에게 설명하기 위해 법정에서 사자후를 토하기도 했고, 많은 글을 쓰기도 했다. 민주화운동과 정치활동에 적극적으로 참여하는 것은 결국 나라와 국민을 사랑하는 마음에서 나오고, 사랑에 기초한 민주화운동과 정치활동은 자기해방을 가져온다는 사랑의 정치철학을 주창해왔다.

어떤 의미에서 장기표는 사상가요, 경세가라고 할 수 있다. 그는 1970년대와 80년 고비 고비마다 운동론을 썼고, 시대의 징표를 누구보다 빨리 읽었다. 그 어려운 조건에서도 그렇게 많은 글을 썼고, 그렇게 쓴 글들은 하나같이 오랜 고난 속에서 깊은 사색 끝에 나왔다. 따라서 그가 행하는 법정진술이나 항소이유서, 그리고 쪽지 글로 나온 모든 글들은 정치적 메시지라기보다는 그 자신이 온몸으로 사색하고 고뇌한 것이기에 사람들의 심금을 울리는 호소력을 담고 있다.

4번에 걸쳐 10년 가까운 세월을 감옥에서 보낸 이 나라의 대표적인 민주투사이지만, 그는 재심을 청구하거나, 명예회복과 보상을 신청하는 데 반대한다. 애당초 독재정권 아래서는 불법이 될 수밖에 없는 투쟁을 해놓고서는 뒤늦게 합법성을 인정받겠다는 것은 자가당착이라는 주장이다. 그런데도 기어이 자신의 행위가 합법적이었다고 주장한다면 그것은 자신의 행위가 민주화투쟁이 아니었거나 그 시대의 정권이 독재정권이 아니었다고 주장하는 것이니, 이것은 민주화운동의 대의에 어긋난다. 게다가 재심을 청구해 무죄가 된다면 그런 민주화투쟁은 무효라는 사실을 스스로 고백하는 것에 다름 아니라는 것이 그의 생각이다.

더욱이 민주화투쟁으로 보상을 받는 것은 더 큰 문제라고 말한다. 민주화투쟁은 누가 시키거나 보상을 바라고 한 것이 아니라 피해를 각오하고 자기가 하고 싶어서 한 것인데, 왜 보상을 받아야 하느냐고 한다. 그 보상금은 과거 독재자들이 아니라 국민이 부담하기 때문에 더욱더 그렇다고 한다. 또한 명예회복을 신청하는 것은 민주화투쟁으로 명예가 훼손됐다는 이야기인데, 그 덕분에, 그걸 팔아서 대통령, 총리, 장관, 국회의원을 해먹었으면서 무엇이 모자라 또 무슨 염치로 명예회복과 보상을 받느냐, 이래서야 어떻게 민주세력에 대한 국민의 인식이 좋아질 수 있겠느냐고 한탄한다.

이러한 장기표의 주장은 그의 염결廉潔한 성품을 잘 말해준다. 민주화투쟁으로 겪은 고생으로 말하면 장기표만큼 고생한 사람도 드물다. 그의 일생 자체가 투쟁과 고난으로 점철되어 있다. 그의 이러한 주장과 처신은 민주화운동을 팔아먹거나 그것을 금과옥조로 내세우는 사람들을 부끄럽게 하고, 그런 세태에 경종을 울리는 것은 분명하다. 그런 장기표가 존경스럽기까지 하다. 그러나 나는 오랜 옥바라지와 수발을 든 부인, 그리고 장기표 가족이 살고 있는 그 형편을 생각할 때, 그것이라도 받아서 부인의 그간의 헌신과 노고에 보답하고, 앞으로 그의 남은 노후라도 보장받았으면 하는 생각이 간절하다.

그가 공주교도소에서 복역하던 1988년 9월, 올림픽 직전에 평민당의 김대중 총재가 그를 찾아 접견을 왔다. 이때 장기표는 직설적으로 김대중 총재를 향해 지난번(1987년) 대선 때 그가 주장했던 '4자 필승론'을 들어 면박을 주었다. "4자 필승론은 말도 되지 않는 궤변일 뿐만 아니라, 설사 4자 필승론으로 대통령이 된다 한들 그게 민주화일 수 있는가. 4·26총선에서 야당이 지역감정에 따라 충청도, 전라도, 경상도로 쪼개진 것을 황금분할이라고 하던데, 망국적 지역감정에 기초해 제1야당 총재를 하는 것이 의미가 있느냐. 지역감정을 배격하는 뜻에서 평민당을 해체하든가 평민당 총재직을 사임하라"는 장기표의 말에 김대중 총재는 겸연쩍어했다고 한다.

이보다 앞서 장기표는 1987년 대선 때 김대중에게 「민주와 자주, 민중을 사랑하는 자만이 후보를 양보할 수 있다」는 제목으로 후보 양보를 촉구하는 편지를 썼다. 이 편지를 부인 조무하가 김대중의 집으로 찾아가 직접 전했더니 "장 동지는 교도소에 있어 바깥사정을 잘 모른다"라고 말하면서, 후보를 양보할 생각이 없음을 분명히 했다고 한다. 그런데도 김대중은 장기표가 출소한 뒤에 어떻게든 그를 자신의 세력권으로 끌어들이려 노력했지만, 장기표는 자신의 길을 걸었다. 오히려 정당활동이나 참여를 시기상조라며 반대했던 사람들은 뒤에 비판은 없고 지지만 있는 '비판적 지지'라는 명분으로 김대중을 따라갔다.

그 이후 장기표는 정치권에 독자적으로 진출해서 많은 실패를 거듭했다. 그를 오랫동안 지켜보았던 나는 그것이 참으로 안타까웠다. 나는 오늘 이 나라, 이 공동체를 놓고, "우리는 어디에 서 있으며 어디로 가고 있는가"를 놓고 장기표만큼 자기의 경륜과 철학에 바탕해서 자신의 언어로 말할 수 있는 정치인이 과연 있는지 의문스럽다. 장기표가 거의 유일한 사람이 아닐까 싶다. 그렇기 때문에 조순 같은 이도 장기표의 이러한 경륜을 높이 사고 있다. 또 나는 장기표만큼 이 나라 이 민족을 놓고 사랑하고 고뇌하는 사람을 보지 못했다. 그는 진실로 온몸으로 이 나라와 민족을 사랑하고, 그것이 서 있어야 할 모습과 가야 할 방향을 놓고 누구보다도 치열하게 고뇌한다. 편협한 민족주의에 빠지지 아니하고 어설픈 이데올로기 따위에 현혹되지 않는다. 오직 민주화를 향해서 상하의 시선을 가리고 오직 달려오기만 했던 맹목의 민주화 투사가 아니라, 우리가 가야 할 미래, 뻗어 나가야 할 세계에 대해서도 그만큼의 넓고 높은 안목을 갖춘 사람은 찾아보기 힘들다. 그리고 그는 누구보다도 부지런하고 성실하다. 하루 한 시간인들 허투루 보내지 않는다. 자기 일은 그 자리에서 성심과 최선을 다하는 것이 장기표다.

장기표는 1970년대와 80년 학생운동, 더 나아가 민주화투쟁의 신화요 전설이었다. 그가 잡히지 않고 견뎌낸 오랜 도피생활은 그를 신출귀몰하는 사람으로 비쳐지게 했고, 잡혀서 법정에서 행하는 도도한 진술은 그야말로 민주화의 장전이요 현하의 웅변이었다. 그런 그였지만 정치판에 뛰어들고부터 그에게는 불운이 따라다녔고 세상의 평판도 옛날 같지 않다.

나는 그가 정치를 포기하기를 간절히 바란다. 너무 안쓰럽기 때문이다. 몇 년 전, 출판기념회이던가, 장기표가 주인공인 어느 모임에서 나는 "제발 장기표가 잘되어 성공하는 것을 단 한 번만이라도 꼭 보고 싶다"고 내 절실한 속내를 고백한 일이 있다. 그러나 장기표는 "본래 나는 인간해방의 사회를 건설하기 위해 민주화운동에 뛰어든 데다 정보문명 시대야말로 인간해방의 시대가 되리라고 확신하는 터라 인간해방을 실현할 정치에서 벗어날 수 없다"면서, 자신은 이처럼 역사의 소명에 따라 정치를 하고 있으니 자신이 힘들다거나 가까운 사람들에게 고통을 안겨준다고 해서 정치를 포기할 수 없다고 했다. 그러면서 그의 소명을 이렇게 정리해서 말했다. 제발 그의 소명이 이루어지기를 바란다.

인간해방 이루라는 역사의 소명따라
온갖노력 다했건만 아직도 못이뤘네
아무리 어렵다 해도 마침내는 이루리

－『이 사람을 보라 2 － 인물로 보는 한국 민주화운동사』중에서

1. '영원한 재야인사' 장기표

— 조강수(중앙일보/2013.06.22)

[사람 속으로] '영원한 재야인사' 장기표

　장기표 씨는 본인의 인생을 '실패와 고난의 연속'이라고 정의했다. 그는 "선거에 나가도, 정당을 만들어도 번번이 실패했다"면서도 "모든 이가 함께 잘 살아야 한다는 꿈 하나로 오늘까지 왔다"고 말했다.

　그는 전태일을 살아서는 알지도, 만나지도 못했다. 1970년 11월 중순, 노동자 전태일이 청계천 평화시장에서 근로조건의 개선을 요구하며 분신자살했을 때 시신이 안치된 성모병원으로 찾아가 어머니(이소선 여사)를 만났다. 당시 이 여사는 "우리 태일이가 그토록 대학생 친구 갖기를 바랐는데 죽고 나서야 나타나느냐"라면서 서울대 법대 복학생 신분이던 그를 나무랐다. 이후 전태일의 장례식은 서울대 법대 학생장으로 치러졌고 전태일 사건은 세상에 알려졌다. 당시 그 복학생이 수배 중이던 장기표(68·현 신문명정책연구원 원장)였다. 40여 년이 흐른 지금, 전태일재단이사장이 그다. 이 여사는 "장기표는 내가 만난 사람 중에 가장 진실하고 바르게 살려는 첫 사람이자 나에게는 영원한 스승이었다"고 기억했다('내가 겪은 장기표' 중에서).

나는 보수세력보다 훨씬 더 반북이다

이소선 여사에게뿐 아니라 당시 국내 학생운동·노동운동계 인사들 사이에서 장기표라는 이름 석 자의 상징성은 컸다. 그는 이론가이자 실천가였다. 국내 사회변혁운동의 방향을 끊임없이 제시해왔다. 스스로 '운동권 선언문 작성 전문가'라고 칭한다. 현대사의 굵직한 현장이나 배후엔 그가 있었다. 70년대부터 90년대 사이 서울대생 내란음모 사건과 민청학련 사건, 김대중 납치 사건 규탄 및 유신독재 반대시위, 긴급조치 9호 위반, 청계피복노조사건, 5·3인천대회 배후조종 혐의 등으로 복역한 햇수만 9년이다. 수배돼 도망 다닌 햇수는 12~13년.

살아온 길만 놓고 보면 '친북좌파'가 돼 있어야 할 법한데 정반대다. 요즘 북한 정권과 지도자 김정은을 정면으로, 그것도 공개적으로 강력하게 비판하고 있다.

 "북한 정권은 체제유지를 위해 핵무기를 결코 포기하지 않을 것이니 북한 인민이 반기를 들게 도와야 한다", "중국이 북한 정권을 포기하도록 유도해 남북통일을 이룩해야 한다"는 주장을 서슴지 않는다. 마치 '지식인 반북전사'가 된 듯하다. 진보 진영에 대한 독설도 거침없다.

 장기표가 변절(?)한 걸까? 지난 17일 서울 중구 중앙일보 M&B 빌딩에서 만난 장 원장은 단호히 부인했다. 3시간을 훌쩍 넘긴 인터뷰 내내 그는 "내가 한때의 동지들과 달리 대중적으로 성공한 정치인이 되지 않았다는 건 역설적으로 내가 성공한 인생을 살았다는 의미"라고 했다. "진보 지식인의 초심을 지켜왔다"는 자긍심이 넘쳤다.

— 최근 북한 핵무기와 북한 체제에 돌직구를 날리고 있다. 북한이 핵무기를 갖고 있다고 보나.

 "그렇다. 보통의 경우 '실험'은 어떤 사실을 검증하는 절차를 의미하지만 핵무기의 경우 실험은 핵무기의 보유를 만천하에 공표하는 것을 의미한다. 북한은 핵무기를 보유하고 있다. 미국 국방부도 플루토늄 핵무기 6~7기, 농축 우라늄 핵무기 3~6기를 보유하고 있다고 보고 있다. 북한이 핵무기를 보유함으로써 남북한 사이의 군사적 균형은 원천적으로 깨졌다. 그럼에도 우리 국민들은 남한이 군사적으로 북한을 능가한다는 인식을 갖고 있다. 하지만 아무리 군을 현대화해도 핵무기 앞에선 무용지물이다. 한반도의 평화는 깨졌는데도 이에 대한 인식이 없는 게 우리 사회의 실상이다. 정부 당국자들도 마찬가지다."

– 북한 핵문제를 어떻게 해야 하나.

"대화를 통해 풀 수 있을 것으로 생각하는 사람들이 적지 않다. 내 생각은 다르다. 북한은 핵무기를 포기하지 않는다. 개혁·개방을 원치 않아서다. 개혁·개방을 하면 경제가 발전하고 국민들의 생활이 나아지겠지만 자유화·민주화의 물결이 흘러넘친다. 정권유지가 어렵다. 따라서 개혁·개방을 하기 싫은 북한은 핵무기를 포기할 수 없다. 착각하면 안 된다. 북한 핵무기로 인한 피해는 남한이 가장 크다. 핵문제의 당사자는 남북한이 돼야 한다. 그런데 미국과 북한의 문제로 방치하고 있다. 자칭 진보주의자들이 북·미 간의 문제로 만들어 가고 있다. 남북한 간에 비핵화에 합의한 전례가 있다. 그런 합의를 다시 끌어내야 한다. 궁극적 해결책은 민족통일이다. 우선 북한 인민들이 북한 정권의 실체를 알도록 도와야 한다."

– 북한이 개성공단과 금강산관광을 모두 중단시킨 속셈은.

"개혁·개방을 하지 않겠다는 선언이다. 개성공단은 연간

8,000만 달러 소득에 5만 3,000명 고용효과가 있다. 25만 명의 개성 시민이 먹고 산다. 북한이 포기 못 하고 곧 열 것이라는 전망이 있다. 현재 임금 110달러를 150~200달러로 올려달라고 할 것이라는 예상도 나온다. 나는 개성공단은 열리지 않을 거라고 본다. 우리 기업이 북한 근로자에게 나눠준 초코파이가 선물로 북한 사회에서 유통되면서 남한에 대한 동경심이 커졌다고 한다. 이른바 '초코파이 사태'다. 북한 정권은 체제가 무너지는 걸 걱정하고 있다. 개성공단 폐쇄는 몇 년 전부터 치밀하게 준비해온 것이라고 봐야 한다. 연간 1억 4,000만 달러를 벌 수 있는 금강산관광도 북한이 안 하는 것이다. 이명박 정부의 대북 강경책을 원인으로 보는 건 단견이다. 마찬가지로 북한 정권은 남한 쪽에서 '퍼주기' 하는 것도 원치 않는다. 북한에 식량 등을 퍼주기 할 수 있다면 북한 동포를 돕는 점으로나 남북관계 개선을 위해서나 좋은 일이다. 북한 정권이 퍼주기를 받아들이지 않는 게 문제다."

— 최근 북한이 느닷없이 남북대화를 제의했다가 최종 결렬된 배경은.

"북한이 제안한 게 6월 6일이다. 그 이전에 모든 남북회담 무효, 개성공단 철수 등 강경조치를 내놓고 박근혜 대통령을 욕하던 북한이 느닷없이 회담하자고 했다.

그건 며칠 사이에 신속하게 결정되지 않고는 나올 수가 없다. 왜 그랬을까. 다음 날 미·중 정상회담이 해답이다. 북한 입장에선 미·중 정상이 북한 핵무기의 폐기를 위해 군사적 조치 등 엄청난 합의를 내놓을 수 있다고 판단했을 가능성이 있다. 특히 정성조 합참의장이 베이징에서 중국 총참모장과 군사회담을 하고 전략적 동반자관계를 맺은 것도 그런 판단에 영향을 미쳤을 것 같다."

— 국내의 자칭 진보인사들은 친북성향이 강하다. 이유가 뭐라고 보나.

"통합진보당(민주노동당의 후신) 부정선거 사건으로 구당권파의 친북성향이 국민적 비난을 받았다. 통진당뿐 아니라 진보적 지식인과 시민운동단체 대부분이 친북성향이다. 재야세력이 시대의 변화에 둔감해서다. 우리나라 진보진영은 3대 콤플렉스에 사로잡혀 있는데, 이에서 벗어나야 한다. 학생 콤플렉스, 노동자 콤플렉스, 북한 콤플렉스다. 대학생이 주장하면 다 그것에 따라갔다. 또 노동운동에서 어떤 주장을 하면 그것에 따라갔다. 북한이 주장하면 그것에 따라가는데, 지금도 그 콤플렉스에 사로잡혀 있다.

그런데 민주노총 조합원은 지금 우리 사회의 기득권층에 속한다. 대기업의 정규직 사원이 되는 게 쉽다. 민주노총은 그 사람들의 이익을 대변하고 있다. 또 북한에 반대하면 역으로 보수 동조세력으로 여겨진다. 요즘 진보 진영의 좌편향은 시대착오적이다."

1988년 공주교도소에서 가석방된 장기표 씨가 부인 조무하(왼쪽) 씨와 전태일 열사의 어머니 이소선 여사를 감싸 안고 있는 모습.

— 북한 정권 비판은 언제부터 했나.

"나는 본래 북한정권에 동조하지 않았지만 1993년쯤부터 강하게 비판했다. 그때부터 북한에서 아사자가 나오기 시작했다. 진보 진영에선 북한이 못사는 것을 맨날 홍수 탓으로 돌렸다. 부산대 강연 때 내가 '설사 홍수 때문에 그랬다 해도 국정운영의 제1과제인 치산치수를 못했다면 북한 정부 책임이다. 그걸로 국민이 굶어 죽는다는 게 말이 되느냐'며 홍수론을 비판했다. 그러자 대학생들이 나를 수구꼴통이라고 하더라. 그 이전에는 북한이 잘산다고 해서 추종한 측면이 있더라도 2000년대 들어 못사는 게 판명이 됐다면 지지를 철회해야지. 진보 진영은 다시 못사는 원인으로 미국 핑계를 대기 시작했다. 세계 최강의 미국과 군사적 대결을 하다 보니 경제적으로 궁핍해졌다는 거였다."

— 북한 정권에 대한 공격이 진보적 이미지에 맞지 않는다는 지적도 나온다.

"대학 시절, 솔직히 나는 수업을 한 시간도 안 들은 학기도 있었다. 학생운동을 직업적으로 했다. 투옥과 수배를 반복하다 보니 6개월 이상 한곳에 가만히 있었던 적이 없었다. 당시 내가 국민대회를 한다고 하면 하고 안 한다고 하면 안 할 정도였다. 그때 운동권 선후배 중에 북한 정권에 대해 우호적인 이들이 있었는데 간첩이라서 그런 건 아니었다. 70년대 초반까지는 북한이 더 잘살았던 측면도 있다. 마르크스 레닌주의에서 많은 걸 배우긴 했지만 그대로 따른 적은 없다. 사유재산을 없애고 계획경제를 하고 프롤레타리아 독재를 하자는 주장엔 동조하지 않았다. 북한의 주체사상은 더더욱 아니었다. 주체사상은 독재라고 판단했다. 현재 도지사인 후배도 한때 그랬다. 하지만 나는 국민 대중이 주인이 되는 '민중주체민주주의'를 주장했다. 박정희 정권이 장기집권했다고 비난하지만 북한 김일성은 그보다 더 장기집권했다. 이런 비판을 했는데도 그 시절에 북한을 이롭게 한다는 이유로 당국에 자주 잡혀 들어갔다. 심지어 1992년 14대 대통령 선거를 2개월 앞둔 10월 초 국가안전기획부가 '남로당 이후 최대 간첩단 사건'이라고 발표한 '남한 조선노동당 중부지역당' 사건으로 구속되기까지 했다. 안기부와 북한이 짜고 선거에 영향을 미치려 했던 사건이라는 게 내 판단이었다."

— 남북 통일에 대한 전망은.

"북한의 핵무기 보유는 역설적으로 한반도 통일의 가능성을 크게 해준다. 지금까지는 한반도 주변 4강, 특히 중국이 반대해서 통일이 어려웠다. 하지만 북한 핵무기 보유는 중국의 국가안보에도 위협이 된다. 특히 북한은 '비정상적 국가'다. 핵무기가 테러리스트에게 갈 수도 있다. 핵무기는 100개가 있으나 1개가 있으나 위험도는 비슷하다. 4강 중 미국은 우방이고 러시아는 푸틴의 동진정책이 통일에 나쁘지 않고, 일본은 반대해봤자 영향력이 없다. 중국을 잘 설득하면 통일할 수 있다."

— 중국이 남한 중심의 통일을 지지할까.

"중국은 미국과 함께 G2국가의 지위를 공고히 해 가는 마당에 한반도를 포함한 동북아에 긴장이 조성되는 걸 원치 않는다. 남한 중심 통일이 북한 핵무기를 없애는 근본적인 방법이라는 인식이 중국 내부에서 생겨나고 있다. 지난 2월 말 영국 파이낸셜타임스에 '중국은 북한을 포기해야 한다'는 기고문을 쓴 덩위원(鄧聿文·46)이 대표적이다. 중국 공산당 중앙당교 기관지 학습시보의 전 부편심副編審인 그의 칼럼 내용은 내 생각과 똑같았다. 지인들에게 이런 얘기를 했더니 1인당 10만 원씩 걷어서 비행기삯 110만 원을 마련해 줬다. 덩위원에게 e메일을 보낸 뒤 직접 베이징으로 날아가 4시간 동안 대담했다. 덩위원에게 '한국을 위해서 그런 주장 하느냐'고 물었더니 웃으면서 '중국을 위해서 그런다'고 답하더라. 덩위원 같은 생각을 하는 사람이 중국 내부에 많은 건 아니다. 이후 덩위원을 한국으로 초청해 강연을 주선했다. 조만간 덩위원과의 공저를 출간할 예정이다. 통일포럼을 만들고 통일을 위한 국민운동을 펼치겠다."

— 좌파 정권 10년 동안 남북관계가 평화로웠다는 시각이 있다.

"김대중·노무현 대통령을 지지하는 사람들이 그 시절에 남북관계가 평화롭게 긴밀하게 이어졌다고 하는데 나는 전혀 동의하지 않는다. 김대중정부 때 북한은 뒤로 핵무기 개발에 박차를 가했다. 2002년 6월에는 제2차 연평해전을 일으켰다. 노무현정부

때인 2006년 10월에 핵무기 실험을 했고 2009년 2차 핵실험을 했다. 2007년 남북정상회담도 했지만 그건 북·미 관계 개선을 위한 북한의 필요에 의한 것이었다. 그 시기를 어떻게 평화로웠다고 말할 수 있나."

─ 현재 매진하고 있는 사회변혁운동의 요체는.

"80년대 초에 앨빈 토플러의 『제3의 물결』『미래쇼크』『권력이동』 등을 읽으면서 정보화사회에서야말로 인간해방을 위한 조건이 이뤄진다는 걸 발견했다. 정보화사회가 신문명의 토대다. 정보화사회는 물질적 풍요와 대중의 정치사회의식 고양을 가져왔다. 인간의 해방된 삶이 가능해졌으나 이에 잘 대처하지 못하면 대재앙을 맞을 수도 있다. 그래서 주창한 게 사회민주주의와 생태주의를 결합한 녹색사회민주주의 곧 민주시장주의다."

─ 정치는 실패의 연속이었다. 아쉬움은 없나.

"90년 11월 민중당을 창당했으나 92년 14대 총선에서 한 석도 얻지 못해 해체됐다. 이재오와 김문수는 한나라당으로 옮겨 각각 최고위원과 경기도지사가 됐다. 마지막에 나 혼자 남으면서 '마지막 재야인사'라고 불렸다. '정당제조기'란 부정적인 닉네임도 붙었다. 나는 많은 걸 해서 실패했지만 고집스럽게 진보정당을 추구해왔다. 북한 정권에 대해서는 보수세력보다 훨씬 더 반북한적이다. 그러나 보수와 다른 건 '때려잡자 공산당'이 아니라 북

한과의 대화와 교류 및 경제협력을 많이 하고 북한 동포를 도와
주자는 것이다."

— 지난 40여 년 동안 외길을 걸어온 비결은.

"장기표가 별나다. 내 인생을 산다. 이 시대 최대 문제는 자기
가 없다는 것, 곧 자기의 정체성이 없다는 것이다. 천하를 얻어
도 내가 없으면 헛것이다. 내가 있는 정치를 하려면 역사의식이
있어야 한다. 내가 버텨온 건 통찰력 하나다. 통찰력이 있으려면
욕심이 없어야 한다. 내 딴에는 나를 조심한다. 허튼 생각을 하
면 안 된다. 철저하게 나는 나 위주로 산다. 그게 남을 위한 것이
다. 김대중 전 대통령, 이회창 전 총재도 굉장히 나를 끌어들이려
했다. '내가 얼마나 못난 짓을 했으면 그들이 나를 자기 당으로 오
라 하겠나' 이런 생각도 했다. 국회의원이 돼 정치권 왔다 갔다 했
다면 내 생각이 무뎌졌을 것이다. 무뎌지는 게 아니라 없어졌겠
다. 정치권으로 간 동지들은 도덕성을 빼면 이념적으로나 정책적
으로 기존 정치인과 다른 것이 없다. 오히려 더 못한 경우도 적잖
다. 나한테 그걸 고백한 사람도 있다. 그런 정치를 뭐 하러 하나."

— 대통령 중에선 누구를 좋게 평가하나.

"김영삼 전 대통령이다. 나한테 해준 건 없지만 한 일이 제일
많다. 하나회 척결도 어려운 것이다. 무엇보다 금융실명제 실시
를 잘했다. 고위공직자 재산공개도 그렇다. 김영삼 대통령 이외

에는 이것을 할 대통령이 없었다고 본다."

— 박정희 전 대통령에 평생 반대해 왔는데.

"박정희 대통령 시절에 징역 몇 년 산 것 갖고 억하심정 같은 것은 없다. 나보다 더 고통 받은 사람이 수두룩하지 않나. 다만 경제발전을 위해 독재가 불가피했다는 논리에는 동의하지 않는다. 불균형 성장, 중화학공업 편중 지원, 재벌 비대, 부정부패 등의 부작용도 엄청났다. 이스라엘이나 대만, 일본, 독일은 2차대전 이후 독재 안 하고도 경제발전을 우리보다 더 많이 했다. 박근혜 대통령은 욕먹을 일을 적잖이 했음에도 불구하고 국민 지지율이 오르고 있다. 자기중심성이 심하긴 하지만 대과 없이 하고 있다. 이 정부가 잘하면 공은 대통령에게 돌아간다. 유능한 사람을 써야 한다. 앞으로 어려운 일이 생길 수도 있다고 본다."

— 사회정치운동에 매진하느라 가족들을 챙기지 못했을 것 같다.

"아내 조무하(64)가 고교 교사를 했다. 밥은 먹고산다. 지금은 학생들 독서 지도하는 가정교사다. 민청학련 사건으로 수배 중이던 76년 만났다. 딸 둘이 있다. 옛날에는 바깥에서 살다시피 해도 미안하게 생각을 안 했는데 요즘은 미안한 게 아니라 죄를 지은 것 같아서 쩔쩔맨다. 집사람이 눈만 똑바로 떠도 주눅이 든다. 집사람이 말만 한마디 붙여줘도 고맙기 짝이 없다. 안 쫓겨난 것만 해도 천만다행이다."

– 건강은 어떻게 챙기나.

"혼자 있었던 시간이 굉장히 많다. 교도소에 가도 혼자였다.
하지만 밥은 혼자 먹는 게 안 좋다. 여럿이 먹어야 한다. 건강이
나쁘진 않다. 눈이 약해서 실핏줄이 자주 터진다. 그래서 하루도
운동을 빼놓지 않는다. '일병장수'란 말이 맞다. 몸에 병이 하나
있으면 운동도 하고 조심해서 오래 산다."

부록

2. [최보식이 만난 사람] 박근혜에겐 최순실이 한 명, 문재인에겐 최순실이 열 명

— 최보식(조선일보/2019.06.03)

"사실 나는 데모할 수 있는 대학생이어서 특혜를 받았다. 나 같은 사람만 있었으면 대한민국은 벌써 망했다. 농사 안 짓고, 공장에서 일 안 하고, 기업도 안 하고 전부 다 데모만 했으면 나라 안 망했겠나. 사회는 다양한 부문에서 다양한 노력이 총화를 이뤄 발전한다."

장기표(74)씨를 만난 것은 열흘 전 '光州와 봉하마을, 누가 불편하게 만드나'라는 필자의 칼럼에 짧게 인용된 위의 말에 대한 반응이 뜨거웠기 때문이다.

노동운동이나 민주화 투쟁에 관한 한 그 앞에서 명함을 내밀 사람이 그리 많지 않다. 그는 분신자살한 전태일의 서울대 법대 학생장葬 추진(1970년), 서울대생내란음모사건(1971년), 민청학련사건(1974년), 청계피복노조사건(1977년), 김대중내란음모사건(1980년), 5·3인천사태(1986년), 중부지역당사건(1993년) 등 1970년부터 1990년 초반까지 주요 시국 사건에 관계되지 않은 적이 없었다. 그 기간 다섯 번 수감돼 총 9년 이상을 살았고 더 많은 세월은 수배자로 보냈다.

"나는 민주화 운동을 했다고 대접도 많이 받았다. 한 번은 출소 후 동문 모임에 가니 내게 한마디 하라고 해서 '나 같은 사람만 있었으면 대한민국은 벌써 망했을 것'이란 말을 했다. 우리는 대학 캠퍼스와 친구가 있는 좋은 환경이어서 데모할 수 있었지, 동대문시장에서 포목 장사하는 사람이 아무리 민주화 의지가 있어도 데모할 수 있었겠나. 당시 나를 취조한 수사관에 대해서도 '인간 말종' '독재자 후예'로 여기지 않는다. 그는 자기 위치에서 최선을 다했다. 인생이 뒤바뀌었으면 나도 국가 안보와 사회 질서를 위해 일했을 것이다."

— 문재인 대통령이 5·18 기념식에서 한 '독재자 후예'라는 발언을 떠올리게 하는데.

"그런 말에 정말 분노했다. 대통령이 지지 세력을 규합하기 위해 국민을 분열시키는 말을 해도 되는가. 역사 앞에 겸손해야 한다. 일제시대에 독립운동을 안 했다고 다 '친일파'라고 할 수 있나. 세상이 그런 게 아니다."

— 문 대통령은 기념식장에서 "1980년 광주가 피 흘리고 죽어갈 때 광주에 함께 못한 것에 대해 그 시대 한 시민으로서 참 미안하다"며 말을 못 이었다.

"그렇게 마음 아프고 빚진 인생으로 살았다면 왜 청와대에 들어가기 전에는 망월동 묘역을 참배하지 않았나. 이제 와서 이러

부록

는 것은 위선僞善 아닌가. 권력 유지를 위한 게 아닌가."

– 민주화 운동에 대한 문 대통령의 진심을 왜 의심하는가?

"1984년 내가 민통련(민주통일민중운동연합)을 조직하려고 전국을 돌았다. 부산에 갔을 때 학생운동 전력이 있다는 문재인 변호사를 소개받았다. 그에게 함께할 것을 권하자 '이런 일에 전혀 관여하고 싶지 않다'는 답이 돌아왔다. 너무 강경해서 그 뒤로 다시 만나지 않았다. 그런 분이 이제 와서 민주화 운동을 전매특허 낸 것처럼 하기에 과거 얘기를 하는 것이다."

– 대학 시절 시위 전력으로 구속된 적 있고 그 뒤 부산에서 인권 변호사로 활동한 것은 사실 아닌가?

"학생 데모를 잠깐 했을 뿐이지 그 이후에는 민주화 운동을 한 사람이 아니다. 그를 인권 변호사로 포장하는데 사실과는 거리가 있다. 6월 항쟁(1987년) 이후에 민주화되면서 시국 사건과 노동 사건들이 봇물처럼 터져 나왔다. 그런 사건 몇 건을 돈 받고 맡은 적 있었는지 모르나 인권 변호사 역할을 한 것은 아니다. 내세울 만한 게 있었으면 그가 벌써 밝혔을 텐데 수임 사건 내역에 그런 게 없다."

– 장 선생은 지난 대선에서 '문재인 후보가 당선되면 안 된다'며 기자회견까지 한 것으로 알고 있다. 왜 문 대통령에 대해 이렇게 비판적인가?

"그는 애초에 정치할 뜻이 없었고 국정 운영에 대해 고민해본 사람이 아니었다. 단지 '노빠'의 아바타로 나온 것이다. 그런 사람이 제대로 나라를 끌고 갈 수 있겠나. 나는 당시 기자회견에서 '박근혜에게는 최순실이 한 명이지만 앞으로 문재인에게는 최순실이 열 명이 될 것'이라고 말했다."

— 당시 무슨 근거로 '최순실 열 명'을 말했나?

"나는 '운동권 내부 정서'를 잘 알고 있다. 그쪽 동네에선 운동 경력에 밀리면 꼼짝 못 하는 법이다. 문재인의 학생 시위 전력은 운동권 프로와는 비교가 안 된다. 그에게는 이들에 대한 콤플렉스가 있어 운동권의 포로가 된다. 그쪽의 강경 주장에 따라가게 된다. 정부 부처마다 적폐 청산 기구나 과거사위원회 같은 게 줄줄이 설치된 것도 어느 주장에도 그가 반대를 못 하기 때문이다. 반대하면 제대로 운동도 안 해본 사람으로 볼까 봐 겁내는 것이다."

— 과거에는 혹 그런 기분이 있었을지 모르나 세월이 많이 흐른 지금에도 그것에 지배된다고 보나?

"운동권에 둘러싸여 있으니 그런 정서에 지배되는 것이다. 과거 노무현도 이런 운동권 콤플렉스가 있었던 사람이다. 현 정권에서 민주노총에 절절매는 것은 단순히 촛불 집회 때의 부채 의식 때문은 아니다. '운동권 사쿠라'는 원래 노동자들에게 아부하는 습성을 갖고 있기 때문이다."

─ 장 선생은 과거에 '청계피복노조' 사건으로 구속되는 등 노동운동을 해왔다. 탄압에 맞서 겨우 키워냈던 노동 조직이 이제는 법 위에 군림한 것처럼 됐다.

"그때는 약자인 노동자의 조직을 만드는 게 옳았다. 이제는 내 개인적으로 광화문에서 최대의 기득권 집단이 된 민주노총 규탄대회를 한 적 있다. 대기업 위주의 민노총 조합원은 전체 노동자의 평균 임금보다 3배를 받는 노동 귀족들이다."

─ 다시 5·18로 돌아가면 장 선생은 당시 무엇을 했나?

"1979년 말 출소한 뒤 김대중 씨가 중심이 된 국민연합(민주주의와 민족통일을 위한 국민연합)의 조직국장을 맡았다. 시위 조직 및 배후 조종을 했던 것이다. 이게 소위 '김대중내란음모사건'이다. 이 사건으로 나는 3년 반 도망 다녔다. 김영삼 정부에서 특별법이 제정돼 김대중내란음모사건 관련자들은 모두 5·18 유공자가 됐다. 보상을 위해 유공자 등록을 하라고 했지만 나는 안 했다. 그 뒤 다른 시국 사건도 재심再審을 통해 보상이 이뤄졌지만 나는 응하지 않았다."

─ 민주화 보상금을 다 받았으면 몇 억 원은 됐을 텐데 왜 신청을 안 했나?

"내가 관련된 민청학련사건 등은 다 실체가 있었고 당시 실정법을 위반했다. 정권이 바뀌어 재심 법정에서 해석을 달리해 무죄로 받고 싶지 않았다. 내 행위는 오직 역사 평가에 맡기고 싶었다."

─ 재심 법정이 일종의 역사적 평가가 아니겠나?

"그렇게 생각하는 사람도 있겠지. 잘난 체하는 것 같아 조심스럽지만, 보상금을 받기 위한 재심再審 같아서도 탐탁지 않았다."

─ 그 시절에 희생한 자신의 삶에 대한 보상이라고 볼 수 있지 않나?

"그런 운동도 안 하고 수백억씩 해 처먹는 사람들도 있는데, 큰돈도 아니고 몇억 받는 걸 넘어갈 수도 있지만, 돈의 문제가 아니라 우리는 지식인으로서 민주화 운동을 의무로 여겼고 또 입만 벌리면 나라와 민족 운운했지 않나. 그걸 돈으로 보상받으면 우리의 명예는 뭔가. 더욱이 보상금은 박정희나 전두환이 주는 돈도 아니고 국민이 낸 돈이다."

─ 모든 가치가 돈으로 환산되는 세상인데, 주위 사람들에게 '보상금을 받지 말자'고 말한 적 있었나?

"혼자 잘난 척한다는 소리 들을까 봐 입 밖에 안 냈다. 그런데 김대중 정부 시절 서울대 교수인 H씨가 교육부 장관이 되자 1980년대 해직 교수 60여 명을 광주 민주화 운동 관련자로 선정해 각 1억 3,000만 원씩 80여억 원을 나눠줬다. 광주와 직접 관련된 사람은 두세 명밖에 없었다. 심지어 1980년 그해가 아니라 1985년, 1986년에 해직된 교수도 있었다. 이들은 김영삼 정부 시절 이미 복직됐고 밀린 봉급을 2억~3억 원씩 받았다. 높은 자리에도 많이 갔다. 그렇게 다 받아먹고 또 보상금을 주고받았지만 대부분 사람은 민주화 운동에 부채 의식이 있어 말을 못 했다. 하지만 나는 '진짜 나쁜 놈들'이라며 분노해 글을 썼다."

― 장 선생은 재야(在野)에서는 눈부신 활약을 했지만, 정치권 진입을 시도한 뒤로는 실패의 연속이었다. 1990년 이재오·김문수·이우재 등과 함께 민중당을 창당해 총선에서 고배를 마신 게 시작이었다. 그 동지들은 현실 정치를 깨닫고 대부분 YS 진영으로 들어가 다음에 국회의원이 될 수 있었다. 장 선생은 따라가지 않았는데.

"과거 감옥에서 앨빈 토플러의 『미래의 충격』『제3의 물결』 『권력이동』을 읽고서 정보화 사회가 새로운 문명의 토대가 될 수 있다는 걸 깨닫고 나는 독자적인 정치 이념을 만들었다. 기존 정당으로는 이를 구현할 수 없었다."

─ 선거 때마다 정당을 새로 만들어 출마했고 낙선했다. 이 때문에 '창당 전문가'로 조롱받았다. 창당 행적을 보면 같은 이상이나 가치를 가진 사람들과 함께한 것도 아니었다. 기존 정당의 공천 탈락자들과 손잡거나 이념이 다른 신생 정당과 합당하는 식이었다. 그럴 바에는 기존 정당에 들어가는 게 맞지 않았나?

"당을 만들려면 그런 사람들도 필요했다. 그 사람들이 나를 따라온 거지, 당의 코어(핵심)가 중요한 것이다. 내가 생각하는 정치적 목표를 이루기 위해서였다. 기존 정당은 오늘 우리나라가 직면해 있는 문제들을 해결할 수 없다. 나는 해법을 갖고 있다고 자부한다."

─ 정치는 현실과 세력에 종속되는 것이다. 이재오 전 의원이 "이명박 정권 때 장기표에게 지역구 공천과 장관직을 제안했지만 모두 거절당했다"고 말하더라. 이 말을 듣고 장 선생을 다시 봤다. 하지만 기존 체제에 들어가 뜻을 구현할 수도 있지 않나?

"과거 김대중 정권에서도 나를 원했다. 한나라당에서도 김문수가 공천심사위원장을 할 때 최상위 순번의 전국구를 주겠다고 했다. 하지만 거절했다. 내 뜻을 구현하기 위해 정치를 하려는 것이기 때문이다. 나는 기존 정당의 한계를 지적해왔다. 내가 한 말을 내가 안 지키면 되겠나."

3. '영원한 재야인사' 장기표 "文, 1984년 민통련 참여 거절"

— 배수강(신동아/2019.7월호)

[인터뷰] '영원한 재야인사' 장기표 "文, 1984년 민통련 참여 거절"

"文정권 노조·북한·운동권 콤플렉스"

- 親日·반독재 프레이밍 전략
- 文정권 민주화운동 '전매특허' 냈나
- 위선의 극치는 文 주변 '강남좌파'들
- 국민 갈등·대립 조장해선 안 돼
- 한국당 아닌 새 견제세력 나타나야

'장기표'라는 이름 앞에는 '영원한 재야在野 인사'가 수식어처럼 따라붙는다. 50여 년 민주화운동을 하면서 다섯 차례 투옥돼 9년간 옥살이를 했고, 12년을 수배자로 도망 다녔다. '민주화 투사' 경력으로 치면 고관대작을 하고도 남지만, 그는 기성 정치권과는 거리를 뒀다. 물론 자신의 '고집' 때문에 고난의 길을 자초한 측면도 있다.

그런 그가 매주 토요일 오후 5시가 되면 서울 광화문 원표공원에서 다시 마이크를 잡고 있다. 과거처럼 독재 타도를 외치는 게 아니다. 운동권 대선배이면서도 운동권 인사들이 대거 포진한 문 재인 정권을 비판한다. 1977년 청계피복노조(전태일 분신 사건을 계기로 만들어진 당시 노동운동의 중심) 사건으로 구속되면서도 그가 지키려 고 했던 노동조합을 저격한다. 6월 10일 오전 서울 충정로 '신동 아' 인터뷰룸에서 장기표 신문명정책연구원 대표와 마주 앉았다. 다음은 일문일답.

— 최근 대안적 정치결사체 '국민의 소리'를 만들었는데.

"내 나이가 올해 75세(그는 1945년생이다)다. 젊을 때도 내 뜻을 이 루지 못했는데 나이 들어서 뭘 하겠나. 그럼에도 '대한민국이 잘 되게 역할을 해야 한다'는 생각으로 지난 4월에 민계식 전 현대중 공업 회장과 '국민의소리'를 출범시켰다. 열심히 활동하고 있다 (웃음)."

문명 전환기와 민주시장주의

— 대한민국을 잘되게 하려면 어떻게 해야 하나.

"오늘날 세계적 대변화는 문명이 전환하는 거다. 새로운 정보 문명시대가 도래했고, 지금까지 통용되던 사상, 이념, 정책은 바 뀌어야 한다. 그러지 않으면 대량 실업과 소득양극화, 환경파괴, 인간성 상실 등으로 사회는 붕괴하고 인생은 파탄 난다. 이에 대 한 처방으로서 나는 민주시장주의, 녹색사회민주주의를 주장하고 있고, 사회민주주의에 자아실현의 개념과 생태주의를 더한 새로운 진보 이념을 정립했다. 이를 구현하기 위해 (신문명정책)연구원을 세우고 그 이름으로 강연과 집필도 하고 있다. '국민의소리'를 만들어 광화문에서 국민과 대화하면서 유튜브 방송도 하고 있다."

― 1989년 민중당을 창당했고, 개혁신당과 민주국민당 등에도 참여했는데.

"새로운 진보 이념의 정당을 만들기 위해 노력했지만 계속 실패했다. 제도 정치권에 들어가 국회의원, 대통령 선거에 나가고 현실 정치를 하려고 했지만 신생 정당으로는 어려웠다."

― 김영삼(YS) 김대중(DJ), 이명박(MB) 전 대통령의 영입 제안도 있었는데. 기존 정당에 들어갔으면….

"솔직히 말하면 굉장히 많았다. 특히 DJ 선생은 나와 함께 (정치를) 하려고 내게 공을 많이 들였다. 그런데 나의 뜻을 100% 펼치지 못한다면 우선 큰 의미가 없었고, 기존 정당정치는 '내가 아니어도 할 사람은 많다'고 생각했다. 또한 오늘날 우리 사회가 직면한 문제를 기존 정당으로는 극복할 수 없다고 봤다. 모든 국민이 자아실현의 보람과 기쁨을 누리면서 행복하게 살 수 있게 할 정당 건설을 위해 노력했지만, 나의 능력 부족으로 이뤄내지 못했다."

― 매주 토요일 마이크를 잡고 '국민과의 대화'를 하는 이유는 뭔가.

"문재인 정권 들어 국가 운영이 근본적으로 잘못됐고, 나라가 어려워지고 있다는 게 확인되고 있기 때문이다. 민심은 물론 생활 현장, 심지어 통계청 자료에서도 확인되고 있는데 이 정부는 '뭘 잘못했느냐'는 식이다. 그게 진짜 큰 문제다. 누구나 잘못할 수 있지 않나. 잘못된 걸 알았으면 잘하기 위해 방법을 바꿔야 하는 거 아닌가. 잘못된 게 확인됐는데도 인정을 안 하고 계속 고집을 피운다. 박근혜 정권 때는 소통을 안 한다고 비난하더니, 정작 자신들은 소통을 더 안 한다. 언론과 국민의 비판을, 지적을, 요구를 수용하지 않으니 나라도 나설 수밖에."

민주화운동에 '거품' 무는 사람

― 무엇이 잘못됐다고 보나.

"인사와 경제 문제 등 한두 가지가 아니다. 한 예로, 현 정부 들어 '인사 참사'라는 말이 나올 정도로 장관급 후보자 9명이 낙마했는데도 문재인 대통령은 (지난해 10월 유은혜 교육부장관 임명장 수여식 후) '인사청문회 때 많이 시달린 분들이 오히려 일을 더 잘한다는 전설 같은 이야기가 있다'고 말한다. 인사 실패에 대한 유감 표명은 없이 국회를 조롱하는 듯한 발언이다. 최근 3·1절 기념사에서는 뜬금없이 '빨갱이'를 얘기하더니, 5·18 기념사에서는 '독재자의 후예'를, 현충일 추념사에서는 6·25 전사자 유족이 있는 자리에서 (6·25전쟁 공로로 김일성의 훈장을 받은) 김원봉을 거론한다. 국민 통합보다는 갈등을 부추기려는 정치적 목적 아닌가."

부록

문 대통령은 지난 3·1절 기념사에서 "'빨갱이'는 일제가 모든 독립운동가를 낙인찍는 말이었고, 지금도 정치적 경쟁 세력을 비방하고 공격하는 도구로 사용되고 있다"고 했다. 또 5·18민주화운동 기념사에선 "독재자의 후예가 아니라면 5·18을 다르게 볼 수가 없다"고 했고, 현충일 추념사에선 "약산 김원봉 선생이 이끌던 조선의용대가 편입돼 마침내 민족의 독립운동 역량을 집결했다"며 "광복군 대원들은 광복 후 대한민국 국군 창설의 뿌리가 되고 나아가 한미동맹의 토대가 됐다"고 말했다.

변호사 문재인과의 만남

– '정치적 목적'이라면 진영 갈등을 부추겨 자신의 지지 세력을 모은다는 뜻인가.

"그렇다. 문 대통령과 주변 운동권 인사들은 민주화운동 경험을 내세워 자신들은 정의롭고, 대척점에 있는 자유한국당은 '독재자의 후예'라고 하는, 일종의 프레임을 짠다. 정치적으로 상대를 친일 세력, 독재 옹호 세력으로 규정하는 거다. 각종 과거사위원회를 만들어 전 정권의 치부를 밝히는 것으로 정권의 정당성을 보이려는 것도 집단이기주의를 활용하려는 이기심이다. 프레임을 짜서 나라가 잘되면 좋은데, 이렇게 되면 나라는 망하고 피해는 국민이 본다. 국민 통합에 나서야 할 집권 세력이 정치적, 정략적 이유로 국민 간 갈등과 대립을 조장해선 안 된다."

— 문 대통령도 대학 시절 학생운동을 하다가 강제징집을 당했고, 청와대와 여권 핵심 인사 상당수가 민주화운동을 한 건 사실 아닌가.

"그 부분은 나도 인정한다. 예전에는 데모하기도 어려웠는데, 문 대통령이 (경희대) 재학 시절에 '데모'한 데 대해선 높이 평가한다. 그런데 문 대통령과 청와대 주변 운동권 사람들이 기고만장할 정도로 투철하게 민주화운동을 했는가. 일제강점기에 독립운동을 했나 안 했나, 전두환 정권 때 반독재 운동을 했나 안 했나 하면서 '거품'을 무는 사람들치고 제대로 '운동'한 사람은 드물다. 나는 민주화운동을 많이 했나 적게 했나, 그런 말은 안 한다. 그런데 문 대통령과 주변 사람들은 마치 자기들이 민주화운동을 '전매특허' 낸 것처럼 말하고, 언론은 그렇게 보도를 한다. 이는 굉장히 과장되고, 위선僞善적이다."

관여하고 싶은 생각이 없다

1988년 12월 21일 장기표 대표(앞줄 왼쪽에서 네 번째)가 시국사범들과 함께 공주교도소를 출소하면서 '5공비리 청산'을 외치고 있다.

그는 테이블에 놓인 원두커피를 한 모금 마시더니 손바닥으로 테이블을 쳤다. 목소리 톤이 높아졌다.

"민주화 정신이 그렇게 투철하다면 탄압이 가장 심했던 전두환 정권 때에는 왜 변호사만 했는가 묻고 싶다. 1984년 공해문제연구소 창립 초기, 나는 '민통련(민주통일민중운동연합)'을 조직하기 위해 당시 부산에 가서 '변호사 문재인'을 만났다. 후배들이 학생운동을 한 사람이라고 소개해서 만났는데, '같이 하자'고 하니까 '이런 일에는 전혀 관여하고 싶은 생각이 없다'고 했다. 말도 그러했고, 표정도 그랬고, 이후 후배들에게 들어봐도 그랬다."

그가 말한 민주통일민중운동연합은 1985년 3월 29일에 결성된 사회운동단체로, 1980년대 민주화운동에서 구심점 역할을 했다. 상임의장은 문익환 목사가, 고문으로 함석헌, 김재준, 지학순 주교 등이 위촉됐다. 신민당의 직선제 개헌운동과 연대해 대중운동을 전개했고, 1987년 5월 정치권과 민주화운동 세력을 망라한 민주헌법쟁취국민운동본부를 결성하는 데 주도적 역할을 했다.

– 이후 문 대통령과 재회하지는 않았나.

"다시 안 만났다. 현 정부나 여권의 운동권 인사 중에도 1980년대 민주화운동 탄압이 거세지자 나서지 않은 사람이 많다. 나는 문 대통령과 집권 세력이 민주화운동을 제대로 안 해서 탓하는 게 아니다. 나처럼 모두 데모하고 다녔으면 나라 거덜 났을 거다. 농사를 짓는 사람이나 동대문 포목점 주인이 꼭 데모를 해야 할 이유도 없다. 그러니 각자 자신이 맡은 일을 묵묵히 해낸 국민 모두가 민주화운동을 한 거다. 내 생각에는 문 대통령과 청와대 핵심 인사들이 민주화운동에 대한 일종의 콤플렉스가 있는 거 같다."

― 콤플렉스라면….

"나는 운동권 정서를 잘 알고 있다. 문 대통령과 조국 민정수석, 임종석 전 대통령비서실장 등도 민주화운동을 하긴 했는데 제대로 못 했다. 그러니 민주화운동을 한 강성 운동권 인사의 주장에 영향을 받고 따라가게 된다. 오히려 '그래, 나는 민주화운동을 열심히 안 했다'고 인정하면 당당해지는데, 그걸 못 한다. 위선의 극치는 '강남좌파'들이다."

― 진보적 이념, 혹은 프롤레타리아적 사고를 지닌 부유층을 말하는가.

"그렇다. 조국 민정수석이나 장하성 주중대사(전 대통령비서실 정책실장) 등 현 정부 인사 중에서도 수십억 부자가 많다. 이들은 아주 부자이면서 민주화운동의 후예인 양, '없는 사람' 행세를 한다."

정부공직자윤리위원회가 3월 28일 공개한 공직자 재산변동사항 신고내역에 따르면, 문 대통령과 청와대 비서관급 이상 참모진 47명 등 청와대 고위공직자의 평균 재산은 14억 9400만 원이었다. 문 대통령 재산은 20억 1600만 원, 조국 민정수석은 54억 7645만 원이었다. 장 대사의 지난해 재산은 104억여 원이었다.

노동운동 하는 사람들 겸손해야

- 최근 민주노총(전국민주노동조합총연맹)을 강하게 비판한다. 노동운동 계보로 보면 '선배' 아닌가.

"민주노총은 1990년대 중반까지는 전체적으로 노동자 권익을 확보하는 데 상당한 역할을 했다고 본다. 그러나 요즘은 그렇지 않다. 기득권 강성 노조의 폐단이 나타나고 있다. 우선 대기업 노조 조합원의 평균 연봉은 1억 원 전후다. 대체로 기득권층인데 손톱만큼도 양보를 안 한다. 자기들 때문에 비정규직과 청년실업이 양산되고, 하도급 기업의 저임금화가 고착되는데도 예수나 공자라도 되는 것처럼 '비정규직 차별 철폐하라' '청년실업 해소하라'고 한다. 이정도면 파렴치한 거다. 우리나라 노동운동을 하는 사람들은 겸손해야 한다. 그들은 (1987년) '7, 8, 9월 노동자 대투쟁'이 대단한 것처럼 말하는데, 진짜 노동자들은 부끄럽게 생각해야 한다."

- 부끄럽게 생각해야 한다?

"노동자 대투쟁이라는 게 1987년 6·29 선언을 통해 '항복선언'을 받아낸 이후 대기업 중심으로 노조를 결성해 투쟁한 거 아닌가. 그런 사람들이 마치 민주화와 진보의 중심 세력인 양 설쳐댄다. 나아가 민주노총 사람들은 한국노총(한국노동조합총연맹)이 군사독재 시절에 어용御用노조 활동을 많이 했다고 공격한다. 비록 '어용'이라고 해도, 그 살벌한 시절에 노동운동을 한 그 자체는 지금과 달리 굉장히 위험했고 사상적으로도 불온시됐다. 그걸 견뎌내면서 노동운동을 한 거다. 한국노총이 어렵게 노동운동할 때 노조 활동 안 하던 사람들이 민주화 이후 (좀 했다고) 마치 큰 투쟁을 한 것처럼 말하면 안 된다. 요즘은 경찰과 민주노총 조합원이 충돌해 부상자가 생기면 경찰이 처벌받는 시대가 됐다. 경찰이 파업이라도 해야 할 상황이다. 그런데 이 정권은 손을 못 댄다. 오히려 발목이 잡혀 국정 운영을 제대로 못 한다."

기가 찬 일 아닌가

― 왜 그렇다고 보나.

"지난해 8월 (대통령 직속 노사정(勞使政) 대화 기구인) 경제사회노동위원회(경사노위)가 출범했다. 그런데 민주노총은 내부 강경파의 반대로 참여가 무산됐고, 올해 1월 문 대통령이 김명환 민주노총 위원장을 청와대로 초청해 설득했지만 효과는 없었다. 주52시간제 시행으로 기업들이 어려움을 호소하고, 이미 지난해 11월 문 대통령과 여야 5당 원내대표가 탄력근로제를 연장하기로 했는데도 문 대통령 요청으로 민주노총의 (경사노위) 참여를 기다렸다. 탄력근로제 단위기간을 6개월로 늘리는 데 합의하고, 3월에 대통령이 참석한 가운데 회의를 열어 합의안을 의결하려고 했지만 이번에는 비정규직·청년·여성을 대표하는 경사노위 (본위원회) 위원 3명이 회의에 불참해 의결이 무산됐다. 그렇게 해놓고 4월 초 민주노총은 국회 앞에서 탄력근로제 확대 반대 집회를 열고 국회 담장을 부쉈다. 기가 찬 일 아닌가."

장 대표가 말한 탄력근로제는 일감이 많을 때 법정 근로시간을 넘겨 일하는 대신 일감이 적을 때는 근로시간을 줄여 단위 기간(최장 3개월) 내 평균 주당 근로시간을 52시간으로 관리하는 제도다. 4월 3일 국회 환경노동위원회가 탄력근로제 확대를 위한 근로기준법 개정안(단위 기간 6개월로 확대)을 심사하기로 하자 민주노총 조합원들은 국회 담장을 허물고 국회 진입을 시도했다.

북한에 대한 과도한 저자세

— 민주노총은 촛불집회 주도 세력인 만큼 현 정부가 민주노총에 부채의식이 있기 때문일까.

"촛불집회는 대통령도 잘못하면 쫓아낼 수 있다는 걸 보여준 한국 민주주의의 위대한 업적이다. 문재인 대통령 만들려고 한 게 아니다. 촛불집회는 국민이 나선 것이지, 민주노총이 역할을 했더라도 과도하게 생각하면 안 된다. 내가 볼 때 문 대통령과 집권 세력이 민주노총을 옹호하는 것도 운동권이 가진 일종의 '노동자 콤플렉스'가 작용했기 때문이다. 소위 진보진영 지식인들이나 재야는 노동자를 중시하는 ML(마르크스-레닌)주의를 비판할 자신이 없다. 반면 기업이나 경영자를 공격하면 상대적으로 표가 모인다. 부자를 공격해주니까. 걱정이다."

— 대북 저자세 논란은 어떻게 보나.

"문재인 정부는 북한이 탄도미사일을 연달아 쏘아도 '확인 중'이라고 한다. 북한 김정은이 '오지랖 넓은 중재자, 촉진자 행세하지 말라'(4월 12일 최고인민회의 발언)고 해도 (북한에) 우리 정부는 '쌀을 주겠다'고 한다. 정부는 '인도적 지원'이라고 하지만 북한에 대해 과도한 저자세를 보이니, 국민은 '북한에 나라를 갖다 바치려고 하나' 하고 걱정한다. 괴리가 있다. 운동권 인사들은 대체로 친북한적 성향을 보인다. 북한의 실정을 잘 아는 사람들도 북한에 대해선 무비판적이고, 심지어 맹종하는 경향성을 띤다.

왜냐면 남북 분단 과정에서 북한은 민족적 정통성을 유지한 자주적인 정부이고, 남한은 미국과 외세 의존 정부로 보기 때문이다. 북한이나 사회주의 국가는 독재나 폐쇄주의, 사회주의 경제정책 때문에 못사는 게 아니라 세계 최강국 미국에 대항하기 위해 국방비에 많은 돈을 쓰니까 못산다고 생각한다. 나는 1980년대 중반부터 이러한 경향성을 '북한 콤플렉스에 사로잡혔다'고 규정했다."

— 극우 인사들 중에는 현 정부의 핵심을 공산주의자, 주사파로 규정하

는 사람들도 있다.

태극기 집회에 나가보면 이른바 보수적 지식인들이 무턱대고 현 정권 인사를 '빨갱이' '간첩' '주사파'라고 공격한다. 이건 사실도 아니고, 현 정권 인사들이 북한의 지령을 받거나 공산주의 사상이 투철한 것도 아니다. 그런 문 정권을 바로잡기 위해서라도, '빨갱이'라고 공격하는 대신 위선적인 내용을 폭로하고 비판하는 게 옳다."

— 정권 견제 역할은 야당 몫 아닌가.

"문재인 정부가 이렇게 실정失政을 해도 한국당 지지율은 오르지 않으니 하는 말이다. 야권은 단결이 핵심인데, 바른미래당이나 친박 세력과 통합이 안 된다. 올 9월경 박근혜 전 대통령 석방 가능성도 있고, 그에 맞춰 '친박당'이 생길 수도 있다. 정권 견제를 하려면 총선에서 야당 의원을 많이 당선시켜야 하는데 국민의 신뢰를 받지 못하고 있으니…. 개인적으로는 국민에게 희망을 줄수 있는 새로운 정치 세력이 나와야 한다고 본다. 앞서 말했지만, 문명사적 대전환기는 새로운 정치세력이 나와 대정부 투쟁을 주도해야 한다. 현재 야당에 맡겨선 문 정권을 극복할 수 없다는 생각에 나도 매주 토요일 광화문에서 직접 국민과 소통하며 연설을 한다."

— 최근 5·18광주민주화운동 보상과 관련해 심재철 한국당 의원과 이해

찬 민주당 대표의 보상금 논란이 있었다. 5·18 보상자 명단 공개 요
구도 이어지고 있다.

"민주화운동을 해서 보상을 받든 안 받든 그건 당사자들의 판
단이다. 난 안 받았지만 남들이 받는 걸 그르다고 생각하진 않는
다. 다만 김대중 정부 시절 교육부 장관이 된 인사가 1980년대 해
직교수 60여 명을 광주민주화보상법에 따라 1억 3000만 원씩 보
상을 했다. 그런데 이들 해직교수들은 김영삼 정부 시절 복직해
밀린 월급 1억~3억 원씩을 다 받았다. 그리고 민주화운동으로 해
직됐다고 해서 장관도 되고 국회의원, 대학 총장도 됐다. 누릴 건
다 누렸다. 이 중에 5·18 관련자는 2, 3명뿐이었다. 국민의 세금
을 이렇게 나눠 먹어선 안 된다."

누릴 건 다 누려놓고…

– 당시에는 왜 비판이 없었나.

"내용을 알았던 사람들도 사회 분위기상 비판을 못 했다. 그런
데 이런 행위들이 민주화운동 세력을 우스운 사람으로 만든다.
그래서 내가 이를 비판하는 글을 하이텔, 천리안 같은 PC 통신에
올렸더니 이것이 일간지에 보도됐다. 당시 광주민주화운동 관련
보상을 받으려면, 사망하거나 행방불명된 사람의 유족과 상해자
만 보상받을 수 있었다. 광주에 가지도 않았던 사람들이 징역 살
았다고 보상받는 게 아니다. 그리고 인우보증(隣友保證·사실 여부를

확인해줄 수 있는 주변 사람들이 보증을 서주는 것)으로 보상자가 자꾸 늘어난 것도 문제다. 이 문제는 민주 세력에게도 책임이 있다고 본다. 다만 명단을 공개하라는 사람 중에는 5·18 민주화운동 자체를 상당히 부정하는 사람이 많은데, 이건 옳지 않다."

─ 장 대표는 왜 보상금을 신청하지 않았나.

"5·18 당시 나는 김대중 전 대통령이 공동의장이었던 국민연합(민주주의와 민족 통일을 위한 국민연합) 조직국장이었다. 시위를 조직하고 배후 조종을 한 것으로 인식되었다. 이른바 '김대중 내란음모사건'으로 3년 반가량 도망을 다녔다. 이후 김영삼 정부에서 특별법이 제정돼 당시 내란음모사건 관련자들은 모두 5·18 유공자가 됐지만 나는 신청하지 않았다. 당시 대학생들은 오늘과 달리 약간은 지식인으로 불렸고, 나는 지식인으로서 민주화운동을 한 거면 충분하다고 생각했다."

4. 민주화운동 원로 장기표 "조국 사태, 文정권 몰락 귀결"

— 박숙현(더팩트/2019.10.13)

[TF인터뷰] 민주화운동 원로 장기표 "조국 사태, 文정권 몰락 귀결"

두 달 넘게 대한민국을 뒤흔들고 있는 '조국 사태'는 진보 정권이라 불리는 문재인 정권이 제대로 된 '진보의 길'을 가고 있는 것인가란 물음표를 던지고 있다. 〈더팩트〉가 지난 8~9일 민주화 운동의 대부인 장기표 신문명정책연구원 원장을 만나 진보와 문재인 정권의 행보에 대한 다양한 이야기를 나눴다.

문재인 정권은 '수구적 진보'… 오만·독선·무능 응징해야

'진보'란 무엇인가. '진보 정권'이라 칭해지는 현 정권은 제대로 된 '진보의 길'을 가고 있는 것일까. 두 달 넘게 이어지고 있는 이른바 '조국 사태'는 이런 물음표를 던지고 있다. 문재인 대통령이 일가와 관련해 수많은 의혹이 제기된 조국 법무부 장관의 임명을 강행한 표면적 이유는 '검찰개혁의 적임자'라는 판단 때문이다.

하지만 문재인 정권의 대표적 개혁가이자, 진보 인사였던 조 장관은 '개혁의 적임자가 아니다'는 반론도 만만찮다. 광화문과 서초동에서 번갈아가며 진행되고 있는 보수·진보진영의 대규모 집회는 그를 중심으로 대한민국이 갈라지고 있다는 방증이다.

〈더팩트〉는 지난 8일과 9일 이틀에 걸쳐 민주화 운동 원로 중한 명인 장기표 신문명정책연구원 원장(국민의소리 공동대표)을 만나 '진보의 본질'에 대해 물었다. 서울 남영역에 위치한 그의 사무실에서 처음 얼굴을 마주했고, 이야기가 길어져 인터뷰는 다음날 추가로 진행됐다. 2차 인터뷰는 장 원장이 강연을 위해 제주도로 떠나기 전 김포공항에서 이뤄졌다.

장 원장은 진보에 대해 "사회 전체를 바라보는 사회주의, 평등주의, 혁신주의를 합친 것"이라고 말했다. 이런 기준에 비춰봤을 때 문재인 정권의 개혁 세력과 지지자들이 믿고 있는 사회주의는 '수구적 진보'라고 했다. 또한 그는 문재인 정권의 개혁 세력들은 '사회주의자'보다도 사유재산제도를 부정하는 '공산주의자'에 가깝다고 주장했다.

특히 그는 '사회주의자'라고 직접 소개한 조 장관이 사모펀드에 투자하거나 자녀들의 표창장을 위조하는 건 다른 의미로 사회주의자스럽지 않다고 꼬집었다. 장 원장은 독재에 맞섰던 민주화운동 세력, 당시 진보 세력들이 김대중·노무현 전 대통령 때부터 기득권이 되면서 부패하기 시작했다고 했다.

그러면서 장 원장은 문 대통령의 조 장관 임명은 극단적 지지층을 버리지 못해 한 결정이라고 분석했다. 그는 "(대통령이) 장관을 임명했다고 해서 대한민국이 어떻게 되겠나. 그러나 이는 문재인 정권의 오만과 독선을 아주 상징적으로 보여주는 사건"이라고 말했다.

아울러 문 대통령이 광화문과 서초동 집회에 대해 '국론 분열이 아니다'라는 메시지를 남긴 데 대해서도 '유체이탈', '국민 무시', '황당무계'한 발언이라고 성토했다. 그는 "지금이라도 조 장관을 해임하는 게 차악의 선택"이라며 "그렇지 않을 경우 정권의 몰락을 가져올 것"이라고 내다봤다.

다음은 장 원장과 나눈 일문일답 내용이다.

장기표 신문명정책연구원 원장이 지난 8일 서울 남영역 인근에 위치한 그의 사무실에서 인터뷰를 하고 있다.

– 요즘 어떻게 지내고 계시는지?

지난 4월 '국민의소리'라는 정치결사체를 구성했다. 정당은 아니지만 정치를 지향하는 단체를 결성해서 정치결사체 회원도 모집하고 한편으론 문재인 정권의 국정운영을 규탄하고 있다. 매주 토요일 광화문 원표공원에서 '국민과의 대화'라는 이름으로 계속 집회를 하고 있다. 조국 사건 이후 '조국·문재인 퇴진 국민행동'이라는 단체도 만들었다. 나는 진보 인사이지만 문재인 정권의 오만과 독선, 무능, 횡포를 규탄하고 이를 응징하는 데는 '反문재인 정권 세력'이 결합될 필요가 있어서 보수단체와도 함께하고 있다.

– 문재인 대통령에 대해 '오만과 독선'이라고 표현한 건 '조국 사태'를 두고 한 말인가.

조국 사태는 적극적인 계기가 된 것이다. 조 장관을 임명한다고 해서 대한민국이 어떻게 되겠나. 그러나 이는 문재인 정권의 오만과 독선을 아주 상징적으로 보여주는 사건이다. 보통은 경제가 중요하다고 하지만 도덕은 더 중요하다. 이 사건은 도덕을 황폐화시킬 수 있고, 더 중요한 건 국민을 완전히 분열·대립시키고 있다.

― 문 대통령은 광화문과 서초동에서 열린 집회에 대해 '국론 분열이 아니며 대의민주주의를 보완했다'고 했다.

완전히 유체이탈, 헛소리하는 것이다. 전혀 본질과 상관없는 엉뚱한 소리를 하고 있다. 이게 왜 '국론 분열'이 아닌가. 서울에 200만 명 넘는 사람이 '조국 파면'을 외치는데 그걸 "대의민주주의를 보완하는 직접민주주의"라고 말해서 (수습)될 수 없다. 서초동에서도 많이 모였는데, 각자 모인 사람들이 정반대의 주장을 했다. 정책을 갖고 어느 게 옳으냐 다투는 정도가 아니다.

또 대통령이 자기를 향해 물러나라고 하는데, 그렇게 말하는 건 (집회에) 나온 사람들을 무시하는 것이다. 결과적으론 국민을 더 화나게 만들고 있다. 나와줘서 고맙다고 하니 앞으로 데모를 더 해야겠다. 자기한테 물러나라고 하는데 '감사하다'고 하면 되나. 황당무계한 말이다.

― 윤석열 검찰총장의 조국 일가 수사에 대해 '검찰개혁 저항이다 vs 잘하고 있다' 평가가 엇갈린다.

검찰개혁은 해야 한다. 밤새워 조사하는 것도 옳지 못하고, 피의자도 체력의 한계가 있는데, 자기가 방어권을 행사할 수 있는 체력도 있을 때 해야지, 하루 15시간씩 넘게 조사하면 말이나 제대로 나오겠나. 피의사실 공표도 그동안 지나치게 되어온 점이 있다.

그러나 자기 실세가 수사 받고 있지 않을 때 말해야 한다. 정부와 이 정부를 지지하는 서초동 대중들은 검찰을 대통령의 협박에 놀아나도록 요구하는 것이니 검찰개혁에서 거꾸로 가는 것이다. 조 장관을 제대로 수사하는 게 개혁된 검찰이다.

— 검찰개혁은 어떻게 이뤄져야 한다고 보는가.

제도적 측면에서 집권 세력은 검경수사권 분리와 고위공직자 비리수사처 설치를 검찰개혁이라고 주장한다. 내가 볼 땐 그건 검찰개혁이 아니다. 현재의 경찰 실정에 수사권을 넘긴다고 하면 온갖 부탁이 다 들어간다. 굳이 검경수사권 분리를 한다고 하면 '수사 경찰'을 따로 둬야 한다. 변호사 자격이 있는 사람들을 경찰로 채용해서 수사만 전담케 하는 방식이다. 이런 주장을 정치하는 사람들은 잘 못한다. 압도적인 수의 경찰들은 모두 검경수사권 분리를 바라기 때문이다. 공수처는 권력형 부정부패를 무마하는 기구가 될 것이다.

장 원장은 "특히 촛불집회에 100만 대중이 나와서 '조국 수호'를 외치는데 조국을 사퇴시키면 곤란하다. 그런데 사퇴를 안 시키면 더 망하게 돼 있다"라고 우려했다.

— '조국 사태'가 앞으로 어떻게 전개될 것 같은가.

문재인 정권의 몰락을 가져올 것이다. 조국 같은 사람을 임명하면 안 되는데 임명해서 지금 엄청난 비난을 듣고 있다. 심지어 좌파 세력에서도 진중권 등 비난이 나오고 있다. 대통령과 더불어민주당 지지율도 떨어지고 있다. 이탈자는 계속 나올 것이다.

정권은 조국을 어찌할 방법이 없다. 유시민이나 공지영 등이 수호해 왔는데, 지금 사퇴시키면 멍청해진다. 특히 촛불집회에 100만 대중이 나와서 '조국 수호'를 외치는데 조국을 사퇴시키면 곤란하다. 그런데 사퇴를 안 시키면 더 망하게 돼 있다.

조국을 해임하지 않으면 광화문 집회는 더 커질 것이다. 광화문에서 계속 100만 명 이상이 열 번만 모이면 정권이 유지되기 어렵다. 거기다가 대통령과 이 정부를 반대하는 국민이 엄청나게 많다는 게 확인된 다음에 선거를 치르면 선거에서도 지게 돼 있다. 총선에서 지면 레임덕으로 가는 것이다.

― 지금이라도 조국에 반대하는 국민 뜻을 받아들여 해임시키면 어떨까.

그게 이 정권의 딜레마다. 그래도 해임시키는 게 낫다. 그러나 해임시키면 좌파 진영 내에서 굉장한 분란이 일어날 것이다. 이전 노무현 정권 때도 노동운동단체들이 노무현 정권 지지를 철회한 일이 있다. 그래서 노무현 정권이 몰락한 건 '좌파진영의 민주노총이나 노동운동 세력이 반대했기 때문'이라고 봐서 '이번에는 그걸 안 해야겠다'고 판단해 지금 이렇게 나가는 것 같다. 그러나 뭐든지 다 정도가 있는 것이다. 상황에 따라 달라야 한다.

― 적극 지지층들은 조 장관에 대한 입장이 확고한 것 같다.

서초동에 가면 '조국 수호'만 있는 게 아니라 '우리가 조국이다'라는 팻말도 많다. 조국이 저지른 부정은 자기도 저질렀고, 조국 정도는 깨끗한 축에 속한다는 것. 말도 안 되는 소리지만 그렇게 볼 만한 처신을 한 사람들이 있을 것이다.

― 민주화 운동을 겪지 않은 세대는 민주화 세력은 '정의롭고 도덕성이 투철하다'는 인식과 함께 '민주화 세력=진보'라고 생각해 왔다. 그래서 '좌파가 도덕적이지 않다'는 말이 잘 와 닿지 않는다.

이 사람들(민주화 세력)은 김대중·노무현 정권 때부터 기득권층이 됐다. 권력을 얻고 엄청난 이득을 챙겼다. 도덕심이 둔해진 정도가 아니고 도덕불감증이다. 또 이들은 '문재인 정권도 꼭 잘했다고는 할 수 없지만 자유한국당이 집권하면 안 되는 것 아닌가'라고들 한다. 겉으론 '한국당은 더 나쁜 정치 세력이기 때문'이라고 말하지만, 실제론 한국당이 집권하면 자기들 이익 차리기가 어려우니 반대하는 면도 있다.

저들은 진보가 아니다. 사회주의나 공산주의가 100년 전에는 진보였지만, 지금은 틀린 주장이다. 실제로 사회주의자도 아니다. 프랑스에선 사회주의가 사회민주주의를 말하지만 우리나라에선 사회주의는 곧 공산주의, 마르크스 레닌주의다. 또 한국당 등 보수진영에선 복지를 사회주의 정책이라고 주장하는데 그 주장은 틀린 것이다. 복지는 오히려 사회주의를 방지하는 정책이다.

─ 이번 정권을 가리키며 한 '수구적 진보'라는 말이 인상적이다.

이 (정권) 사람들은 사회주의가 옳다고 생각하고 있다. 그러나 그 사회주의는 이미 진보의 이념이 될 수 없다. 러시아에 가서 '아직도 공산주의 한다'고 하면 보수로 취급받는다.

─ 장 원장은 당을 여러 번 창당하며, 기존 정당의 한계를 지적해왔다. 그 이유가 무엇인가.

문명이 바뀌면 이념도 바뀌고 정책도 바뀌어야 하는데, 기존의 정당들은 그렇지 못하다. 나는 이런 새로운 문명시대를 '정보문명시대'라고 이름 붙였다. 이에 따라 사회운영원리로서의 이념

과 정책도 바뀌어야 한다. 이에 맞는 새로운 진보 이념이 '민주시
장주의'다. 생산과 소비라는 경제 활동 속에서 자아실현을 할 수
있어야 행복한데 시장경제라야 생산활동과 소비활동에서 자아
실현을 할 수 있다. 그래서 시장경제를 주장하는 것이다. 나는 모
든 사람이 일을 하면서 그 속에서 자아실현의 보람과 기쁨을 누
릴 수 있는 사회를 건설하는 것을 정치 목표로 삼고 있다.

– 민주화 운동을 하다 민주시장주의를 주장하니 변절한 게 아니냐는 목
　소리도 나온다.

　민주시장주의야말로 진정한 진보이념이다. 인간해방 곧 자아
실현을 구현할 수 있는 이념이기 때문이다. 사회주의는 이론적
으로도 인간해방의 이념이 될 수 없기 때문이다. 나는 사회민주
주의를 주장했다. 지금은 진보와 보수를 나눌 수 없다. 옛날처럼
사회주의와 자본주의가 구분될 땐 진보·보수로 나뉘는데 지금
은 한 사람 안에서도 어떤 정책은 보수적으로, 어떨 땐 진보적 정
책을 취할 수도 있다. 보수주의란 기본적으로 '개인주의', '자유주
의', '자본주의', '개량주의'를, 진보주의는 '사회주의', '평등주의',
'혁신주의'를 합친 개념이다.

– 조 장관에 반대하는 세력을 모은다면 '보수통합'이 떠오른다. 하지만
　사람들은 여전히 진보 개혁 실현에 목말라 하는 것 같다.

　그렇기 때문에 개혁적인 세력을 만들어서 국민에게 새로운 희

망을 주며 통합해야 하는데 이것이 참 어려운 과제다. 참신하고
도 개혁적인 세력이 나와야 국민 지지를 받을 수가 있고, 그런 가
운데 같이 하자고 해야 압력을 받아 여러 세력이 함께하게 될 것
이다.

☞장기표 신문명정책연구원 원장은 누구?

▲1945년 경남 김해 출생 ▲마산공업고, 서울대 법대 졸업 ▲민중당 정책위원장 ▲공안
통치종식을 위한 범국민대책회의 공동대표 ▲개혁신당 부대표 ▲민주국민당 최고위원 ▲
전태일재단 이사장 ▲사단법인 백범정신실천겨레연합 상임공동대표 ▲한국사회민주당
대표 ▲녹색통일당 대표 ▲사단법인 신문명정책연구원 이사장(현)

"혁명적 변화 없는 새로운 미래는 없다"

권선복
도서출판 행복에너지 대표이사

〈논어〉에 "겨울이 되어 날씨가 추워진 뒤에야 소나무와 전나무가 얼마나 푸른가를 알 수 있다."라는 구절이 있다.

나는 장기표 대표를 떠올릴 때마다, 한겨울 새하얀 눈이 소복이 쌓인 산사에서 온몸으로 초록빛을 내뿜고 있는 푸른 소나무 한 그루가 오버랩 된다.

거세개탁擧世皆濁한 세상 속에서도 아랑곳하지 않고 꼿꼿이 자신의 진가를 드러내는 소나무처럼, 장기표 대표는 50여 년 동안 온갖 고난을 겪으면서도 오롯이 민주화운동의 한길을 달려왔다. 그래서 그의 이름 앞에는 늘 '영원한 민주투사'란 수식어가 붙는다.

반백 년 동안 그는 10여 년의 수배, 10여 년의 구속으로 고초를 겪으면서도 오직 이 나라 이 공동체를 위해 자신의 삶을 내던졌고, 한 걸음 더 나아가 1987년 6월 민주항쟁 이후 정보문명시대에 부응할 새로운 진보이념인 '민주시장주의'를 주창하며, 이를 구현할 참된 진보정당 건설을 위해 분투해 왔다.

　말이 쉽지, 누군들 자신의 삶을 그와 같이 온몸으로 내던질 수 있겠는가. 이 나라 이 공동체에 대한 참된 사랑 없이는 불가능한 일이다. '장기표'라는 이름 석 자의 무게가 묵직한 이유다.

　이 책 『장기표의 정치혁명』에서는 국민 모두가 자아실현의 보람과 기쁨을 누리며 행복하게 살 수 있는 살맛나는 세상을 만들기 위한 비전과 중요정책뿐 아니라, 인간 장기표를 진솔하게 드러낸 몇 개의 글이 더해져, 'Life Visioner'로서의 장기표를 만날 수 있다.

　오늘날까지 구시대적인 정치행태에서 벗어나지 못한 한국정치에 대한 개탄의 소리가 높아지고 있는 이때, "혁명적 변화 없는 새로운 미래는 없다!"라는 그의 신념이 더욱더 가슴에 와 닿는 것은, 평생을 민족의 웅비라는 일념으로 더 좋은 대한민국 더 행복한 대한민국을 만들기 위해 투쟁해 온 그의 올곧은 정치철학과 행동력 덕분이다. 그는 한 번도 시류와 영합함 없이, 혼탁한 세상에서도 저 홀로 고고한 산사의 소나무처럼 독야청청 푸르르다.

　모쪼록 이 땅에 자신의 삶을 던져 나라를 바로 세우려는 제2의 장기표, 제3의 장기표 같은 참된 정치인들이 많아지길 소망하며, 이 책을 읽는 모든 독자들에게 '장기표의 정치혁명'이 가슴 깊숙이 전해지기를 기원하며, 이 세상에 빛과 소금이 되는 삶과 함께 선한 영향력이 대한민국 방방곡곡에 힘찬 행복에너지로 전파되기를 기원드립니다.

내 손 안의 1등 비서 스마트폰 100배 즐기기

박용기 외 8인 지음 | 값 25,000원

이 책은 스마트 사회에서 사각지대에 놓이기 쉬운 실버 세대들이 현대 사회의 필수 도구인 스마트폰을 쉽게 익혀 생활에 활용할 수 있도록 안내하고 있다. 스마트폰의 가장 기본적인 기능과 어르신들에게 꼭 필요한 앱을 중심으로 다루고 있으며 사진과 함께 큰 글씨로 쉬운 설명을 곁들여 누구나 금세 손에 익힐 수 있게 구성되어 있다. 특히 실버 세대의 니즈에 맞춘 스마트폰 기능에 초점을 두고 있는 것이 특징이다.

국회 국정감사 실전 전략서

제방훈 지음 | 값 22,000원

이 책 『국회 국정감사 실전 전략서』는 저자 제방훈 보좌관이 자신의 경험과 지식을 기반으로 엮어 낸 국회의원과 보좌관들의 국정감사 전략, 공무원들의 피감기관으로서 갖춰야 할 자세, 그리고 더 나은 국정감사를 위해 국회와 정부, 기업에 던지는 미래 제언을 담고 있다. 특히 정치에 관심을 가진 일반 국민들에게는 의회민주주의의 꽃이라고 할 수 있는 국정감사의 본질과 생생한 면모를 보여줄 수 있는 책이 될 것이다.

당질량 핸드북

방민우 지음 | 값 13,000원

이 책 『당질량 핸드북』은 수많은 다이어트법 중에서도 최근 주목받고 있는 '키토제닉 다이어트'에 기반한 저당질 식이요법을 돕는 가이드북으로서 전작 『당질 조절 프로젝트』의 후속작 개념의 책이다. 실제 저당질 식단을 실천하려는 사람들을 위한 기본 개념, 우리가 먹는 주요 식재료와 음식에 포함된 당질량 수치, 저당질로 맛있는 음식을 즐길 수 있는 요리 레시피 등을 풍성하게 소개하여 당질 조절 다이어트를 실천하는 데에 실질적 도움을 준다.

배세일움 사용서

문홍선 지음, 서성례 감수 지음 | 값 20,000원

『배세일움 사용서』는 씩씩하게 그리고 힘차고 즐겁게 인생을 살아가는 '다섯 명 패밀리'에 대한 이야기이다. 책 속 일상에서 마주치는 이런저런 깨달음이나 생각은 때로는 큰 의미로, 때로는 별 것 아닌 장난으로 다가온다. 나침반처럼 일상을 안내하고 손전등처럼 삶의 수수께끼를 비추는 이 '사용서'를 통해 독자들은 삶이라는 요리에 양념을 더하듯 작가의 유쾌한 철학을 전달받을 수 있을 것이다.

2주 만에 살 빼는 법칙

고바야시 히로유키 지음 방민우 · 송승현 번역 | 값 17,000원

진정한 다이어트를 위해서는 자신의 몸, 특히 몸과 마음의 건강 전체를 총괄하는 '장'을 이해하고 돌보는 것이 최우선이 되어야 한다는 것이 이 책이 제시하는 '2주 만에 살 빼는 법칙'이다. 특히 이 책은 자신의 몸을 이해하고 돌보는 방법으로 최신 의학 이론에 기반한 '장활'과 '변활'을 제시하며, '장 트러블' 해결을 통해 체중 감량을 포함한 다양한 문제를 해결할 수 있도록 돕는다.

내 사랑 모나무르(MON AMOUR)

윤경숙 지음 | 값 15,000원

이 책 『내 사랑, 모나무르』는 가난 속에서도 희망을 잃지 않고 자신이 꿈꾸는 방향으로 계속 걸어 나간 끝에 가족과 세상으로부터 받은 사랑과 행복을 더 많은 사람들과 나누려고 하는 모나무르 윤경숙 대표의 에세이다. 윤 대표의 진심을 담은 이 책은 거창하게 뒷짐 지고 서서 내지르는 일장 연설이 아니라, 조용하지만 진심을 담은 따뜻한 속삭임을 통해, 지금 지치고 힘든 이들에게 조금이라도 희망을 주고 싶은 마음을 담은 책이다.

'행복에너지'의 해피 대한민국 프로젝트!
〈모교 책 보내기 운동〉

대한민국의 뿌리, 대한민국의 미래 **청소년·청년**들에게 **책**을 보내주세요.

많은 학교의 도서관이 가난해지고 있습니다. 그만큼 많은 학생들의 마음 또한 가난해지고 있습니다. 학교 도서관에는 색이 바래고 찢어진 책들이 나뒹굽니다. 더럽고 먼지만 앉은 책을 과연 누가 읽고 싶어 할까요?
게임과 스마트폰에 중독된 초·중고생들. 입시의 문턱 앞에서 문제집에만 매달리는 고등학생들. 험난한 취업 준비에 책 읽을 시간조차 없는 대학생들. 아무런 꿈도 없이 정해진 길을 따라서만 가는 젊은이들이 과연 대한민국을 이끌 수 있을까요?

한 권의 책은 한 사람의 인생을 바꾸는 힘을 가지고 있습니다. 한 사람의 인생이 바뀌면 한 나라의 국운이 바뀝니다. **저희 행복에너지에서는 베스트셀러와 각종 기관에서 우수도서로 선정된 도서를 중심으로 〈모교 책 보내기 운동〉을 펼치고 있습니다.** 대한민국의 미래, 젊은이들에게 좋은 책을 보내주십시오. 독자 여러분의 자랑스러운 모교에 보내진 한 권의 책은 더 크게 성장할 대한민국의 발판이 될 것입니다.

도서출판 행복에너지를 성원해주시는 독자 여러분의 많은 관심과 참여 부탁드리겠습니다.

도서출판 행복에너지 임직원 일동